新时代小学教师教育融媒体丛书

刘 慧/丛书主编

XIAOXUE SHUXUE KECHENG LIJIE YU JIAOCAI FENXI

小学数学课程理解与教材分析

主　编：曾小平　张春莉

副主编：秦　华　洪小辉

参　编：孙向晶　郑庆全　宗序连　高　雅
郭雪梅　金海月　沈利玲　王　宏
杨跃义　刘达卓

U0854179

北京师范大学出版集团
BEIJING NORMAL UNIVERSITY PUBLISHING GROUP
北京师范大学出版社

图书在版编目（CIP）数据

小学数学课程理解与教材分析 / 曾小平，张春莉主编．—北京：北京师范大学出版社，2021.5（2023.8 重印）

ISBN 978-7-303-26377-6

Ⅰ．①小… Ⅱ．①曾… ②张… Ⅲ．①小学数学课－教学研究－高等学校－教材 Ⅳ．①G623.502

中国版本图书馆 CIP 数据核字（2020）第 188007 号

教材意见反馈：gaozhifk@bnupg.com 010-58805079
营销中心电话：010-58802755 58800035

XIAOXUE SHUXUE KECHENG LIJIE YU JIAOCAI FENXI
出版发行：北京师范大学出版社 www.bnupg.com
北京市西城区新街口外大街 12-3 号
邮政编码：100088
印　　刷：北京虎彩文化传播有限公司
经　　销：全国新华书店
开　　本：889 mm×1194 mm 1/16
印　　张：12.75
字　　数：288 千字
版　　次：2021 年 5 月第 1 版
印　　次：2023 年 8 月第 3 次印刷
定　　价：35.00 元

策划编辑：林 子　　责任编辑：马力敏
装帧设计：陈 涛 焦 丽　　美术编辑：陈 涛 焦 丽
责任校对：康 悦　　责任印制：马 洁

版权所有 侵权必究

反盗版、侵权举报电话：010-58800697
北京读者服务部电话：010-58808104
外埠邮购电话：010-58808083
本书如有印装质量问题，请与印制管理部联系调换。
印制管理部电话：010-58805079

代 序

认识小学儿童　认识小学教育（节选）①

一、重新认识现代小学儿童的发展特征与教育

小学教育是为小学儿童举办的，我们不能仅仅要求小学儿童适应现有的小学制度，适应小学教师现有的教育方式。相反地，小学教育和小学教师必须正确认识小学儿童，认识他们的发展规律及发展需求。

不断发展和进步的儿童观是我们办小学教育的前提。儿童观是人们对儿童的总的看法和基本观点。意大利教育家蒙台梭利早就警示人们：了解儿童，注意我们和儿童世界的关系，“乃是一个良心的问题”。被誉为现代“中国儿童教育之父”的陈鹤琴先生也说：“只有了解儿童，才能教好儿童。”

6～12、13 岁的儿童处于身心发展速度最快的一段生命时期，他们从以游戏学习为主的生活方式进入以课堂学习各门学科为主的生活方式。学校学习生活和交往方式刺激着儿童的脑突触生长，并且有选择和有一定方向性地形成日益复杂的“互联网络”。小学儿童的学习潜能和创造力是巨大的，而且只要具备良好的、有滋养性的环境，他们就会有惊人的可塑能力。同时，我们知道每个小学儿童都是一个独特的个体，他们有相互区别的不同神经活动方向和水平。

儿童的学习和发展是他们与其所处的环境互动的结果。认知学习的内容、成人世界的态度、儿童的情绪情感表达顺畅与否等，构成对个人学习和发展不同的具体意义。所以，我们绝不应该对儿童采用同一的教育方式和评价方式。就社会生活方式和文化大环境而言，今天儿童面对的信息量及传播方式、价值观引导及其方式以及他们自身的交往方式都发生了重大的改变，因此不能不考虑他们中的大多数作为独生子女的经历、他们对网络及媒体学习的兴趣和能力、他们受到的不健康风尚的影响和竞争的压力等。所以，我们必须在新的历史条件下重新整体地看待小学儿童。

二、重新认识小学教育的性质任务和特殊的教育功能

小学教育与教育体系内其他教育阶段相区别的独特性主要表现在基础性、全民性、义务性和公益性等方面，而最重要的独特性是基础性。长期以来，我们对基础性的理解：一是强调它是

---

① 朱小蔓：《认识小学儿童　认识小学教育》，载《中国教育学刊》，2003（8）。

整个教育制度的基础，小学教育是为学生升入中学作准备；二是强调培养目标上的“双基”，即基础知识、基本技能。近些年，竞争日益激烈的“应试教育”已经从中学蔓延到小学。众多的家长把小学作为竞争的起跑线，提前演绎升学竞争。这种状况使小学生过早地承受着升学的压力，失去本该欢乐的童年，结果是学生学习热情明显降低，对学习日益厌恶和逃避。

小学教育不是升学教育的基础，而是素质教育的基础。在人类倡导构建学习化社会的时代，它是终身教育的奠基阶段，是为人生的发展奠定基础的。作为基础教育而不是高等教育、职业教育，它是以提高国民素质为目标而进行的非定向、非专门的教育。它不是为某一行业，而是为社会所有行业培养人才打基础的。所以，它的知识、技能不是为了选拔、升学、择业，而是为了尽可能为人的身心全面发展提供最有利的条件。今天，仅有传统上的“双基”是不够的，我们还要激发儿童积极的学习情感和态度，以促使他们终身保持热爱学习的欲望。从一定意义上说，这种起动力作用的情感态度比“双基”更为基本、更为重要。

三、重新认识小学教师的培养，转变传统教师的角色

小学教育是启蒙教育。在这一阶段，小学教师与可塑性极大的儿童们相处，通过各类课程以及与儿童打交道的互动过程引导儿童向真、善、美和谐的方向发展。小学教师要直接面对身心、智能、精神发展各异的儿童，要发现和感受他们的需要，引发他们学习知识、学习道德的兴趣。

教师要成为学生的关怀者、学生的促进者、教育的研究者。教师在课堂以及其他教育现场开展工作，具有相当大的独立性、个体性。儿童观摩、模仿能力和感受能力强，小学教师的言谈举止格外需要掌握分寸。小学生兴趣爱好的多向性、小学生知识教育的综合性，对小学教师的知识面、性格、气质、敏感程度及应对能力等综合素质的要求很高。小学教师与大学、中学教师相比较，在许多方面都具有鲜明的专业特殊性。对小学教师最有效而长远的培养是在小学教育的岗位上。在教育改革的活动中，要从传统的角色中走出来，在新课程实施中实现自身的发展，提升我国小学教育的质量。

朱小蔓

丛书总序

本套丛书集中呈现了我们长期从事小学教师教育理论研究与实践探索的成果，体现了我们对小学儿童、小学教育、小学教师教育及其关系的认识与理解，也着重体现了国家对当代小学教育专业的认证标准、基本理念、培养目标与毕业要求。

培养好的小学教师是当代教师教育的重要使命。何谓好的小学教师？好的小学教师如何培养？这是新时代小学教师教育研究者和工作者必须回答的问题。小学教师是小学教育的实施者，小学教师的素质如何，直接关涉小学教育的质量、小学儿童的生命健康成长状况。《国家中长期教育改革和发展规划纲要（2010—2020年）》明确提出："有好的教师，才有好的教育。要加强教师教育，深化教师教育改革，创新培养模式，提高教师培养质量。"近些年来，我国颁布了《教师教育课程标准（试行）》(2011)、《小学教师专业标准（试行）》(2012)、《普通高等学校师范类专业认证实施办法（暂行）》(2017)、《教育部关于实施卓越教师培养计划的意见》(2014)、《教育部关于实施卓越教师培养计划2.0的意见》(2018)等，这些政策文件从多方面为培养好的小学教师划定了内涵边界，提供了政策保障。习近平总书记提出的"四有好老师"为培养好的小学教师指明了方向。

我国本科层次的小学教师培养开启于20世纪90年代末。经过多年的探索，"中小学"不分的局面被"打破"，小学教师的特性、小学教师与中学教师培养的差异性逐渐明晰，中学教师培养的"学科＋教育"之"双专业"模式并不适合小学教师的培养；"综合培养、分科选修"的"2＋2"培养模式，"综合培养、特色人才"的培养模式，"分方向"的培养模式，"2＋大文大理"的培养模式[①]，随着卓越小学教师培养计划项目的推进开始逐渐迭代升级。例如，首都师范大学的小学教师培养模式正由"综合培养、发展专长、注重研究、全程实践"的1.0模式迭代为"儿童取向"的2.0模式，其核心强调的是以儿童为本，实施儿童教育，凸显儿童性、生命性、体验性、综合性。

基于人本教育理念的理性审视，小学教育的实质是儿童教育，而非学科教学。儿童教育意味着以儿童为本，回归儿童的生活，助力儿童生命健康成长，为儿童幸福人生奠基。卓越小学教师之"卓越"的核心即在于突破学科本位，回归儿童教育本位。卓越小学教师是能以儿童为本、研究儿童、理解儿童、读懂儿童、实施儿童教育的好教师，是儿童生命健康成长的指导者和引路人。

---

① 刘慧：《关于初等教育学科建设的几点思考》，载《首都师范大学学报（社会科学版）》，2009（1）。

促进儿童生命健康成长，是落实立德树人根本任务的重要体现，是小学教师全部工作的出发点和归宿。儿童生命的健康成长离不开教师的爱，爱是小学教师最重要的品质。教师之爱首先体现为爱生命、凸显生命性，生命是教育的基点，基于儿童生命立场的教育教学活动是促进儿童生命健康成长的必然要求。爱儿童的生命，就要认识儿童、理解儿童、读懂儿童，为儿童提供适切的教育。因此，研究儿童，理解儿童生命成长的规律、儿童认识世界的方式、儿童生活的特性是小学教师的必备品质与关键能力。

高质量的教育发展需要高素养的教师，提高素养是小学教师专业发展的必要条件。当代我国小学教师的发展主要经历了增长学科知识、提高教学能力、提升学历层次、促进专业发展等阶段，而今正走向人的发展阶段。所谓人的发展，实质是人的生命发展。生命发展是教师专业发展的不竭动力，培育小学教师的发展素养、促进小学教师的生命发展是新时代小学教师教育的核心任务。

“未来已来，过去未去。”当今人类社会正处在又一个新的转型期，人工智能正在改变人类的生存方式，不仅挑战了现代人的体力、智力，而且正逐渐替代人类诸多赖以生存的职业。但也有人工智能不能替代的事物，就目前而言，人工智能的“天花板”是生命。关注人的生命、情感、感受、体验等是人工智能难以替代的，这正是小学教师的价值所在。

从未来的角度看，成为生命教师是教师发展的理想价值。所谓生命教师，是对生命有着深刻认识与理解，能以生命为本、以生命为师，用生命从事教育事业，以生命影响生命的教师；是能使教育回归生命，能以学生生命健康成长为宗旨和使命的为了生命的教师。生命教师是未来对教师的角色定位，也是教师应对人工智能挑战的一张“王牌”。

正基于此，本套丛书的创编注重由“知识本位”转向体现“以人为本”的教育理念，注重以学生为中心，凸显生命体验。教材的编写不是只见知识，不见人；不是以“教”为主，而是以“学”为主，体现以学定教；凸显新型“融媒体”教材的特点，体现时代对创编及使用教材的新要求，即通过增强教材的交互性和开放性，使教材成为师生学习的一部分，注重信息技术的应用，教学媒介由单纯的纸质教材延伸到包括电子课件、模拟动画、微课视频及考试系统等多媒体手段上来。

感谢北京师范大学出版社的邀请，尤其是林子编辑积极、热情的投入与推动；感谢参与本套丛书出版的全体作者。

谨以本套丛书为我国高校小学教育专业创建二十周年献礼。

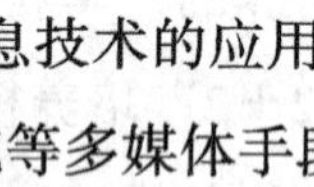

前言

课程标准是国家颁布的教学指导性文件，它规定了课程性质、课程目标、课程内容和实施建议。教材是根据课程标准编写的教学用书，它系统反映了学科内容。因此，课程理解与教材研究是进行有效教学的前提，也是教师的一项基本能力。因而，“课程理解与教材研究”被列为高等师范院校师范专业的必修课程。它的主要目的是帮助未来教师理解课程标准的性质、理念、目标和内容，研究教材的编写特点、内容主线，分析教材片段，为教学设计与实施做充分的准备。该课程具有较强的实践性，注重课程和教育理论与中小学教学实践的有机结合，对于培养合格的教师具有非常重要的意义。

基于习近平新时代中国特色社会主义思想，全面贯彻党的教育方针，落实立德树人根本任务，遵循教育规律，强化教师队伍基础作用，我们在开展理论探索与教学实践研究的基础上，编写了《小学数学课程理解与教材分析》一书。本书主要包含“课程理解”和“教材研究”两个模块，借助生动的案例，深入浅出地阐述了数学课程与小学数学教材研究的原理和方法。同时，精选了富有时代性的经典练习题，让学生在实践性作业中领悟思想方法和培养专业能力。我们期望，本书对于新时代培养“四有”好老师、对于卓越教师教育等高素质教师培养，能起到积极的促进作用。

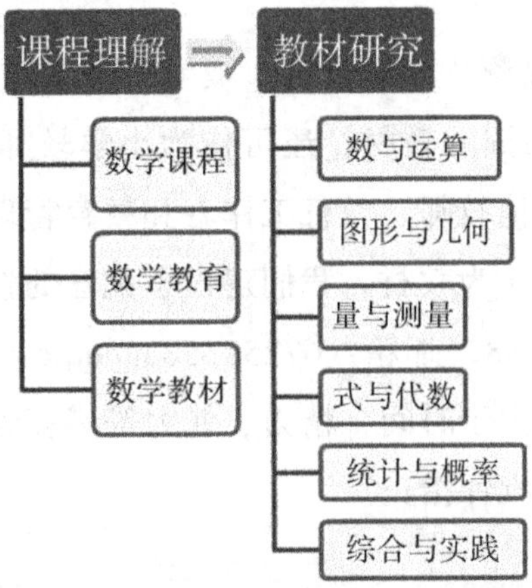

本书的突出特点是：①继承传统，精选数学课程与小学数学教材研究中的经典原理和方法，形成本书的基本结构体系，同时用生动的教学案例和教学设计进行说明，用“电子图书馆”呈现相关的研究成果，便于读者拓宽视野更好地理解原理和掌握方法；②时代要求，体现了“新时代中国特色社会主义”“教师教育振兴计划”《小学教师专业标准》《小学教师资格考试标准》《义

务教育数学课程标准（2022 年版）》等对小学教师知识与能力的要求；③好教易学，用大量生动的小学数学教学案例和教学设计案例解释与分析原理和方法，便于教师生动地讲授和学生富有兴趣地学习；④注重实践，以人教版小学数学教材（2022 年以后修订版）为依据，结合实例进行讲解，其他版本小学数学教材研究作为作业和练习，体现学生学习之后的可操作性，强调以自己动手做的方式理解课程与研究教材；⑤轻松备考，为备考教师资格证做准备，本书中有大量教材研读与教学设计案例，尤其是“拓展阅读”栏目，为教师资格证考试中“教学设计题”提供了典型的解答范例。

本书的编写，由曾小平（首都师范大学）和张春莉（北京师范大学）提出总体构想，经编写成员讨论修改，形成本书的结构框架。各章编写的具体分工如下：第 1 章，由曾小平和孙向晶（北京市大兴区教师进修学校）共同撰写；第 2 章，由郑庆全（淮阴师范学院）撰写；第 3 章，由洪小辉（首都师范大学）和曾小平共同撰写；第 4 章，由张春莉和宗序连（北京师范大学）共同撰写；第 5 章，由曾小平、高雅（北京石油学院附小）、郭雪梅（北京市海淀区翠微小学）与金海月（南京师范大学）共同撰写；第 6 章，由沈利玲（集宁师范学院）撰写；第 7 章，由秦华（天津师范大学）撰写；第 8 章，由王宏（吉林铁道职业技术学院）和杨跃义（长白山职业技术学院）共同撰写；第 9 章，由刘达卓（闽南师范大学）撰写。本书初稿完成后，由秦华和洪小辉两位副主编进行了全面阅读和修改，并在首都师范大学进行了教学实验，再经过曾小平和张春莉两位主编讨论和修改形成最终文稿。

本书的编写，得到了首都师范大学初等教育学院刘慧教授、张润杰研究员和孙建龙副教授的关心和支持。本书的出版，得到了北京师范大学出版社林子和马力敏等老师的大力支持。本书的编写还得到了很多小学一线教师的支持，他们从教学一线收集和整理了一系列生动的教学案例。同时，本书在编写过程中，作者广泛参考和引用了国内外的相关文献和资料，在此也向原作者表示衷心感谢。

本书既可以作为高等师范院校“小学教育”或者“数学与应用数学”（师范）专业的教材，又可以作为在职小学骨干教师培训的教材，还可作为小学教师资格证考试“教育教学知识与能力”的备考用书。同时，对于其他教师、教育工作者和教育管理者，本书也是非常不错的参考资料。为了方便高校教师使用本书作为教材，我们建设了配套的教学资源，有需要的高校教师可以和我们联系（电话：010-58806368，邮箱：672596583@qq.com）。需要说明的是，虽然我们本着高度负责的精神编写本书，但由于时间、精力、能力等诸多因素的限制，本书一定存在不少疏忽和不足之处，恳请读者与同行批评指正。

编者

目　录

第 1 章　理解数学课程 …… 1

第 1 节　数学科学与数学学科 …… 3

第 2 节　数学课程与课程标准 …… 6

第 2 章　理解数学教育 …… 19

第 1 节　数学教育与儿童发展 …… 21

第 2 节　数学教学与核心素养 …… 25

第 3 节　数学教育目标的实现 …… 28

第 3 章　小学数学教材 …… 37

第 1 节　小学数学教材的编写理念 …… 39

第 2 节　小学数学教材的基本内容 …… 44

第 3 节　小学数学教材的科学研究 …… 49

第 4 章　“数与运算”的课程理解与教材分析 …… 59

第 1 节　“认数”的课程理解与教材分析 …… 61

第 2 节　“运算”的课程理解与教材分析 …… 72

第 5 章　“图形与几何”的课程理解与教材分析 …… 85

第 1 节　“图形的认识”的课程理解与教材分析 …… 87

第 2 节　“图形的运动”的课程理解与教材分析 …… 95

第 3 节　“图形与位置”的课程理解与教材分析 …… 100

第 6 章 “量与测量”的课程理解与教材分析 …… 111
第 1 节 “常见的量”的课程理解与教材分析 …… 113
第 2 节 “测量”的课程理解与教材分析 …… 117
第 3 节 “图形面积”的课程理解与教材分析 …… 125

第 7 章 “式与代数”的课程理解与教材分析 …… 135
第 1 节 “式与方程”的课程理解与教材分析 …… 137
第 2 节 “比与比例”的课程理解与教材分析 …… 142
第 3 节 “探索规律”的课程理解与教材分析 …… 147

第 8 章 “统计与概率”的课程理解与教材分析 …… 157
第 1 节 “收集数据”的课程理解与教材分析 …… 159
第 2 节 “数据统计”的课程理解与教材分析 …… 162
第 3 节 “可能性”的课程理解与教材分析 …… 170

第 9 章 “综合与实践”的课程理解与教材分析 …… 177
第 1 节 小学数学“综合与实践”的课程目标 …… 179
第 2 节 小学数学“综合与实践”的教材主线 …… 182
第 3 节 小学数学“综合与实践”的教材研读 …… 189

第 1 章

理解数学课程

本章结构

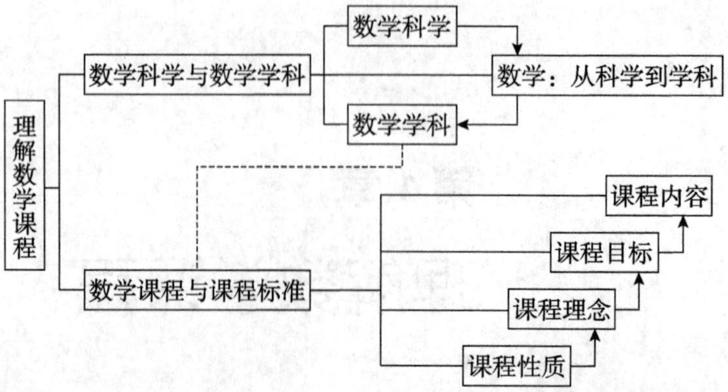

内容要点

◆数学是研究数量关系和空间形式的科学。义务教育阶段的数学课程是培养公民素质的基础课程，具有基础性、普及性和发展性。

◆数学课程能使学生掌握必备的基础知识和基本技能，培养学生的抽象思维和推理能力，培养学生的创新意识和实践能力，促进学生在情感、态度与价值观等方面的发展。

◆教学活动是师生积极参与、交往互动、共同发展的过程。有效的教学活动是学生学与教师教的统一，学生是学习的主体，教师是学习的组织者、引导者与合作者。

第 1 节　数学科学与数学学科

作为一名数学教师，常常会被问到：“数学有什么用？”和“学习数学有什么用？”。你是否思考过，这两个数学并不是同一个数学。第一个数学主要指的是数学家们研究的数学，已经成为一门科学，又被称为“作为科学的数学”或者“数学科学”。而第二个数学主要指的是中小学生在学校学习的数学，是中小学的一门学科，又称为“作为学科的数学”或者“数学学科”。

一、数学科学

为什么《义务教育数学课程标准（2022 年版）》在“课程性质”中这样表述数学的本质和价值？

> 数学是研究数量关系和空间形式的科学。数学源于对现实世界的抽象，通过对数量和数量关系、图形和图形关系的抽象，得到数学的研究对象及其关系；基于抽象结构，通过对研究对象的符号运算、形式推理、模型构建等，形成数学的结论和方法，帮助人们认识、理解和表达现实世界的本质、关系和规律。数学不仅是运算和推理的工具，还是表达和交流的语言。数学是自然科学的重要基础，在社会科学中发挥着越，来越重要的作用，数学的应用渗透到现代社会的各个方面，直接为社会创造价值，推动社会生产力的发展。

可以说，在古今中外的课程中，数学都是一门公共必修课。什么是数学呢？我们常常从数学研究的对象来定义数学。数学是研究数量关系和空间形式的科学。不管是现实世界中的“数量关系和空间形式”，还是思维想象中的“数量关系和空间形式”，都属于数学研究的范畴。

数学不断地从客观世界中，从数学以外的各种领域中抽取事物间相互依存的形式和数量的关系，加以概括、抽象成为各种数学问题，运用已有的知识和方法，找出其中的规律。在第二次世界大战中，数学家们研究和解决战略物资运输的优化问题，采用的方法和理论后来逐渐发展成“运筹学”；数学家们为了破译德军的通信密码，所采用的方法和理论发展成“密码学”。

同时，数学经过长期发展形成了自己的理论体系，为了使它更完整和严密，数学又常常从理论本身的需要提出一些问题，这些问题从提出到解决都是十分抽象的，似乎看不出和现实世界的联系。数学的研究对象首先来源于现实世界，而由数学自身矛盾引起的发展又常常在现实世界中得到运用。比如，数学家拉东为了解决积分几何中的问题，采用的拉东变换，后来用于医学诊断中 X 射线断层扫描仪（CT）；数学家们对数论的研究成果，后来用于“密码学”。

数学是各门科学的基础和工具。天文学、力学、物理学等与数学紧密联系的历史源远流长。航天、航空、航海、生物、医学、人工智能、量子通信、原子能利用、资源与能源的探测和开发、各种过程的自动控制与调节等高新技术领域都离不开数学。近几十年来，像语言学、心理学、经济学、管理科学等人文科学和社会科学的领域也要建立数学模型，用数学的分析与计算去预测发展，并研究其控制与调节。

数学是一门关键的技术。过去一支笔、一张纸就能研究的数学，竟然可以成为一门技术，这似乎匪夷所思。但是，数学的思想和方法与计算技术的结合的确已经形成了技术，而且是一种关键性的、可实现的技术，称为“数学技术”。它本质上是数学的内容物化为计算机的软件或硬件，成为技术的一个重要组成部分和关键，从而也可以直接转化为生产力。“高新技术本质上是一种数学技术”的观点，也越来越被人们认同。

拓展阅读

数学的价值

2019年7月12日，科技部办公厅、教育部办公厅、中国科学院办公厅、自然科学基金委办公室印发《关于加强数学科学研究工作方案》。方案中指出，数学是自然科学的基础，也是重大技术创新发展的基础。数学实力往往影响着国家实力，几乎所有的重大发现都与数学的发展与进步相关，数学已成为航空航天、国防安全、生物医药、信息、能源、海洋、人工智能、先进制造等领域不可或缺的重要支撑。

二、数学学科

为什么《义务教育数学课程标准（2022年版）》在“课程性质”中这样表述数学的教育意义？

> 数学承载着思想和文化，是人类文明的重要组成部分。数学在形成人的理性思维、科学精神和促进个人智力发展中发挥着不可替代的作用。数学素养是现代社会每一个公民应当具备的基本素养。数学教育承载着落实立德树人根本任务、实施素质教育的功能。

一方面，数学是一种先进的文化。数学是人类文明的重要基础，它的产生和发展伴随着人类文明的进程，并在其中一直起着重要的推动作用。比如，以《九章算术》为代表的东方数学，代表着将数学作为计算技术与问题解决技术的实用主义文化；以《几何原本》为代表的古希腊数学，代表着将数学作为理性思辨与逻辑论证的理性主义文化。这样，不仅在中小学，而且在大学的很多系科中，数学都被认为是最重要的学科，就是理所当然的事了。

另一方面，还要看学好数学对人才培养与成长的重要作用。学生在学校学的数学知识，不管他们以后从事什么工作，深深铭刻在他们心中的数学的精神、数学的思维方法、研究方法、推理方法和看问题的着眼点等，却随时随地发生作用，使他们终身受益。

通过严格的数学训练，可以使学生具备一些特有的素质。这些素质是其他课程的学习和其他方面的实践所无法替代或难以达到的。比如，严谨的作风，缜密的思维，逻辑思维能力与抽象思维能力，理性精神与创造性。因此，数学教育本质上是一种素质教育。通过严格认真的数学学习，就可以由不自觉到自觉地逐步地对这些方面的素质耳濡目染，经过身体力行，最终铭刻于心、形成习惯。

三、数学：从科学到学科

既然“数学科学”和“数学学科”是两个含义不同的概念，可是里面都有一个核心词——“数学”，那么有人就会问了，“数学科学”和“数学学科”到底存在什么关系，它们有什么联系和区别？为了回答这个问题，我们先看看在“数学科学”和“数学学科”中，是怎么描述“圆的周长”的（表 1-1-1）。

表 1-1-1　圆的周长

<table>
<tr><th>数学科学</th><th>数学学科</th></tr>
<tr><td>定义　圆的周长与直径的比值叫作圆周率，常用符号 π 来表示，它是一个固定的数。
定理　圆的周长（C）等于圆的直径（d）乘圆周率（π），即 $C=\pi d$。
证明：根据圆周率的定义，可知 $\pi=C:d$。
由此，易得 $C=\pi d$。</td><td>在现实生活中，我们常常会遇到圆的周长的问题。根据生活经验，我们发现，圆越大，周长越大（直径越长，周长越长）。
那么，圆的周长和直径之间到底存在什么关系呢？我们找出一些圆形的物品，分别量出它们的周长和直径，计算出周长与直径的比值，把结果填入表中，看看有什么发现（结果保留两位小数）。
<table>
<tr><th>物品</th><th>周长</th><th>直径</th><th>周长与直径的比值</th></tr>
<tr><td></td><td></td><td></td><td></td></tr>
<tr><td></td><td></td><td></td><td></td></tr>
<tr><td></td><td></td><td></td><td></td></tr>
<tr><td></td><td></td><td></td><td></td></tr>
</table>
我们发现，圆的周长和直径的比值是一个固定的数，我们把它叫作圆周率，用字母 π 表示。圆周率是一个无限不循环小数，$\pi\approx3.1415926535\cdots$。但在实际计算中，我们常取近似值，如 $\pi\approx3.14$。
如果用 C 表示圆的周长，d 表示圆的直径，r 表示圆的半径，就有：
$C=\pi d$ 或者 $C=2\pi r$。</td></tr>
</table>

作为学科的数学与作为科学的数学之间，存在着一定的区别。

首先，从数学的知识体系来看，作为科学的数学是完整的、独立于任何人，有特定的知识和思想体系；作为学科的数学则是在保证科学性的前提下，为满足学生的特殊需要，经过人为的加工专门设计的一套知识和思想体系。

其次，从数学与生活实践的关系来看，作为科学的数学自成系统，很可能与生活实践无关；作为学科的数学可以与生活实践、与其他学科有紧密的联系。

最后，从数学活动的目的来看，作为科学的数学是为了发现和创造新的数学结果；作为学科的数学是为了使学生接受已经发现的数学，一方面培养学生的数学思维，另一方面为发现和创造新的数学做准备。

但是，作为学科的数学与作为科学的数学之间也存在着一定的联系。

首先，行为主体具有统一性。主体可以通过学习已有的数学，在一定的经验的基础上创造新的数学；也可以在创造的过程中，学习所需要的数学。一个勇于发现问题的小学生可能迸发出创造的火花，一名研究成果丰富的数学家也可能需要不断学习已有的数学知识。

其次，公理体系具有简洁性。数学作为一门学科与科学的联系，都具有完备的、和谐的、简洁的公理体系。这套公理体系首先应当是完备的，由它可以推导出学科中其他所需的所有命题，我们期望它是简洁的，是容易理解和接受的。

最后，相互影响具有转化性。伴随着数学科学的发展，它的一些曾经前沿的成果（尤其是思想方法），会逐渐进入数学学科当中，以保持人才培养的时代性和社会性。同时，数学学科在实践过程中，也可能提出一些需要数学科学来研究的问题。

因此，数学教育工作者的任务之一，就是根据社会发展和学生成长的需要，对数学科学的内容进行选择与加工，组建数学学科的内容体系。按照学生学习的阶段，把数学学科的内容体系整理成比较好的方案，这就是数学课程。各个国家和地区，根据自身的意愿构建适合自己需要的数学课程，并以正式的渠道发布，让其具有一定的法律、行政地位，这就是课程标准（有时候又被称为教学大纲、学习要领、课程纲要等）。

电子图书馆

李大潜．数学科学与数学教育刍议 [J]. 大学数学，2004（4）。

苏帆．关于学科数学与科学数学 [J]. 数学教育学报，2007（1）。

国家自然科学基金委员会．自然科学学科发展战略研究报告之七：数学 [J]. 科技导报，1992（11）。

徐利治，朱剑英，朱梧槚．数学科学与现代文明（上）[J]. 自然杂志，1997（1）。

徐利治，朱剑英，朱梧槚．数学科学与现代文明（下）[J]. 自然杂志，1997（2）。

第 2 节　数学课程与课程标准

课程标准是对学生在经过一段时间的学习后应该知道什么和能做什么的界定和表述，实际上反映了对学生学习结果的期望。《义务教育数学课程标准（2022 年版）》规定了我国基础教育阶段数学学科的课程性质（包含基本理念和设计思路）、课程目标、课程内容和实施建议，是我国基础教育教学的指导性文件之一。

一、课程性质

课程性质是指一门课程的本质属性，是指该课程区别于其他课程的根本属性。那么《义务教育数学课程标准（2022 年版）》的课程性质是什么样的呢？

义务教育数学课程具有基础性、普及性和发展性。学生通过数学课程的学习，掌握适应现代生活及进一步学习必备的基础知识和基本技能、基本思想和基本活动经验；激发学习数学的兴趣，养成独立思考的习惯和合作交流的意愿；发展实践能力和创新精神，形成和发展核心素养，增强社会责任感，树立正确的世界观、人生观、价值观。

这段话有三层含义，分别阐述了我国义务教育数学课程的属性、重点和价值。

首先，数学是一门培养社会主义公民素质的基础课程。其具体表现为三个方面：基础性，属于基础教育阶段的课程，其内容是数学学科中的基础知识、基本技能、基本思想和基本活动经验，是对数学学科学习的最低要求；普及性，适合全体儿童，每一位适龄儿童都要学习，都有资格接受学习，即学习数学既是儿童的权利，也是儿童的义务；发展性，数学课程的具体内容是为学生后续发展服务的，促进学生可持续的、健康的、和谐的发展。

其次，数学学习的重点包括知识与技能、思维与能力及情感、态度与价值观三个方面。其中，知识与技能是显性的，情感、态度与价值观是隐性的，思维与能力（包括抽象思维、推理能力、创新意识和实践能力）介于显性与隐性之间，往往在学习与活动的过程中得到发展。

最后，数学学习的价值在于为学生的未来奠基，为学生未来的生活、工作和学习做准备，而不仅仅是满足现阶段生活的需要。因此，数学学习的价值，重在今后的隐性体现，如养成严谨的作风、坚毅的品格、理性的精神等。

二、课程理念

义务教育数学课程以习近平新时代中国特色社会主义思想为指导，落实立德树人根本任务，致力于实现义务教育阶段的培养目标，使得人人都能获得良好的数学教育，不同的人在数学上得到不同的发展，逐步形成适应终身发展需要的核心素养。《义务教育数学课程标准（2022年版）》的“课程性质”中对课程目标、课程内容、教学活动、教学评价和课程与技术融合等，做了比较详细的阐述（表1-2-1）。

表1-2-1 理解课程理念

理念	阐述	理解
确立核心素养导向的课程目标	数学课程以学生发展为本，以核心素养为导向，进一步强调学生获得数学基础知识、基本技能、基本思想和基本活动经验（简称“四基”），发展运用数学知识与方法发现、提出、分析和解决问题的能力（简称“四能”），形成正确的情感、态度和价值观。	•义务教育数学课程应使学生通过数学的学习，形成和发展面向未来社会和个人发展所需要的核心素养。 •核心素养是在数学学习过程中逐渐形成和发展的，不同学段发展水平不同。 •每个学生都应该获得适合自身发展需求的数学教育，获得富有生命力的可持续发展。

续表

理念	阐述	理解
设计体现结构化特征的课程内容	课程内容要保持相对稳定的学科体系，体现数学学科特征；关注数学学科发展前沿与数学文化，继承和弘扬中华优秀传统文化；与时俱进，反映现代科学技术与社会发展需要；符合学生的认知规律，有助于学生理解、掌握数学的基础知识和基本技能，形成数学基本思想，积累数学基本活动经验，发展核心素养。	•决定课程内容的三个主要因素是社会需要、数学特点和学生认知。从社会需要方面讲，未来社会需要什么样的高素养公民，课程应该前瞻性地体现出来。从数学特点方面讲，不仅包括数学的结果，也包括数学结果的形成过程和蕴涵的数学思想方法，还包括现代数学的一些思想方法。从儿童认知方面讲，内容要贴近学生的实际，有利于学生体验与理解、思考与探索，同时注意层次性和多样性。 •课程内容的组织组织，重点是对内容进行结构化整合，探索发展学生核心素养的路径。重视数学结果的形成过程，处理好过程与结果的关系；重视数学内容的直观表述，处理好直观与抽象的关系；重视学生直接经验的形成，处理好直接经验与间接经验的关系。 •课程内容的呈现，要注重数学知识与方法的层次性和多样性，适当考虑跨学科主题学习；根据学生的年龄特征和认知规律，适当采取螺旋式的方式，适当体现选择性，逐渐拓展和加深课程内容，适应学生的发展需求。
实施促进学生发展的教学活动	学生的学习应是一个主动的过程，认真听讲、独立思考、动手实践、自主探索、合作交流等是学习数学的重要方式。教学活动应注重启发式，激发学生学习兴趣，引发学生积极思考，鼓励学生质疑问难，引导学生在真实情境中发现问题和提出问题，利用观察、猜测、实验、计算、推理、验证、数据分析、直观想象等方法分析问题和解决问题。	•有效的教学活动是学生学和教师教的统一，学生是学习的主体，教师是学习的组织者、引导者与合作者。 •数学教学活动应激发学生兴趣，调动学生积极性，引发学生的数学思考，鼓励学生的创造性思维；要注重培养学生良好的数学学习习惯，掌握恰当的数学学习方法。 •教师要利用启发式教学，促进学生理解和掌握数学的基础知识和基本技能，体会和运用数学的思想与方法，获得数学的基本活动经验；培养学生良好的学习习惯，形成积极的情感、态度和价值观，逐步形成核心素养。
探索激励学习和改进教学的评价	评价不仅要关注学生数学学习结果，还要关注学生数学学习过程，激励学生学习，改进教师教学。	•通过学业质量标准的构建，融合“四基”“四能”和核心素养的主要表现，形成阶段性评价的主要依据。 •采用多元的评价主体和多样的评价方式，鼓励学生自我监控学习的过程和结果。 •评价要关注学生知识的掌握、能力的养成和情感的发展，目标在于帮助学生养成良好的学习习惯和行为习惯。
促进信息技术与数学课程融合	合理利用现代信息技术，提供丰富的学习资源，设计生动的教学活动，促进数学教学方式方法的变革。	•在实际问题解决中，创设合理的信息化学习环境，提升学生的探究热情，开阔学生的视野，激发学生的想象力，提高学生的信息素养。 •信息技术是为数学教与学服务的，要科学、正确、谨慎地使用信息技术。不要让信息技术绑架了数学教学，不要让现代教育技术伤害学生的身心，不要让信息技术低俗化为电子书。

拓展阅读

圆的周长[①]

1. 创设情境，提出问题

师：人们的环保意识越来越强，越来越多的人选择绿色出行。自行车是绿色出行的主要方式之一，昨天北京市第一条自行车专用车道通车试运营。彭老师家有两辆自行车（图 1-2-1），请你用数学的眼光观察思考，你有什么想说的？

图 1-2-1

生：我觉得左边这辆自行车比较稳定，因为它中间是一个近似三角形，三角形具有稳定性。

师：你关注到自行车中的图形，并用数学知识来解释其中的道理，值得表扬。

生：我觉得两辆自行车轮子的大小不一样，速度可能也不一样，轮子越大的速度可能更快，因为车轮越大，走一圈越远。

师：车轮越大，用哪个数学概念表示？

生：直径，车轮的直径。

师：很好。那走一圈用哪个数学概念表示？

生：周长，车轮的周长。

师：你所说的周长是什么？能上来指一指吗？

生：（上前指着说）绕车轮一圈的曲线的长度，也是车轮转一圈自行车走的路程。

师：正如他所说，车轮滚一圈就是车轮的周长，也就是车轮所在圆的周长。这节课我们就学习圆的周长（板书课题：圆的周长）。通过观察这两辆自行车，你觉得圆的周长和什么因素有关？有什么样的关系？

生：应该与直径有关。直径越大，周长越长。

生：我认为圆的周长应该是圆的直径的 3.14 倍，因为有一个数值叫作圆周率，也就是 π，$\pi \approx 3.14$，就是圆的周长除以直径得来的。

【评析】考虑到学生的认知基础，从社会生活实际（自行车、专用车道等）引入新课，体现数学与社会、数学与学生的联系。以车轮大小和走一圈的路程等直观形象的常识为基础，抽象

① 本节课由首都师范大学附属小学彭蕾老师执教、黄燕舞老师评析，本书在编写过程中进行了适当改动。

提升到圆的周长和直径，进而探索直径与周长的关系。有些学生听说过圆周率，有的还没有，教学应尊重学生差异，用两类学生都能接受的方式——“直径越大，周长越长”，切入本节课的核心。

2. 初步探索，体验计算

师：到底是不是倍数关系呢，如果是的话，又是几倍的关系呢？下面我们就一起做个实验，探究圆的周长与直径之间的关系。

数学实验 1：每个小组取两个大小不等的圆片、细线和直尺，探究圆的周长与直径之间的关系。（时间 10 分钟）

小组汇报 1：我们测量得到这个圆的直径为 5 厘米，用线围绕这个圆一圈，然后把线抻直，用尺子去量这条线的长度就得到了圆的周长，是 16 厘米。我们计算周长除以直径的值，$16 \div 5 = 3.2$。

小组汇报 2：我们先测量圆的直径的长度为 5 厘米，然后在圆周上点一个点作为标记，把这个点放在直尺的 0 处，滚动一周，让标记点再次回到直尺上，量出的长度就是圆的周长 16.5 厘米，然后计算周长除以直径的值，$16.5 \div 5 = 3.3$。

小组汇报 3：我们的方法和第一组一样，测量得到圆的直径为 6 厘米，周长为 19 厘米，计算周长除以直径的值，$19 \div 6 \approx 3.17$。

师：看来这个圆的周长与直径的比值都是三点多，那通过数据能不能说，圆的周长和直径之间就存在着倍数关系呢？

生：我觉得应该是有的，因为它们测量的都在一个范围内，所以我觉得它们应该存在倍数关系。

生：测量可能存在的误差，有可能是量的时候尺子量得不准确。

师：通过这个实验，虽然有误差的影响，但是我们确实发现圆的周长与直径之间存在着倍数关系。但是这个倍数关系到底是不是固定的呢？

生：我觉得不是固定的，因为圆是没有棱角的，所以应该会有一些误差。

生：我觉得是固定的，黑板上的数据不一样是因为我们在动手实验的时候有误差，所以我认为圆的周长与直径的比值应该是固定的。

师：看来同学们之间出现分歧了，那接下来我们怎么办呢？

生：再多做几遍实验？

生：但是据同学们的分析，再做几遍实验误差还是会存在。

【评析】探索圆周率是一个生动活泼的、主动的和富有个性的过程，动手实践、自主探索与合作交流是探索圆周率的重要方式。教师为学生提供足够的时间和空间，让学生进行观察、实验、猜测、计算、推理、验证等活动，用纸笔计算方式探索圆周率，发现结果有差异，引入下一步用现代技术探索。

3. 利用技术，深化理解

师：老师向大家介绍一间神奇的互联网实验室——网络画板。

师：打开电脑，上网搜索“网络画板”，进入网络画板主页（图 1–2–2）。

图 1-2-2

点击“开始作图”，进入作图区域。点击一下画圆图标，在绘图区域画出一个圆，再画出它的一条直径（图 1-2-3）。

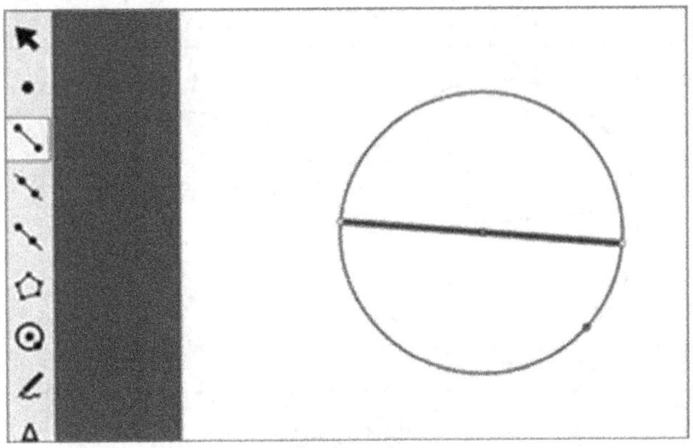

图 1-2-3

师：选中圆，点击鼠标右键，选择“测量”，再选择“周长”，测量出圆的周长（图 1-2-4）。然后选中直径，点击鼠标右键，选择“测量”，再选择“长度”，测量出圆的直径。

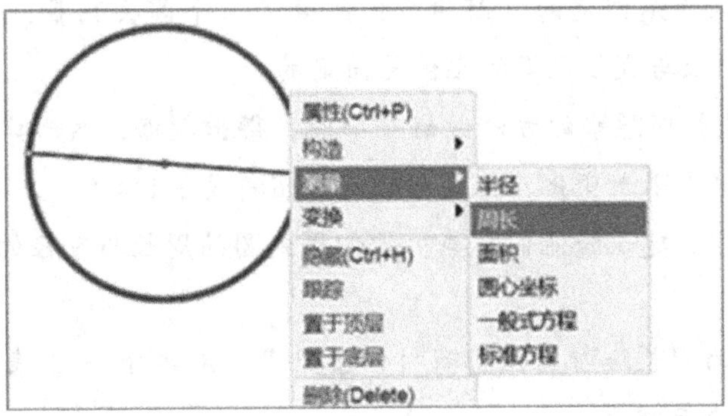

图 1-2-4

师：把鼠标放在空白区域，点击右键，选择“计算”，点击周长的测量结果，然后点击“÷”，再点击直径的测量结果（图 1-2-5）。

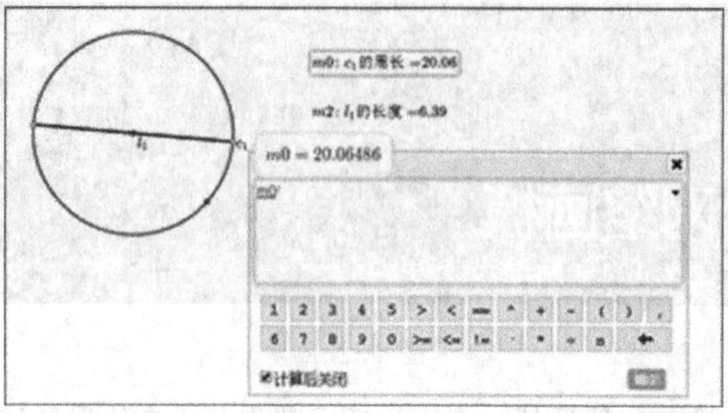

图 1-2-5

师：点击“=”，得到计算结果 3.14，最后点击“确定”（图 1-2-6）。

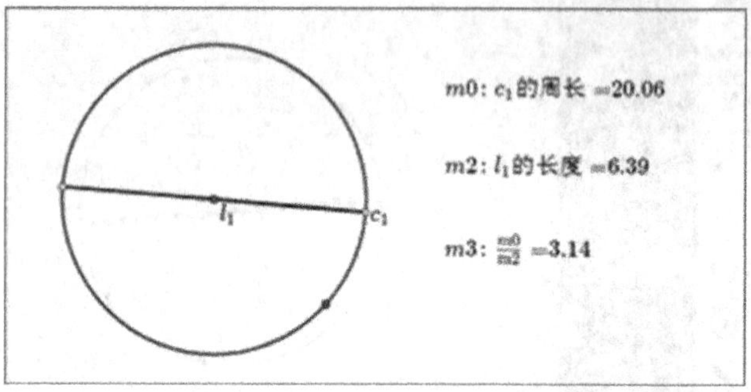

图 1-2-6

数学实验 2：每个小组利用网络画板，探究圆的周长与直径之间的关系。（时间 8 分钟）

师：好，实验结束，哪组想和大家分享一下你们组的实验数据，说一说你们认为圆的周长与直径之间的比值到底是不是定值。

小组汇报 1：我们认为是固定的，因为我们组画了三个圆去测量，我们发现它们的商都是 3.14，所以我认为圆的周长与直径之间的比值是固定的。

小组汇报 2：我们先按照原来的方法做好一个圆，得出数据，然后拖动这个点，让这个圆的大小不停变化，这些数据也跟着变化，但是它们的比值都是 3.14。

师：谢谢这两组同学，建议给他们掌声！你们得到圆的周长与直径的比值是多少呢？

生：（齐）3.14。

师：数学家们把圆的周长除以直径的商叫作圆周率，用字母 π 来表示。现在我们探索出了 π 约等于 3.14，用算式表示就是——

生：（齐）圆的周长 ÷ 直径≈ 3.14。

师：知道了这个结果，可以解决什么问题呢？

生：能够知道圆的周长计算公式。

师：你能用算式表示吗？

生：圆的周长 = 直径 ×3.14。也就是 $C=\pi d$ 或者 $C=2\pi r$。

师：下面请大家自己看书，了解一下圆周率的历史与文化。

【评析】信息技术是为数学教与学服务的，把网络画板作为学生学习数学的有力工具，在传统方法不能很好解决问题的时候科学引入现代科技。当今的小学生有良好的信息技术基础，他们乐意并善于投入现实的、探索性的数学活动中去，探究圆周率的确定性——是一个固定值。其中，既有教师教的方法（小组汇报 1），也有学生的创新做法（小组汇报 2），教师实时给予表扬和鼓励，体现了课堂评价重点关注学生知识的掌握、能力的养成和情感的发展。

4. 巩固运用，拓展提升

师：我告诉大家，我们家的两辆自行车是 24 车和 28 车。（幻灯片中给出相关信息）请问这两辆自行车的车轮周长分别是多少英寸？多少厘米？（注：1 英寸 = 2.54 厘米）

生：对于 24 车，直径为 24 英寸，等于 $24 \times 2.54 = 60.96$（厘米）。根据圆的周长公式，车轮周长 $= 60.96 \times 3.14 \approx 191.41$（厘米）。（板书略）

生：对于 28 车，直径为 28 英寸。根据圆的周长公式，车轮周长 $= 28 \times 3.14 = 87.92$（英寸）。换算成厘米，是 $87.92 \times 2.54 \approx 223.32$（厘米）。（板书略）

师：很好。对于圆周率和圆的周长公式，你还有什么问题？你还想知道什么？

生：古人是怎么计算圆周率的？

生：历史上都出现过哪些计算圆周率的经典方法？

生：现在圆周率的计算到什么程度了？

师：很好。看来大家还有很多关于圆周率和圆的周长公式方面的问题。请大家课后分小组整理问题，选择典型问题进行研究，下节课进行汇报交流。

【评析】回到课前提出的问题，首尾呼应，这样的课堂练习很自然，而且方法不唯一，有一定的开放性，及时复习巩固了圆的周长公式。课堂练习作为有效的评价方式，评价的主要目的是全面了解学生数学学习的过程和结果，激励学生学习。作为本节课的结尾，教师以开放性的问题——“对于圆周率和圆的周长公式，你还有什么问题？你还想知道什么”作为结尾，把课堂延伸到课外，为进一步学习奠定了基础。

【整课评析】本节课巧妙构思，科学使用现代信息技术辅助教学，让学生经历了圆周率的“提出—探究—发现—运用”的全过程，让学生穿越历史经历圆周率的探索发现过程。教师面向全体学生、适应学生个性发展的需要，用简洁而生动的语言，将传统的启发式教学和现代的探究式学习有机整合在一起，科学的教学提问和有效的学生激励性评价自然地融合在一起，促进学生个性发展。本节课很好体现了课程标准的基本理念，学生不仅深刻理解了圆周率的内涵，发展了探究能力、计算能力和信息技术运用能力，更体验了数学严谨务实的科学精神，让学生情感、态度和价值观在快乐的学习过程中得到进一步提升。

三、课程目标

课程目标规定了义务教育阶段的学生通过课程学习以后，在发展品德、智力、体质等方面期望实现的程度。《义务教育数学课程标准（2022 年版）》对课程目标的表述有三个层次：“核心素养”“总目标”和“学段目标”。其中，“总目标”带有全局性、方向性、指导性，具体阐述如下：

通过义务教育阶段的数学学习，学生逐步会用数学的眼光观察现实世界，会用数学的思维思考现实世界，会用数学的语言表达现实世界（简称“三会”）。学生能：

（1）获得适应未来生活和进一步发展所必需的数学基础知识、基本技能、基本思想、基本活动经验（“四基”）。

（2）体会数学知识之间、数学与其他学科之间、数学与生活之间的联系，在探索真实情境所蕴含的关系中，发现问题和提出问题，运用数学和其他学科的知识与方法分析问题和解决问题（“四能”）。

（3）对数学具有好奇心和求知欲，了解数学的价值，欣赏数学美，提高学习数学的兴趣，建立学好数学的信心，养成良好的学习习惯，形成质疑问难、自我反思和勇于探索的科学精神。

可以看出，这四句话的意思就是“发展核心素养”“获得四基”“增强能力”“培养数学态度”。其中，总目标的首句指明了学生应该发展的数学核心素养，这是数学课程目标的集中体现，具有以高度的整体性、连贯性和发展性。该目标的实现需要一个长期的过程，这要求教师在进行数学课堂教学时，要坚持素养导向，充分关注核心素养在课堂中的渗透和目标达成情况。基于核心素养的教学，要指向学生学习与生活的真实世界，关注数学学科、其他学科和社会生活中真实问题，让学生有充分的机会进行观察、思考和表达。

总目标的第一点是强调学生获得“四基”，即基础知识、基本技能、基本思想和基本活动经验。在教学中需要注意的是，“四基”不是四个事物简单的叠加或混合，而是一个有机的整体，是互相联系、互相促进的。

总目标的第二点表述了学生通过数学学习在体会数学联系、学会数学思考、增强能力方面的目标。数学联系主要指：数学知识之间的联系，数学与其他学科之间的联系，数学与生活之间的联系。在学习知识的过程中要学会思考，学会思考的重要性不亚于学会知识。数学思考有丰富的内涵，包括形象思维、逻辑思维和辩证思维等。增强能力的目标在这里表现为：发现问题和提出问题的能力，分析问题和解决问题的能力。为此，在数学教学中教师就要努力创设适当的情境，让学生用数学的眼光来看待和分析这些情境，经常采用探究式的教学方法，引导学生发现问题和提出问题、分析问题和解决问题。

总目标的第三点集中表述了学生通过数学学习在情感、态度与价值观方面的培养目标。良好的科学态度，也是数学教学贯穿始终的目标。良好的科学态度包括：坚持真理，修正错误，严谨周密，实事求是等。良好的学习习惯是从小养成的，良好的学习习惯有：认真对待学习，勤奋刻苦，积极参与探究，勇于坚持真理和纠正错误等等。这些“情感态度与价值观”方面的目标，不能脱离“知识与技能”的载体单独教授，要把这些目标融入教学过程去实现。

拓展阅读

学段目标

为体现义务教育数学课程的整体性与发展性，根据学生数学学习的心理特征和认知规律，将九年的学习时间划分为四个学段。其中，“六三”学制的 1～2 年级为第一学段，3～4 年级为第二学段，5～6 年级为第三学段，7～9 年级为第四学段。《义务教育数学课程标准（2022 年版）》根据学生发展的特征，将核心素养的表现分解在每个学段的具体目标之中（表 1-2-2）。

表 1-2-2 小学阶段的学段目标

	第一学段	第二学段	第三学段
“四基”	经历简单的数的抽象过程，认识万以内的数，能进行简单的整数四则运算，形成初步的数感、符号意识和运算能力。能辨认简单的立体图形和平面图形，认识长方形和正方形的特征，体验物体长度的测量过程，认识常见的长度单位，形成初步的量感和空间观念。经历简单的分类过程，能根据给定的标准进行分类，形成初步的数据意识。在主题活动中认识货币单位、时间单位和基本方向，尝试用数学方法解决问题，积累数学活动经验，形成初步的量感和应用意识。	认识自然数，经历小数和分数的形成过程，初步认识小数和分数；能进行较复杂的整数四则运算和简单的小数、分数的加减运算，理解运算律；形成数感、运算能力和初步的推理意识。认识常见的平面图形，经历平面图形的周长和面积的测量过程，探索长方形周长和面积的计算方法；了解图形的平移、旋转和轴对称；形成量感、空间观念和初步的几何直观。经历简单的数据收集过程，了解数据收集、整理和呈现的简单方法；理解平均数的意义，会用平均数解决问题；形成初步的数据意识。在主题活动中进一步认识时间单位和方向，认识质量单位，尝试应用数学和其他学科知识与方法解决问题，积累数学活动经验，形成量感、推理意识和应用意识。	经历用字母表示数的过程，认识自然数的一些特征，理解小数和分数的意义；能进行小数和分数的四则运算，探索数运算的一致性；形成符号意识、运算能力、推理意识。探索几何图形面积和体积的计算方法，会计算常见平面图形的周长和面积，会计算常见立体图形的体积和表面积；能用有序数对确定点的位置，进一步认识图形的平移、旋转和轴对称；形成量感、空间观念和几何直观。经历收集、整理和表达数据的过程，会用条形统计图、折线统计图表达数据，并作出简单的判断；理解百分数的意义，了解随机现象发生的可能性；形成数据意识和初步的应用意识。在主题活动和项目学习中了解负数，应用数学和其他学科知识与方法解决问题，积累数学活动经验，形成数感、量感、模型意识、应用意识和创新意识。
“四能”	能在教师指导下，从日常生活中提出简单的数学问题，尝试运用所学的知识和方法解决问题。在解决问题的过程中，感悟分析问题和解决问题的基本方法，感受数学在生活中的应用，形成初步的几何直观和应用意识。	尝试从日常生活中发现和提出数学问题，探索分析和解决问题的。方法，经历独立思考并与他人合作交流解决问题的过程，会用常见的数量关系和其他学科的知识与方法解决问题，能初步判断结果的合理性；形成初步的模型意识、几何直观和应用意识。	尝试在真实的情境中发现和提出问题，探索运用基本的数量关系，以及几何直观、逻辑推理和其他学科的知识、方法分析与解决问题，形成模型意识和初步的应用意识、创新意识。

续表

	第一学段	第二学段	第三学段
情感、态度与价值观	对身边与数学有关的事物有好奇心，能参与数学学习活动。在他人帮助下，尝试克服困难，感受数学活动中的成功。了解数学可以推述生活中的一些现象，感受数学与生活有密切联系，感受数学美。能倾听他人的意见，尝试对他人的想法提出建议。	愿意了解日常生活中与数学相关的信息，愿意参与数学学习活动。在他人的鼓励和引导下，体验克服困难、解决问题的成就，体会数学的作用，体验数学美。在学习活动中能提出自己的想法，在与他人交流的过程中，敢于质疑和反思。	对数学具有好奇心和求知欲，主动参与数学学习活动。在解决问题的过程中，体验成功的乐趣，相信自己能够学好数学，感受数学的价值，体验并欣赏数学美。初步养成认真勤奋、独立思考、合作交流、反思质疑的习惯。

四、课程内容

义务教育阶段数学课程内容由数与代数、图形与几何、统计与概率、综合与实践四个学习领域组成。根据学段目标的要求，四个学习领域的内容按学段逐步递进，不同学段主题有所不同（具体见表 1-2-3）。

表 1-2-3　小学数学的学段与主题

领域	第一学段（1 ～ 2 年级）	第二学段（3 ～ 4 年级）	第三学段（5 ～ 6 年级）
数与代数	• 数与运算 • 数量关系	• 数与运算 • 数量关系	• 数与运算 • 数量关系
图形与几何	• 图形的认识与测量	• 图形的认识与测量 • 图形的位置与运动	• 图形的认识与测量 • 图形的位置与运动
统计与概率	• 数据分类	• 数据的收集、整理与表达	• 数据的收集、整理与表达 • 随机现象发生的可能性
综合与实践	重点在解决现实问题，以跨学科主题学习为主，小学阶段主要采取主题式学习，将知识内容融入主题活动中。		

其中，数与代数、图形与几何、统计与概率以数学核心内容和基本思想为主线循序渐进，每个学段的主题有所不同。综合与实践以培养学生综合运用所学知识和方法解决实际问题的能力为目标，根据不同学段学生特点，以跨学科主题学习为主，适当采用主题式学习和项目式学习的方式，设计情境真实、较为复杂的问题，引导学生综合运用数学学科和跨学科的知识与方法解决问题。

拓展阅读

综合与实践的案例

【案例名称】分类计数

【案例设计】将图 1-2-7 中边长为 3 和 4 的两个正方体的表面刷上红色的漆，再将其分割成边长为 1 的小正方体。探求满足下面条件的小正方体的数量规律。

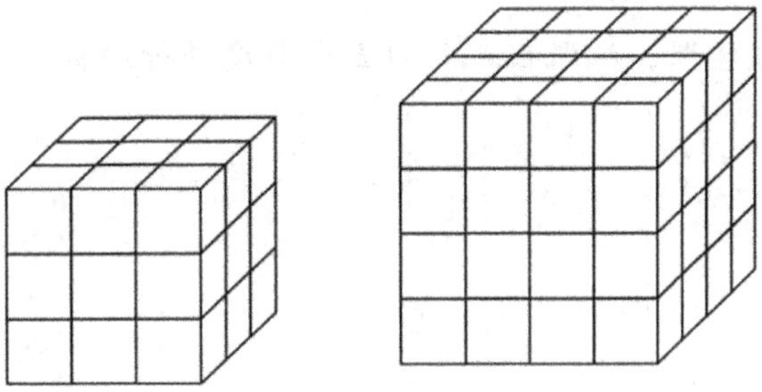

图 1-2-7

（1）边长为 3 的正方体中，三面、两面、一面有红色的小正方体各有多少个？

（2）边长为 4 的正方体中，三面、两面、一面有红色的小正方体各有多少个？

（3）将正方体的边长分别改为 5 和 6，结果如何？

（4）分析上面三个问题的求解过程，你能发现什么规律？

【案例说明】本活动可以帮助学生积累由特殊到一般、寻找规律的数学经验，同时有利于培养学生的空间想象力。在逐渐深入的探讨过程中，要引导学生把握问题的共性，从而得到一般性的结论。

在活动的过程中，教师应鼓励学生由特例提出新问题，推动思考的深入，并归纳一般规律；鼓励学生用自己的语言和数学语言正确地表达他们发现的规律。

教师可以根据学生的实际情况，对于解决问题有困难的学生给予指导。对于学有余力的学生，可以引导他们进一步提出问题。例如，没有涂红色的小正方体的个数是多少？

电子图书馆

史宁中，马云鹏，刘晓玫．义务教育数学课程标准修订过程与主要内容 [J]. 课程・教材・教法，2012（3）。

黄翔，童莉，沈林．义务教育数学课程目标的新变化 [J]. 课程・教材・教法，2013（1）。

殷娴，杨涛．小学数学课程“数学思考”目标体系的构建 [J]. 课程・教材・教法，2017（3）。

思考题

1. 作为一门科学，数学的本质与特征是什么？
2. 举例说明，数学学科和数学科学的联系和区别是什么。
3. 义务教育阶段，数学课程的基本理念是什么？
4. 义务教育阶段，数学课程的总目标是什么？
5. “奥数”为什么不能进入义务教育数学课程？（请从课程性质的角度进行分析）
6. 请从网上观看一节数学课，从课程理念的五个角度进行评析。

第 2 章

理解数学教育

本章结构

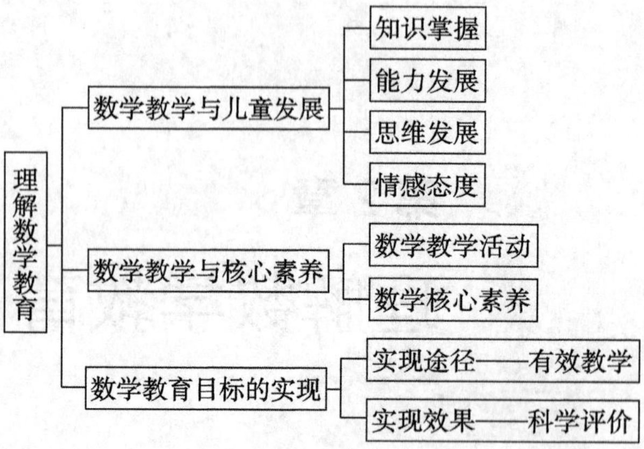

内容要点

◆数学课堂教学应该激发学生的兴趣，引发学生的数学思考，鼓励学生的创造性思维，使学生理解和掌握基本的数学知识与技能，体会和运用数学思想与方法，获得基本的数学活动经验。

◆《义务教育数学课程标准（2022 年版）》强调，发展学生的数感、符号意识、空间观念、几何直观、数据分析观念、运算能力、推理能力、模型思想、应用意识和创新意识。

◆《普通高中数学课程标准（2017 年版 2020 年修订）》指出了学习数学应该达成的正确价值观念、必备品格和关键能力，提出了普通高中数学课程中的数学学科核心素养，即数学抽象、逻辑推理、数学建模、直观想象、数学运算和数据分析。

◆教师要把基本理念转化为自己的教学行动，处理好教师讲授与学生自主学习的关系，注重启发学生积极思考。教学评价的主要目的是全面了解学生数学学习的过程和结果，激励学生学习和改进教师教学。

第 1 节 数学教育与儿童发展

面对问题“学习数学有什么用”，有人会回答“可以帮助我们算账”。其实，学习数学的价值远不止于此。可以说，学习数学对我们的世界观、人生观、价值观和方法论都有极为重要的价值。因此，学习数学的价值，是一个很难完整回答的问题。下面，我们仅从数学教育对小学生的知识掌握、能力发展、思维发展和情感态度几个方面做简单论述。

一、知识掌握

小学数学包含着大量的显性知识。[①]《义务教育数学课程标准（2022 年版）》把数学课程的内容分为“数与代数”“图形与几何”“统计与概率”和“综合与实践”四个领域，前三个领域就包含了具体的、显性的小学数学知识（表 1-2-3）。它们是儿童今后生活和学习必备的基础知识。

小学数学包含着大量的隐性知识。《义务教育数学课程标准（2022 年版）》中强调的“数学基本思想”和“数学活动经验”等就属于隐性知识，“综合与实践”领域主要是提升学生的隐性知识。隐性知识往往要在小学生的数学活动当中靠学生自我领悟来获得，而不是教师直接用语言来传授。

二、能力发展

能力是个体完成一项目标或者任务所体现出来的综合素质，是直接影响活动效率，并使活动顺利完成的个性心理特征。小学生的能力发展主要表现在概括能力、比较能力、问题解决和推理能力等方面。

1. 概括能力

在概括能力发展上，小学生逐渐从对事物外部的感性特点的概括越来越多地转为对本质属性的概括。小学数学中的大量概念、运算法则的学习以及探索规律的活动，都有助于小学生概括能力的发展。

在整个小学时期，学生概括的水平大体上经历如下三个阶段：一是直观形象水平（例如，桌面的角、牛角等实物中抽象出“角”）；二是形象抽象水平（有两条直边和一个公共点形成数学上的“角”）；三是初步本质抽象水平（有公共端点的两条射线形成的平面图形叫作“角”）。

2. 比较能力

小学生比较能力的发展随年龄的增长而不断提高：从正确区分具体事物的异同逐步发展到区分抽象事物的异同；从区分个别部分的异同逐步发展到区分许多部分的关系的异同；从在直接感知的条件下进行比较逐步发展到运用语言在头脑中引起表象的条件下进行比较。

---

① 这里的知识包含技能，技能分为动作技能和心智技能。在小学数学中，用圆规画圆、用三角尺和直尺画平行线等，属于动作技能。简单口算、背诵乘法口诀等，属于心智技能。

小学数学教学中，涉及大量与比较有关的活动，都有助于培养小学生的比较能力。例如，数的大小比较（整数、小数和分数的大小比较），长度比较（线段长度、图形的周长），面积比较（面积的大小、单位之间的关系），体积的比较，时间、质量等的比较。

3. 问题解决

在解决问题方面，小学生的问题解决能力表现出随年龄增长不断提高的趋势，不仅表现在解决问题成绩的提高上，还表现在解决问题所采用的方法上。虽然儿童的问题解决能力随年龄增长而有所提高，但是由于其思维发展并未完善，难度等级比较高的问题仍然超越其能力范围。

研究发现，随着儿童年龄的增长，他们越来越倾向于使用更高级的规则解决问题，即运用信息的灵活性不断提高，对信息的加工更加彻底，考虑更加全面，执行与控制也变得更加有效。

4. 推理能力

逻辑推理能力是儿童智力发展的重要环节和主要标志。小学生的推理能力，是随着掌握比较复杂的知识经验和语法结构而逐渐发展起来的。幼儿只能在一些有限、熟悉的事物范围内，不很自觉地运用演绎推理和归纳推理。小学生逐渐能在比较广泛的知识范围内学会从一般到特殊、从特殊到一般、从特殊到特殊的推理，比较自觉地掌握了演绎推理、归纳推理和类比推理。

在小学数学中，大量使用的是归纳推理，表现为寻找规律（数的规律、算式的规律、图形的规律等），有大部分是演绎推理，表现为笔算和说理。也有人认为，“计算是直观的推理，推理是抽象的计算”。因此，在教学过程中，归纳推理和演绎推理都应该受到重视，而我们常常忽视后者。

三、思维发展

按照著名心理学家皮亚杰（Piaget，1896—1980）的观点，儿童智慧的发展一般都要经历如下四个阶段：感知运动阶段、前运算阶段、具体运算阶段和形式运算阶段。其中具体运算阶段从大约 7 岁到 11 或 12 岁，这是整个的小学阶段。之所以称这个阶段为具体运算阶段，是因为此时必要的逻辑思维是部分地建立在对客体的具体操作的基础上的。

我国心理学家朱智贤教授指出，小学生思维的基本特点是从以具体形象思维为主要形式逐步过渡到以抽象逻辑思维为主要形式。但这种抽象逻辑思维在很大程度上仍然是直接经验与感性经验相联系的，仍然具有很大成分的具体形象性。虽然逐步过渡到以抽象逻辑思维为主要形式，但仍带有很大的具体性。

四、情感态度

小学生的情感态度主要从认识数学、学习兴趣、学习态度和道德情感等方面反映出来。小学生通过数学学习，可以达到以下目标：愿意了解社会生活中与数学相关的信息，主动参与数学学习有关的活动；在教师和同伴的鼓励和引导下，体验克服困难、解决问题的过程，培养学好数学的信心；经历运用数学知识和方法解决问题的过程，从中认识数学的重要价值；通过数学问题激发动机，初步养成乐于思考、勇于质疑、言必有据、严谨务实等良好品质。

拓展阅读

乘法分配律①

（一）情境

师：同学们的校服，每件上衣 62 元，每条裤子 37 元，大家算一算，咱们班 35 个人，每人一套校服，一共需要花多少钱？暂不计算结果，说一说你是怎么列算式的。

生：每一套校服的钱，乘总的套数，$(62+37)\times 35$。

生：所有上衣的钱，加上所有裤子的钱，$62\times 35+37\times 35$。

师：看来大家有两种不同的算法，得到两个不同的算式。大家想一想，这两个算式的结果是否相等。

生：结果相等。因为每个同学的衣服和裤子都计算进去了，也没有重复计算。

师：你说得很好。那我们一起动手算一算，是否真的相等？

学生计算，结果都等于 3465，教师在黑板上写下“$(62+37)\times 35=62\times 35+37\times 35$”。然后，教师再出示两个类似的问题，用类似的方法得到两个等式：$(4+2)\times 25=4\times 25+2\times 25$，$(10+8)\times 50=10\times 50+8\times 50$。

评析：通过生活情境的引入和数学问题的解决，培养学生积极的数学情感与使用数学的态度。引导学生对多个数学事实进行观察与比较，从而发现乘法分配律，培养学生的推理能力（主要是归纳推理）。

（二）表述

师：观察这三个等式，你有什么发现？请用自己的话说一说。

生：（甲数＋乙数）× 丙数＝甲数 × 丙数＋乙数 × 丙数。

生：（△＋□）× ○＝△ × ○＋□ × ○ 。

生：$(a+b)\times c=a\times c+b\times c$。

生：两个数的和与第三个数相乘，等于每个加数分别与第三个数相乘，再把所得的积加起来。

评析：启发学生从多个角度表述乘法分配律，既可以加深对乘法分配律的理解，又可以培养学生的数学表达能力，也就培养了学生的概括能力。

（三）证明

师：大家的发现正确吗？

---

① 曾小平、韩龙淑：《让学生经历知识的形成过程——以“乘法分配律”的教学为例》，载《教学月刊小学版（数学）》，2012（3）。本书引用时做了适当改动。

生：正确，我举了几个例子，都验证了它。

生：不一定，找不到反例，只能说明它正确的成分很大，但不能说明一定正确。

师：怎么才能说明这个结论一定正确呢？

生：我们可以用学过的数学知识来证明它正确。

师：对！数学上肯定一条结论，需要凭借证明。这里的 a，b，c 都是自然数，以（$a+b$）$\times c=a\times c+b\times c$ 为例，你能证明它吗？

生：根据乘法的定义，（$a+b$）$\times c$ 表示 c 个（$a+b$）的连加。将括号去掉，就是 c 个 a 的连加，再加上 c 个 b 的连加。再根据乘法的含义，就是 $a\times c+b\times c$（教师根据学生叙述板书，见图 2-1-1 左图）。

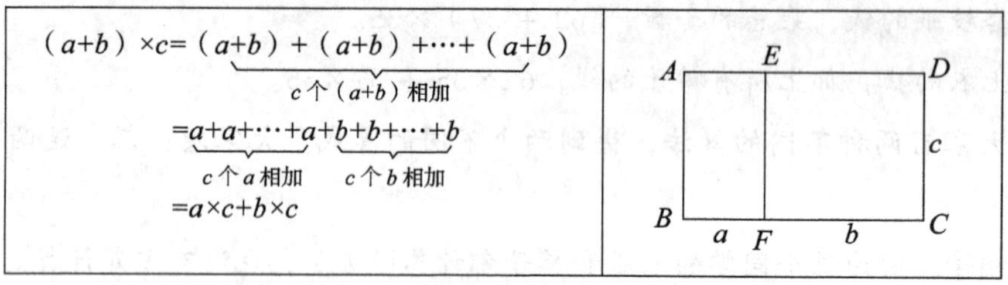

图 2-1-1

生：（众）哇！巧妙！

生：我可以用长方形的面积来证明（见图 2-1-1 右图）。长 $a+b$、宽 c 的长方形 $ABCD$ 的面积为（$a+b$）$\times c$，也可以是两个长方形 $ABFE$ 与 $EFCD$ 的面积和，即 $a\times c+b\times c$，从而（$a+b$）$\times c=a\times c+b\times c$。

生：（众）哇！更巧妙！

师：这样我们就可以确定（$a+b$）$\times c=a\times c+b\times c$ 是正确的。我把这个等式变成 $c\times$（$a+b$）$=c\times a+c\times b$，你说它正确吗？

生：（众）正确，其实就是用了一下交换律。

师：我们把大家发现的这个规律叫作乘法分配律。大家用自己的话说一说，什么是乘法分配律。

评析：证明乘法分配律，能加深对乘法分配律和乘法意义的理解，有利于培养学生的推理能力（主要是演绎推理，即论证）。同时也让学生初步体会数学的研究方法，培养严谨的习惯和多样化思考问题的方法。

（四）运用

师：请大家用乘法分配律计算 25×（10＋8）和 37×（20＋3），并用竖式计算 25×18 和 37×23，看看你有什么发现。

生：我发现，竖式算法就是依据乘法分配律（具体解释，略）。

师：如果计算 38×102，你打算怎么算？

生：用竖式计算。

生：我把 38×102 写成 38×（100＋2），再用乘法分配律计算。

师：大家用两种方法计算，体会一下哪一种方法更简单。

评析：通过两类练习题，既让学生运用了乘法分配律，培养了解决问题的能力，又让学生体会到了乘法分配律的重要价值，加深了对相关数学内容的理解，提高了对数学的认同感。

电子图书馆

张侨平．西方国家数学教育中的数学素养：比较与展望 [J]. 全球教育展望，2017（3）。

章建跃．核心素养统领下的数学教育变革 [J]. 数学通报，2017（4）。

郑毓信．数学思维与小学数学教学 [J]. 课程·教材·教法，2004（4）。

郝乐，马乾凯，郝一凡，等．数学教育与逻辑思维能力的培养 [J]. 数学教育学报，2013（6）。

第 2 节　数学教学与核心素养

我们心目中理想的数学教学是什么样的？它的重点是什么？这些都是一个教师必将面对的问题。《义务教育数学课程标准（2022 年版）》指出，数学教育承载着落实立德树人根本任务、实施素质教育的功能。这就指明了数学教学的理念和目标。

一、数学教学活动

数学教育功能的实现，数学课堂教学是主渠道。课标在课程理念中明确指出要“实施促进学生发展的教学活动”，具体表述如下。

> 有效的教学活动是学生学和教师教的统一，学生是学习的主体，教师是学习的组织者、引导者与合作者。
>
> 学生的学习应是一个主动的过程，认真听讲、独立思考、动手实践、自主探索、合作交流等是学习数学的重要方式。教学活动应注重启发式，激发学生学习兴趣，引发学生积极思考，鼓励学生质疑问难，引导学生在真实情境中发现问题和提出问题，利用观察、猜测、实验、计算、推理、验证、数据分析、直观想象等方法分析问题和解决问题；促进学生理解和掌握数学的基础知识和基本技能，体会和运用数学的思想与方法，获得数学的基本活动经验；培养学生良好的学习习惯，形成积极的情感、态度和价值观，逐步形成核心素养。

第二自然段，主要定位了教学活动，特别强调了教学活动的有效性在于“学生学与教师教的统一”，指出了学生和教师在活动中的角色。需要提醒的是，活动主体不仅包括学生，还有教师。在教学活动中，学生的“学习主体”地位，教师的“学习的组织者、引导者与合作者”角色，都是在数学教学中需要坚持做到的。

第二自然段的第一句，主要从学生学习数学的角度，强调了小学生学习数学形式多样、内涵丰富，并富有童真和童趣。特别指出了认真听讲、独立思考、动手实践、自主探索、合作交流等是有效的学习方式，鼓励教师积极采用。

第二自然段的第二句的第一分号，主要阐述了如何采用启发式等教学方法培养学生的“四能”。即教师创设真实的情境，引发学生的认知冲突，激发学习兴趣、引发积极思考、倡导积极探究、鼓励学生质疑问难、提倡质疑猜想，引导学生发现问题和提出问题。在发现与提出问题之后，利用观察、猜测、实验、计算、推理、验证、数据分析、直观想象等方法分析问题和解决问题。

第二自然段的第二句的第二分号，主要阐述了如何让学生通过数学学习获得“四基”。首先，促进学生理解和掌握数学的基础知识和基本技能，指的是描述基础知识的产生的背景、阐述其特征，并能在新情境中运用，利用掌握的技能解决面临的问题。其次，体会和运用数学的思想与方法，获得数学的基本活动经验，指的是在通过具体问题的解决过程，自己领悟和使用数学思想方法，并反思内化，在过程中积累和形成活动经验。

第二自然段的第二句的最后一个分号，主要阐述了数学教学要积极关注学生的情感态度和价值观，比如学习习惯、学习兴趣、学习自信心和学习主动性等，在知识、能力和情感的基础上，达到逐步形成核心素养的目的，实现数学教育立德树人的大目标。

二、数学核心素养

数学核心素养是具有数学基本特征的关键能力、思维品质、情感态度与价值观。它反映了数学的学科特征及其独特的育人价值，也是现代社会公民素养系统的重要组成部分。《义务教育数学课程标准（2022 年版）》指出，在小学阶段，数学核心素养表现为：会用数学的眼光观察现实世界；会用数学的思维思考现实世界；会用数学的语言表达现实世界。

（一）会用数学的眼光观察现实世界

数学为人们提供了一种认识与探究现实世界的观察方式，这就是数学的眼光。在小学教育阶段，数学眼光主要表现为：抽象能力（包括数感、量感、符号意识）、几何直观、空间观念与创新意识（表 2-2-1）。通过对现实世界中基本数量关系与空间形式的观察，学生能够直观理解所学的数学知识，表述概念的现实背景；能够在生活实践和其他学科中发现基本的数学研究对象，及其所表达的事物之间简单的联系与规律；能够在实际情境中发现和提出有意义的数学问题，进行数学探究；逐步养成从数学角度观察现实世界的意识与习惯，发展好奇心、想象力和创新意识。

表 2-2-1　会用数学的眼光观察现实世界

表现	含义	主要形式
数感	对于数与数量、数量关系及运算结果的直观感悟	• 能够在真实情境中理解数的意义，能用数表示物体的个数或事物的顺序 • 能在简单的真实情境中进行合理估算，做出合理判断 • 能初步体会并表达事物蕴含的简单数量规律
量感	对事物的可测量属性及大小关系的直观感知	• 知道度量的意义，能够理解统一度量单位的必要性 • 会针对真实情境选择合适的度量单位进行度量，会在同一度量方法下进行不同单位的换算 • 初步感受度量工具和方法起的误差，能合理得到或估计度量的结果
符号意识	能够感悟符号的数学功能与知道符号表达的现实意义	• 能够初步运用符号表示数量、关系和一般规律 • 知道用符号表达的运算规律和推理结论具有一般性 • 初步体会符号的使用是数学表达和数学思考的重要形式
几何直观	运用图表描述和分析问题的意识与习惯	• 能够感知各种几何图形及其组成元素，依据图形的特征进行分类 • 根据语言描述画出相应的图形，分析图形的性质 • 建立形与数的联系，构建数学问题的直观模型 • 利用图形分析实际情境与数学问题，探索解决问题的思路
空间观念	对空间物体或图形的形状、大小及位置关系的认识	• 能够根据物体特征抽象出几何图形，根据几何图形想象出所描述的实际物体 • 想象并表达物体的空间方位和相互之间的位置关系 • 感知并描述图形的运动和变化规律
创新意识	主动尝试从日常生活、自然现象或科学情境中发现和提出有意义的数学问题	• 初步学会通过具体的实例，运用归纳和类比发现数学关系与规律，提出数学命题与猜想，并加以验证 • 勇于探索一些开放性的、非常规的实际问题与数学问题

（二）会用数学的思维思考现实世界

数学为人们提供了一种理解与解释现实世界的思考方式，这就是数学的思维。在小学教育阶段，数学思维主要表现为：运算能力、推理意识（表 2-2-2）。经历独立的数学思维过程，学生能够理解数学基本概念和法则的发生与发展，数学基本概念之间、数学与现实世界之间的联系；能够合乎逻辑地解释或者论证数学的基本方法与结论，分析、解决简单的数学问题和实际问题；能够探究自然现象或现实情境所蕴含的数学规律，经历数学“再发现”的过程；逐步养成讲道理、有条理的思维习惯，形成实事求是的科学态度与敢于质疑的理性精神。

表 2-2-2　会用数学的思维思考现实世界

表现	含义	主要形式
运算能力	根据法则和运算律进行正确运算	• 能够明晰运算的对象，理解算法与算理之间的关系 • 能够理解运算的问题，选择合理简洁的运算策略解决问题 • 能够通过运算促进数学推理的发展
推理意识	对逻辑推理过程及其意义的初步感悟	• 知道可以从一些事实和命题出发，依据规则推出其他命题或结论 • 能够通过简单的归纳或类比，猜想或发现一些初步的结论 • 通过法则运用，体验数学从一般到特殊的论证过程 • 对自己及他人的问题解决过程给出合理解释

（三）会用数学的语言表达现实世界

数学为人们提供了一种描述与交流现实世界的表达方式，这就是数学的语言。在小学教育阶段，数学语言主要表现为：数据意识、模型意识、应用意识（表 2-2-3）。经历利用数据和数学模型对现实世界的表达过程，学生初步感悟数学与现实世界的交流方式；能够有意识运用数学语言表达现实生活和其他学科中事物的性质、关系和规律，并能解释表达的合理性；能够感悟数据的意义与价值，有意识地使用真实数据表达、解释与分析现实世界中的不确定现象；欣赏数学语言的简洁与优美，逐步养成用数学语言表达与交流的习惯，形成跨学科的应用意识与实践能力。

表 2-2-3　会用数学的思维思考现实世界

表现	含义	主要形式
数据意识	对数据意义的感悟和随机性的感悟	•知道在现实生活中，有许多问题应当先做调查研究，收集数据，感悟数据蕴含的信息 •知道同样的事情每次收集到的数据可能不同，而只要有足够的数据就可能从中发现规律 •知道同一组数据可以用不同方式表达，需要根据问题的背景选择合适的方式
模型意识	对数学模型适应性的初步感悟	•知道数学模型可以解决一类问题，是数学应用的基本途径 •能够认识到现实生活中大量的问题都与数学有关，有意识地用数学的概念和方法予以解释
应用意识	有意识地利用数学的概念、原理和方法解释现实世界中的现象与规律，解决现实世界中的问题	•能够感悟现实生活中蕴含着大量的与数量和图形有关的问题，可以用数学的方法予以解决 •初步了解数学作为一种通用的科学语言在其他学科中的应用，通过跨学科主题学习建立不同学科之间的联系

电子图书馆

黄翔．数学课程标准中的十个核心概念 [J]. 数学教育学报，2012（4）。

李祎．高水平数学教学到底该教什么 [J]. 数学教育学报，2014（6）。

蔡宏圣．几何直观：小学数学教学的视角 [J]. 课程·教材·教法，2013（5）。

刘玮．数学思想的本质意蕴及建构策略——基于小学数学教学实践的思考 [J]. 中国教育学刊，2014（6）。

第 3 节　数学教育目标的实现

作为一名教师，常常面临这样的问题：“怎样才能教好数学”“学生怎样才能学好数学”。这就涉及数学教学实践的问题，也就是把课程理念转化为实际行动，通过课程内容的教与学，实现课程目标的问题。《义务教育数学课程标准（2022 年版）》从教学和评价两个方面提出了具体可行的建议。教学方面，关注怎么教、怎么学，即教师要把基本理念转化为自己的教学行为，处理好教师讲授与学生自主学习的关系，注重启发学生积极思考。评价方面，关注教得怎样、学得怎样，即评价的主要目的是全面了解学生数学学习的过程和结果，激励学生学习和改进教师教学。

一、实现途径——有效教学

1. 学生主体地位与教师主导作用

有效的数学教学活动是学生学与教师教的统一，应体现“以人为本”的理念，促进学生的全面发展。教学应根据具体的教学内容，从学生实际出发，创设有助于学生主动学习的问题情境，引导学生通过实践、思考、探索、交流等，获得数学的基础知识、基本技能、基本思想、基本活动经验，促使学生不断提高发现问题和提出问题的能力、分析问题和解决问题的能力。

第一，学生是数学学习的主体，在积极参与学习活动的过程中不断得到发展。学生获得知识，必须建立在自己思考的基础上，可以通过接受学习的方式，也可以通过自主探索等方式。学生应用知识并逐步形成技能，离不开自己的实践；学生只有亲身参与教师精心设计的教学活动，才能在数学思考、问题解决和情感态度方面得到发展。

第二，教师应成为学生学习活动的组织者、引导者、合作者，为学生的发展提供良好的环境和条件。教师的“组织”作用主要体现在：教师应确定合理的教学目标，设计一个好的教学方案；教师要选择适当的教学方式，努力营造师生互动、生生互动的课堂氛围，形成有效的学习活动。教师的“引导”作用主要体现在：通过恰当的问题，或者准确、清晰、富有启发性的讲授，引导学生积极思考、求知求真；通过恰当的归纳和示范，使学生理解知识、掌握技能、积累经验、感悟思想。教师与学生的“合作”主要体现在：教师以平等的态度鼓励学生积极参与教学活动，启发学生共同探索，分享发现和成果。

2. 理解基础知识与掌握基本技能

数学知识的教学，应注重学生对所学知识的理解，体会数学知识之间的关联。学生掌握数学知识，不能依赖死记硬背，而应以理解为基础，并在知识的应用中不断巩固和深化。为了帮助学生真正理解数学知识，教师应注重数学知识与学生生活经验的联系、与其他学科知识的联系，组织学生开展实验、操作、尝试等活动，引导学生进行观察、分析，抽象和概括，运用知识进行判断。教师还应揭示知识的数学实质及其体现的数学思想，帮助学生厘清相关知识之间的区别和联系等。

数学知识的教学，要注重知识的“生长点”与“延伸点”，把每堂课教学的知识置于整体知识的体系中，注重知识的结构和体系，处理好局部知识与整体知识的关系。教师要引导学生感受数学的整体性，体会对于某些数学知识可以从不同的角度加以分析、从不同的层次进行理解。

在基本技能的教学中，不仅要使学生掌握技能操作的程序和步骤，还要使学生理解程序和步骤的道理。例如，对于整数乘法计算，学生不仅要掌握如何进行计算，而且要知道相应的算理。

基本技能的形成，需要一定量的训练，但要适度，不能依赖机械地重复操作，要注重训练的实效性。教师应把握技能形成的阶段性，根据内容的要求和学生的实际，分层次地落实。

3. 感悟数学思想与积累数学活动经验

数学思想蕴含在数学知识形成、发展和应用的过程中，是数学知识和方法在更高层次上的抽象与概括，如抽象、分类、归纳、演绎、模型等。学生在积极参与教学活动的过程中，通过独立思考、合作交流，逐步感悟数学思想。

数学活动经验的积累是提高学生数学素养的重要标志。帮助学生积累数学活动经验是数学教学的重要目标，这是学生不断经历、体验各种数学活动过程的结果。数学活动经验需要在“做”的过程和“思考”的过程中积淀，是在数学学习活动过程中逐步积累的。

教学中注重结合具体的学习内容，设计有效的数学探究活动，使学生经历数学的发生发展过程，是学生积累数学活动经验的重要途径。例如，在统计教学中，设计有效的统计活动，使学生经历完整的统计过程，包括问题提出、方案设计、收集数据、整理数据、展示数据、从数据中提取信息，并利用这些信息说明问题。学生在这样的过程中，不断积累统计活动经验，加深对统计思想与方法的理解。

4. 情感、态度与价值观念

教师要把落实情感态度的目标作为已任，努力把情感态度目标有机地融合在数学教学过程之中。在教育教学活动中，教师要尊重学生，以强烈的责任心、严谨的治学态度、健全的人格感染和影响学生。

设计教学方案、进行课堂教学活动时，应当经常考虑如下问题：如何组织学生探索，鼓励学生创新？如何引导学生感受数学的价值？如何使他们愿意学，喜欢学，对数学感兴趣？如何让学生体验成功的喜悦，从而增强自信心？如何引导学生善于与同伴合作交流，既能理解、尊重他人的意见，又能独立思考、大胆质疑？如何让学生做自己能做的事，并对自己做的事情负责？如何帮助学生锻炼克服困难的意志？如何培养学生良好的学习习惯？

拓展阅读

小数除法（执教：吴正宪）[①]

1. 情境引入，提出问题

1.1 教师口述情境，学生用自己的方式记录

师：赵楠、张华、李辉、王立四位好朋友，马上就要大学毕业了，他们相约吃了一顿饭，

① 贾福录：《探索“问题引领式”儿童数学学习之路——吴正宪老师“小数除法”一课带给我们的思考》，载《小学数学教育》，2017（17）。本书做了适当改动。

赵楠同学去结账付了 100 元，找回 3 元。最后，他们四人商量想 AA 制。

有的学生不会记录信息；有的学生像写日记一样记录一段文字；有的学生只摘录数学信息：4 人，100 元，找 3 元，AA 制。

1.2 引导学生发现、提出问题

师：你们觉得这里面有什么问题吗？

生：每人付款多少元？

【赏析】用数学的眼光看世界，发展学生从现实的情境中抽取数学信息，进而培养发现问题、提出问题的能力。

2. 学生探究

2.1 学生独立列式计算，解决问题

（过程，略）

2.2 组织学生交流

生 1：（100−3）÷4=24……1。（所有学生都同意这样列式，这是学生的已有经验）

师：（启发）这里面就没有点儿新的问题？如果你是赵楠同学，每人给你 24 元，你就同意了？（学生再次发现问题：余下的 1 元怎么分？）

2.3 学生深入探究

问题：1 元平均分 4 份，每份是多少？

2.4 再次组织学生交流

教师同时展示两名学生的做法（图 2−3−1），教师先让生 1 交流。

生 1：1 元 =100 分，100 ÷ 4=25（分）
生 2：1 元 =10 角，10 ÷ 4= ?

图 2−3−1

生 1：大家看明白我的算式了吗？

生 2：你的意思是不是 1 元 =100 分，100 分平均分 4 份，每份 25 分？

针对生 2 的困惑，教师引发学生思考：1 元等于 10 角，你怎么不往下分了？

生 2：10 角分 4 份，还有余数。

师：现在有想法了吗？

生 2：2 角 =20 分，20 ÷ 4=5（分）。

师：你们听懂他的意思了吗？

【赏析】教师充分利用学生资源组织学生交流，在学生出现困惑时，教师不是直接引领，而是启发学生深入思考。

生 3：每人 2.5 角就是 0.25 元。

生 4：我用画图的方法（图 2−3−2）。

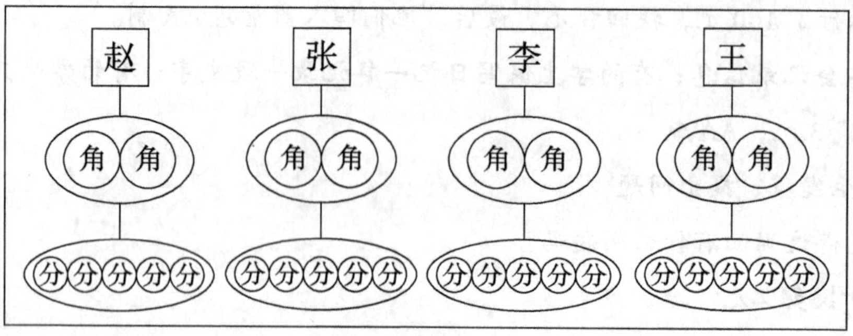

图 2-3-2

教师让学生评价画图的方法，继续引发学生深入思考，发现问题：对画图的方法你们有什么想说的吗？

生：有点儿复杂，不方便。能不能把这些过程写在一个式子里？

此时，教师发现一名学生一脸迷茫，就询问道："你还有什么新的问题吗？"这名学生思考了一会儿，在已有算式的基础上列出了下列算式（图 2-3-3 左图）。

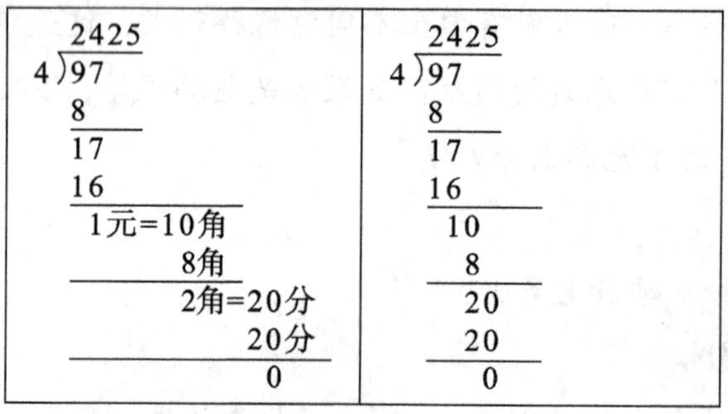

图 2-3-3

【赏析】教师要关注每名学生的表情，读懂他们内心的困惑，让有困惑的学生也有体验成功的机会。

面对新的竖式，有的学生又发现了问题：应该每个人 24 元 2 角 5 分，怎么看着是 2425 元呢？

生：请小数点来帮忙，点上小数点就是 24.25 元了。

师：对小数点，你们有什么想说的吗？

生：小数点，你可真有用啊，用你的时候你就来了。

师：你们还有事儿吗？我特别喜欢有事儿的孩子。

在教师的启发下，有的学生发现问题：竖式中不应该有单位呀？学生经过思考，去掉了竖式中的单位（图 2-3-3 右图）。又有学生提出新的问题：1 就是 1，怎么变成 10 了？ 2 就是 2，怎么变成 20 了？这里的 10，20 表示什么？

【赏析】在组织学生交流的过程中，教师不断启发学生思考，学生多次发现和提出问题："余下的 1 元怎么分？""画图有点儿复杂，能不能把这些过程写在一个式子里？""应该每个人 24 元 2 角 5 分，怎么看着是 2425 元呢？""竖式中不应该有单位呀？""1 就是 1，怎么变成 10 了？2 就是 2，怎么变成 20 了？ 10，20 表示什么？"通过对这一系列问题的思考，学生对计算的道理越来越明了。

3. 练习

3.1 计算：51÷2 和 9.7÷4

师：不光是计算，要能讲个故事介绍你的计算过程。

生：51 元买了两个文具盒，每个文具盒给了 25 元，还剩 1 元，1 元是 10 角，再分两份就是 5 角，每个文具盒是 25.5 元。

生：有 51 个苹果，要阿凡提把这些苹果平均分成两份，看他怎么分？他给每份分了 25 个，还余下 1 个苹果，分成两半，每份再分半个，每份就是 25.5 个。

……

3.2 教师继续提出新的要求

师："元、角、分""苹果"都走了，还能讲故事吗？

生：51 个 1 除以 2，每份是 25 个 1，还余了 1 个 1，把这 1 个 1 看成 10 个 0.1，每份就是 5 个 0.1，最后每份得到 25.5。

【赏析】讲故事是促进学生数学理解的有效方式。"元、角、分""苹果"赋予抽象算式以有趣的情境，能帮助学生理解除法运算的道理。去掉情境继续讲故事，能让学生逐步感悟除法运算的本质——分计数单位的个数。

4. 总结全课，继续引发学生思考

师：你们还有事儿吗？

生：要是一直分，分不完怎么办？……

【赏析】让学生带着问题课后去思考，这是学生探究兴趣的延续。

二、实现效果——科学评价

评价的主要目的是全面了解学生数学学习的过程和结果，激励学生学习和改进教师教学。评价应以课程目标和内容标准为依据，体现数学课程的基本理念，全面评价学生在知识技能、数学思考、问题解决和情感态度等方面的表现。评价不仅要关注学生的学习结果，更要关注学生在学习过程中的发展和变化。

1. 基础知识和基本技能的评价

对基础知识和基本技能的评价，应以各学段的具体目标和要求为标准，考查学生对基础知识和基本技能的理解和掌握程度，以及在学习基础知识与基本技能过程中的表现。教师应允许学生经过较长时间的努力，随着数学知识与技能的积累逐步达到学段目标。

在对学生学习基础知识和基本技能的结果进行评价时，应该准确地把握"了解、理解、掌握、应用"不同层次的要求。在对学生学习过程进行评价时，应依据"经历、体验、探索"不同层次的要求，采取灵活多样的方法，定性与定量相结合，以定性评价为主。

拓展阅读

计算技能评价

每一学段的目标是该学段结束时学生应达到的要求，教师需要根据学习的进度和学生的实际情况确定具体的要求。

例如，表 2-3-1 是对第一学段有关计算技能的基本要求，这些要求是在学段结束时应达到的，评价时应注意把握尺度，对计算速度不做过高要求。

表 2-3-1　计算技能的评价

学习内容	速度要求
20 以内加减法和表内乘除法口算	8 ~ 10 题 / 分
百以内加减法和一位数乘除两位数口算	3 ~ 4 题 / 分
两位数和三位数加减法笔算	2 ~ 3 题 / 分
两位数乘两位数笔算	1 ~ 2 题 / 分
一位数乘除两位数和三位数笔算	1 ~ 2 题 / 分

2. 数学思考和问题解决的评价

数学思考和问题解决的评价要依据总目标和学段目标的要求，体现在整个数学学习过程中。对数学思考和问题解决的评价应当采用多种形式和方法，特别要重视在平时教学和具体的问题情境中进行评价。

拓展阅读

数学思考的评价

在第二学段，教师可以设计下面的活动，评价学生数学思考和问题解决的能力：用长为 50 厘米的细绳围成一个边长为整厘米数的长方形，怎样才能使面积达到最大？

在对学生进行评价时，教师可以关注以下几个不同的层次：第一，学生是否能理解题目的意思，能否提出解决问题的策略，如通过画图进行尝试；第二，学生能否列举若干满足条件的长方形，通过列表等形式将其进行有序排列；第三，在观察、比较的基础上，学生能否发现长和宽变化时，面积的变化规律，并猜测问题的结果；第四，对猜测的结果给予验证；第五，鼓励学生发现和提出一般性问题，例如，猜想当长和宽的变化不限于整厘米数时，面积何时最大。

为此，教师可以根据实际情况，设计有层次的问题评价学生的不同水平。例如，设计下面的问题：找出三个满足条件的长方形，记录下长方形的长、宽和面积，并依据长或宽的长短有序地排列出来；观察排列的结果，探索长方形的长和宽发生变化时，面积相应的变化规律。猜测当长和宽各为多少厘米时，长方形的面积最大；列举满足条件的长和宽的所有可能结果，验证猜测；猜想“如果不限制长方形的长和宽为整厘米数，怎样才能使它的面积最大？”教师可以预设目标“对于第二学段的学生，能够完成前两个题就达到基本要求，对于能完成后两个题的学生，则给予进一步的肯定。”学生解决问题的策略可能与教师的预设有所不同，教师应给予恰当的评价。

3. 情感、态度与价值观的评价

情感、态度与价值观的评价应依据课程目标的要求，采用适当的方法进行。其主要方式有课堂观察、活动记录、课后访谈等。教师可以根据实际情况用灵活多样的方式记录学生情感、态度与价值观的情况，用恰当的方式给学生以反馈和指导。

情感、态度与价值观评价主要在平时教学过程中进行，注重考查和记录学生在不同方面的表现，了解学生情感、态度与价值观的状况及变化。例如，主动参与学习活动，学习数学的兴趣和自信心，克服困难的勇气，与他人合作，与同伴和老师交流……

4. 注重数学学习过程的评价

学生在数学学习过程中，知识技能、数学思考、问题解决和情感态度等方面的表现不是孤立的，这些方面的发展综合体现在数学学习过程之中。在评价学生每一个方面表现的同时，要注重对学生学习过程的整体评价，分析学生在不同阶段的表现特征和发展变化。

评价时应采取灵活的方式记录、保留和分析学生在不同方面的表现。例如，主动参与学习活动，提出问题和分析问题，独立思考问题，与他人合作交流，尝试从不同角度思考问题，有条理地表述自己的思考过程，倾听和理解别人的思路，反思自己思考过程的意识……

电子图书馆

庞舒勤，赵庆林．让学生体验深度学习——以小学数学教学为例 [J]. 人民教育，2013（22）。

李晓梅．如何进行有效的小学数学教学设计 [J]. 课程・教材・教法，2007（2）。

岳欣云，董宏建．探究式教学的“扶”“放”之度与层次性——由一则小学数学教学案例引发的思考 [J]. 课程・教材・教法，2013（7）。

马征东．延时评价在小学数学教学中的尝试 [J]. 教学与管理，2012（14）。

思考题

1. 举例说明，数学教学能促进儿童哪些方面的发展。
2. 数学教学活动是什么样的活动？（可从本质、重点、学习和教学方面论述）
3. 义务教育数学课程标准中的核心概念是什么？请选择一个进行详细阐述。
4. 普通高中数学课程中的数学学科核心素养是什么？请选择一个进行详细阐述。
5. 数学教学中，如何帮助学生理解基础知识与掌握基本技能？
6. 数学教学中，如何帮助学生感悟数学思想与积累数学活动经验？
7. 数学教学中，如何评价学生的情感、态度与价值观？

第 3 章

小学数学教材

本章结构

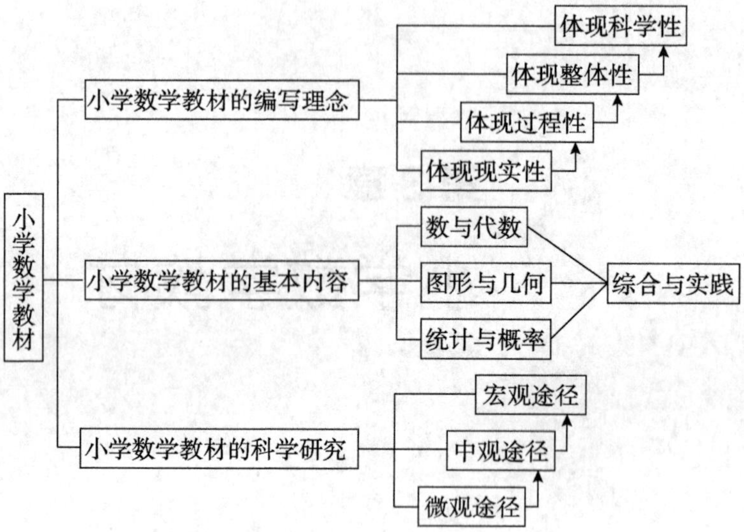

内容要点

◆小学数学教材的内容要体现数学知识的整体性，体现重要的数学知识和方法的产生、发展和应用过程。

◆根据课标要求，小学数学教材的基本内容包括“数与代数”“图形与几何”“统计与概率”“综合与实践”四个部分。

◆教师在使用教材时，可以从宏观、中观和微观三个层面进行研究，重在引导学生进行自主探索与合作交流，关注对学生人文精神的培养。

第 1 节　小学数学教材的编写理念

数学教材为学生的数学学习活动提供了学习主题、基本线索和知识结构，是实现数学课程目标、实施数学教学的重要素材。教材可以在不违背数学知识逻辑关系的基础上，根据学生的数学学习认知规律、知识背景和活动经验，合理地安排学习内容，形成自己的编排体系。

一、体现科学性

科学性是对小学数学教材编写的基本要求，具体体现在两个方面：一方面，要符合数学的学科特征，符合数学的科学性，不出现科学性错误；另一方面，要符合学生的认知规律，根据学生认知发展的阶段性安排内容，有利于学生学习，促进儿童认知的发展。

1. 符合数学学科的科学性

在第 1 章，我们已经阐述了“作为科学的数学”和“作为学科的数学”的联系和区别。教材中的数学，是作为学科的数学。它是在保证科学性的前提下，为满足小学生的特殊需要，人为加工设计的一套知识和思想体系。

2. 符合学生认知的发展性

小学生的思维特点是，以直观形象思维为主，逐渐向抽象逻辑思维过渡，但是逻辑思维是初步的。学生年龄越低，越偏向直观形象的思维，因此教材更多的是以图形、图片、故事的形式来呈现数学内容。随着年龄的增大，逻辑性较强的内容可以逐渐加入。

例如，人教版教材在“两位数减一位数”时（图 3-1-1)，考虑到学生的认知特点和识字量小的状况，用图片呈现问题“框里有 36 个足球，我们班借走 8 个，还剩几个足球？”在列出减法算式“36－8”之后，因为这时候没有足球作为实物了，就用小棒作为学具代替足球进行直观计算。

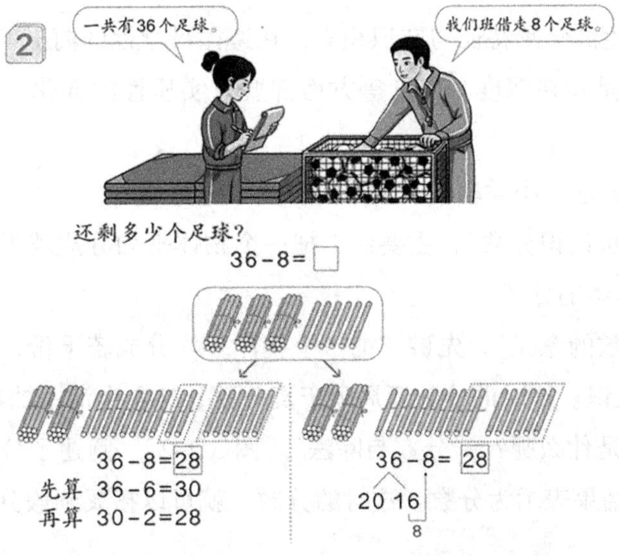

图 3-1-1　人教版一年级下册“两位数减一位数”

方法 1（破十法）：6 根散的小棒中没办法拿走 8 根，拿一捆打开变成 10 根；从 10 根中拿走 8 根还剩下 2 根；剩下 2 根和原来 6 根合在一起是 8 根；另加 2 捆，一共剩下 28 根；因此 $36-8=28$。

方法 2（数的分解，以加算减）：6 根散的小棒中没办法拿走 8 根，再拿一捆打开成为 16 根；16 可以分解成 $8+8$，也就是之前已经学习了 $8+8=16$（或者 $16-8=8$），从 16 根中拿走 8 根，还剩 8 根；剩下 2 捆和 8 根，一共剩下 28 根；因此 $36-8=28$。

二、体现整体性

教材的编写应当体现整体性，注重突出核心内容，注重内容之间的相互联系。课程标准在设计思路中提出了十个核心词：数感、符号意识、空间观念、几何直观、数据分析观念、运算能力、推理能力、模型思想、应用意识和创新意识，它们是义务教育阶段数学课程内容的核心，也是教材的主线。因此，教材应当围绕这些核心内容进行整体设计和编排。

1. 整体考虑知识之间的关联

教材的整体设计要呈现不同数学知识之间的关联。一些数学知识之间存在逻辑顺序，教材编写应有利于学生感悟这种顺序。一些知识之间存在着实质性的联系，这种联系体现在相同的内容领域，也体现在不同的内容领域。例如，在“数与代数”领域内，函数、方程、不等式之间均存在着实质性联系。此外，代数与几何、统计之间也存在一定的实质性联系。

帮助学生理解类似的实质性联系，是数学教学的重要任务。为此，教材在内容的素材选取、问题设计和编排体系等方面应体现这些实质性联系，展示数学知识的整体性和数学方法的一般性。

2. 重要概念与数学思想要螺旋上升

数学中有一些重要内容、方法、思想是需要学生经历较长的认识过程，逐步理解和掌握的，如分数、函数、概率、数形结合、逻辑推理、模型思想等。因此，教材在呈现相应的数学内容与思想方法时，应根据学生的年龄特征与知识积累，在遵循科学性的前提下，采用逐级递进、螺旋上升的原则。螺旋上升是指在深度、广度等方面都要有实质性的变化，即体现出明显的阶段性要求。

例如，对于分数的概念，小学教材一般是分三段来进行的。

①小学三年级“初步认识分数”，主要讲“把一个物体平均分成若干份，表示其中的一份或者几份”。这是生活中具体的分数。

②小学五年级“分数的意义”，先讲“把一个整体平均分成若干份，表示其中的一份或者几份”，强调对单位 1 的认识。这时的分数还局限于真分数，这是生活中抽象的分数。

③分数的本质到底是什么呢？“分数与除法”（图 3-1-2），阐述了分数的运算本质：两整数相除，当不能整除时，结果表示为分数。这时的分数，就可以拓展到假分数了，这就是数学中的分数。

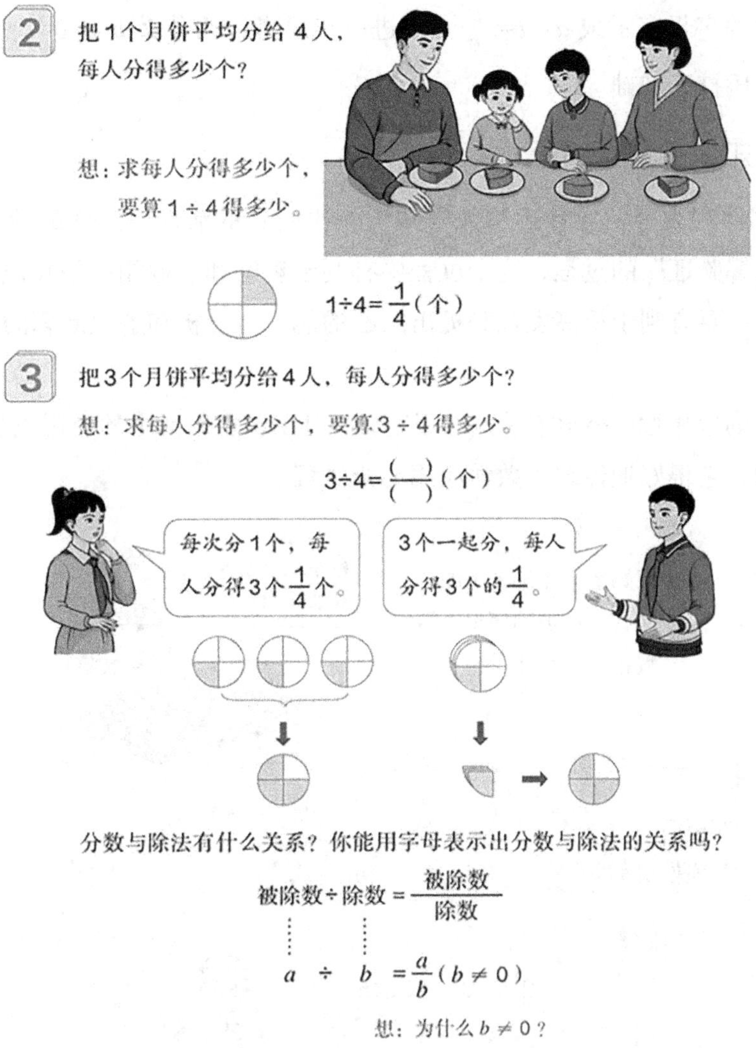

图 3-1-2　人教版五年级下册“分数与除法”

三、体现过程性

教材编写不是单纯的知识介绍，学生学习也不是单纯的模仿、练习和记忆。因此，教材应选用合适的学习素材，介绍知识的背景；设计必要的数学活动，让学生通过观察、实验、猜测、推理、交流、反思等，感悟知识的形成和应用。恰当地让学生经历这样的过程，对于他们理解数学知识与方法、形成良好的数学思维习惯、增强应用意识、提高解决问题的能力有着重要的作用。

1. 体现数学知识的形成过程

在设计一些新知识的学习活动时，教材可以展现“知识背景—知识形成—揭示联系”的过程。这个过程要有利于激发学生学习兴趣，理解数学实质，发展思考能力，了解知识之间的关联。

例如，“分数与除法”，就从运算角度阐述了分数形成的过程。首先是通过两个具体生活现象，得到两个算式 $1 \div 3 = \frac{1}{3}$ 和 $3 \div 4 = \frac{3}{4}$。在此基础上归纳抽象得到：被除数 ÷ 除数 = $\frac{被除数}{除数}$。

还可以用已经学过的字母表示成 $a \div b=\frac{a}{b}$。再进一步思考：为什么 $b \neq 0$？加深对分数的理解，也为分数的基本性质打下基础。

2. 反映数学知识的应用过程

教材应当根据课程内容，设计运用数学知识解决问题的活动。这样的活动应体现“问题情境—建立模型—求解验证”的过程，这个过程要有利于理解和掌握相关的知识技能，感悟数学思想，积累活动经验；要有利于提高发现和提出问题的能力、分析和解决问题的能力，增强应用意识和创新意识。

数学具有广泛的应用性。小学数学虽然很基础，但在现实生活中的应用也是很多的。图 3-1-3 就是一个典型实例，它很好地体现了数学应用的全过程。

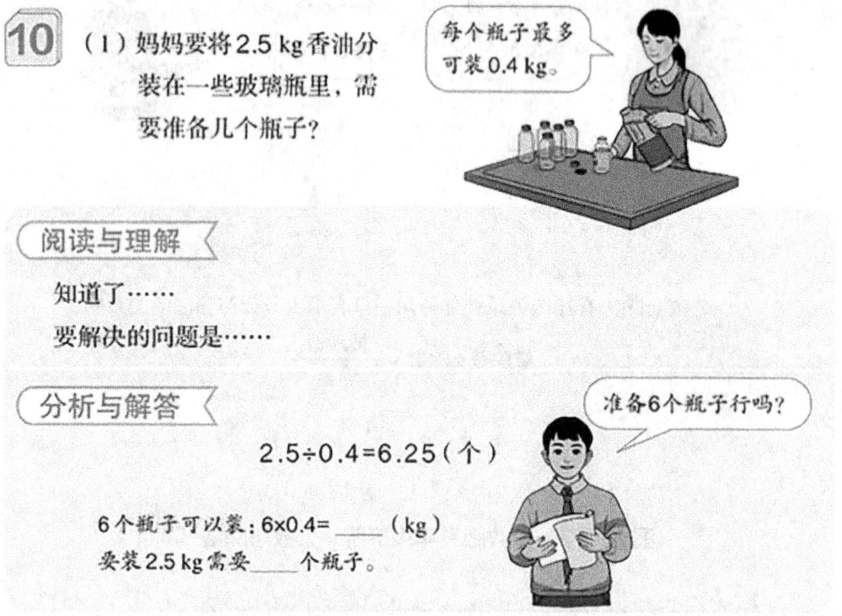

图 3-1-3　人教版五年级上册“小数除法”

它的问题情境是：小强的妈妈要将 2.5 kg 香油装进一些玻璃瓶里，每个瓶最多可装 0.4 kg，需要准备多少个玻璃瓶？

它的数学模型是：总数 ÷ 单数＝个数（相当于“总价 ÷ 单价＝数量”）。

它的求解验证是：$2.5 \div 0.4 = 6.25$，首先取整数得到 6 个瓶子，但是回到现实验证一下，6 个瓶可以装 $0.4 \times 6 = 2.4 < 2.5$，而 $0.4 \times 7 = 2.8 > 2.5$，因此，至少需要准备 7 个玻璃瓶。

四、体现现实性

教材中具体素材的选用，应当充分考虑学生的认知水平和活动经验。素材应当在反映数学本质的前提下尽可能地贴近学生的现实，以利于他们经历从现实情境中抽象出数学知识与方法的过程。学生的现实主要包含以下三个方面。

1. 生活现实

在义务教育阶段的数学课程中，许多内容都可以在学生的生活实际中找到生活背景，也就是现实原型。

第一学段，学生所感知的生活面较窄，从他们身边熟悉的、有趣的事物中选取学习素材，容易激发他们学习数学的兴趣，使他们感受到数学就在自己的身边，也易于他们理解相关的数学知识，体会到数学的价值（图 3-1-4）。

图 3-1-4　人教版一年级上册“减法”

第二学段，学生的活动空间有了较大的扩展，他们感兴趣的问题已拓展到客观世界的许多方面，逐渐关注来源于自然、社会中更为广泛的现象和问题，对具有一定挑战性的内容表现出更大的兴趣。因此，教材所选择的素材应尽量来源于自然、社会中的现象和问题。

2. 数学现实

随着数学学习的深入，学生积累的数学知识和方法就成为学生的“数学现实”，这些现实是进一步学习数学的素材。选用这些素材，不仅有利于学生理解所学知识的内涵，还能够更好地揭示相关数学知识之间的内在关联。

例如，五年级学习“分数的意义”之后，引入“分数与除法”（图 3-1-2），学生就能很好地理解分数与除法之间的关系。在此基础上，进一步联系“除数不等于零，对应分母不等于零”和“除法中商不变的性质，对应分数的基本性质”。这样有利于学生从整体上理解数学，构建数学认知结构。

3. 其他学科现实

数学的许多内容与其他学科知识有着密切的联系。随着学生学习的深入，其他学科的知识也就成为学生的“现实”。

分数及其运算和其他学科联系密切。图 3-1-5 就显示了音乐中的数学，介绍了音符及其时值。通过这个内容的学习与问题的解决，学生就能找到一些数学与音乐的联系，增加数学的生动性和应用性。

> **你知道吗？**
>
> 你知道五线谱里的音符也可以用分数来表示吗？
>
> 常用的音符有全音符（𝅝）、二分音符（𝅗𝅥）、四分音符（♩）、八分音符（♪）和十六分音符（𝅘𝅥𝅯）。不同的音符表示不同的时值（即音的长短），二分音符、四分音符、八分音符和十六分音符表示的时值分别是全音符时值的$\frac{1}{2}$、$\frac{1}{4}$、$\frac{1}{8}$和$\frac{1}{16}$。
>
> 你知道一个全音符的时值里分别包含多少个二分音符、四分音符、八分音符和十六分音符的时值吗？

图 3-1-5　人教版六年级上册“分数除法”

电子图书馆

杜尚荣，李森．教材编写的教学逻辑 [J]. 小学教学（数学版），2015（2）。

吴琼，高夯．美国、新加坡、中国小学数学教材编写的指导思想及其特点——基于教师用书的比较分析 [J]. 外国教育研究，2013（9）。

梁晓红．小学数学“解决问题”教材编写特点及学生“四能”的培养 [J]. 基础教育研究，2016（15）。

宋运明，李明振，李鹏，等．小学数学教材例题编写特点研究 [J]. 课程·教材·教法，2014(2)。

第 2 节　小学数学教材的基本内容

小学数学教材是根据《义务教育数学课程标准（2022 年版）》编写的，涵盖了“课程内容”中的全部知识点。因为课标是按照“数与代数”“图形与几何”“统计与概率”“综合与实践”来安排课程内容的，所以小学数学教材也涵盖了这四个领域。

一、数与代数

小学数学教材的主题内容是“数与代数”，它占据了大约 60% 的篇幅。第一学段（1～3 年级）具体包括“数的认识”“数的运算”“常见的量”“探索规律”（表 3-2-1）。

表 3-2-1　第一学段“数与代数”的教材内容

主题	内容
数的认识	◇自然数及其大小比较（20 以内，百以内，万以内） ◇简单的分数与小数的意义，简单分数与小数的大小比较
数的运算	◇四则运算的意义（含熟练掌握 20 以内加减法、表内乘除法） ◇口算（百以内的加减法，两位数乘除一位数） ◇笔算（三位数的加减法，一位数乘两位数和三位数，两位数乘两位数、三位数除以一位数的除法） ◇混合运算（认识小括号，进行两步简单混合运算） ◇简单同分母分数加减法，一位小数的简单加减法
常见的量	◇货币◇ 24 时记时法◇年月日◇质量（克、千克、吨）
探索规律	◇探索简单情境下的变化规律

第二学段（4～6 年级）具体包括“数的认识”“数的运算”“式与方程”“正比例与反比例”“探索规律”（表 3-2-2）。

表 3-2-2　第二学段“数与代数”的教材内容

主题	内容
数的认识	◇自然数及其大小比较（亿以内的数，十进制计数法，大数） ◇数的特征（倍数特征，因数与倍数，质数与合数，奇数与偶数） ◇理解分数与小数的意义，分数与小数的大小比较 ◇理解百分数，进行小数、分数和百分数的互化 ◇在生活情境中，了解负数的意义
数的运算	◇整数四则运算（认识中括号，三位数乘 / 除以两位数，不超过三步的混合运算，运算律，加与减的互逆关系，乘与除的关系） ◇分数与小数的四则运算（含不超过三步的混合运算、解决实际问题） ◇算法（选择与交流算法）与简单估算 ◇使用计算器进行计算和探索规律
式与方程	◇用字母表示数，等量关系 ◇简单一元方程（列方程，解方程，用方程解决问题）
正比例与反比例	◇比与按比分配 ◇正比例与反比例（含正比例的图象和利用图象进行预测）
探索规律	◇探索情境中隐藏的规律和变化趋势

二、图形与几何

“图形与几何”是小学数学教材中仅次于“数与代数”的重要内容，它由“图形的认识”“测量”“图形的运动”“图形与位置”四个部分构成（表 3-2-3）。

表 3-2-3 “图形与几何”的教材内容

组成部分	第一学段	第二学段
图形的认识	◇简单几何体及其分类 ◇常见平面图形与拼图 ◇角的初步认识与分类 ◇观察简单物体	◇线段与线段公理，角的大小与分类，平行与相交（含垂直），平面图形的作图 ◇三角形的定义与性质，特殊三角形的性质 ◇观察物体，立体图形的侧面展开
测量	◇长度（长度单位，周长，长正方形的周长） ◇面积（面积单位，长方形、正方形的面积）	◇角（测量角和画角） ◇图形面积（平行四边形、三角形和梯形等，测量不规则图形的面积） ◇圆（定义、周长、面积） ◇物体体积（体积单位，简单几何体的体积公式，测量不规则物体的体积）
图形的运动	◇感受平移、旋转、对称现象 ◇初步认识轴对称图形	◇理解平移、旋转、轴对称等现象，并进行简单作图 ◇图形的放大与缩小
图形与位置	◇相对位置（前、后、左、右、上、下） ◇八个方向（东、南、西、北、东南、东北、西南、西北）	◇比例尺 ◇简单路线图 ◇根据参照点的方向和距离确定位置 ◇在方格纸上利用数对确定位置

三、统计与概率

“统计与概率”在小学数学教材中所占比重并不大，主要是简单统计图表和统计量，其中的“概率”是统计性概率，即根据统计数据认识不确定性现象。

第一学段的主要内容有：分类，通过分类过程体会与分类标准的关系；数据收集与整理，感受数据中蕴含着信息。

第二学段的主要内容有：经历数据分析的过程；制作简单统计表；绘制条形、折线统计图表示数据，认识扇形统计图；理解总数与平均数的统计意义；根据图表和数据进行简单的统计判断和预测；感受实际情境中的随机现象；通过活动感受和定性描述可能性大小。

四、综合与实践

《义务教育数学课程标准（2022 年版）》并没有明确规定“综合与实践”的具体内容，只给出了一些指导性建议。因此，各版本的小学数学教材，可以根据自身特色和需要创造性地编写这部分内容。

因此，作为教师，重在把握“综合与实践”的课程理念：让学生经历有目的、有设计、有步骤、有合作的实践活动；结合实际情境，体验发现和提出问题、分析和解决问题的过程；在给定目标下，感受针对具体问题提出设计思路，制订简单的方案解决问题的过程；通过应用和反思，进一步理解所用的知识和方法，了解所学知识之间的联系，获得数学基本活动经验。

拓展阅读

小学数学教材的内容结构（人教版）

	单元	上册内容	单元	下册内容
一年级	1	准备课	1	认识图形（二）
	2	位置	2	20 以内的退位减法
	3	5 以内数的认识和加减法	3	分类与整理
	4	认识图形（一）	4	100 以内数的认识
	5	6 ～ 10 的认识和加减法	综合与实践	摆一摆　想一想
	6	11 ～ 20 各数的认识	5	认识人民币
	综合与实践	数学乐园	6	100 以内的加法和减法（一）
	7	认识钟表	7	找规律
	8	20 以内的进位加法	8	总复习
	9	总复习		
二年级	1	长度单位	1	数据收集整理
	2	100 以内的加法和减法（二）	2	表内除法（一）
	3	角的初步认识	3	图形的运动（一）
	4	表内乘法（一）	4	表内除法（二）
	5	观察物体（一）	5	混合运算
	6	表内乘法（二）	6	有余数的除法
	综合与实践	量一量、比一比	综合与实践	小小设计师
	7	认识时间	7	万以内数的认识
	8	数学广角——搭配（一）	8	克和千克
	9	总复习	9	数学广角——推理
			10	总复习
三年级	1	时、分、秒	1	位置与方向（一）
	2	万以内的加法和减法（一）	2	除数是一位数的除法
	3	测量	3	复式统计表
	4	万以内的加法和减法（二）	4	两位数乘两位数
	5	倍的认识	5	面积
	6	多位数乘一位数	6	年、月、日
	综合与实践	数字编码	综合与实践	制作活动日历
	7	长方形和正方形	7	小数的初步认识
	8	分数的初步认识	8	数学广角——搭配（二）
	9	数学广角——集合	综合与实践	我们的校园
	10	总复习	9	总复习

续表

	单元	上册内容	单元	下册内容
四年级	1	大数的认识	1	四则运算
	综合与实践	1 亿有多大	2	观察物体（二）
	2	公顷和平方千米	3	运算定律
	3	角的度量	4	小数的意义和性质
	4	三位数乘两位数	5	三角形
	5	平行四边形和梯形	6	小数的加法和减法
	6	除数是两位数的除法	7	图形的运动（二）
	7	条形统计图	8	平均数与条形统计图
	8	数学广角——优化	综合与实践	营养午餐
	9	总复习	9	数学广角——鸡兔同笼
			10	总复习
五年级	1	小数乘法	1	观察物体（三）
	2	位置	2	因数与倍数
	3	小数除法	3	长方体和正方体
	4	可能性	综合与实践	探索图形
	综合与实践	掷一掷	4	分数的意义和性质
	5	简易方程	5	图形的运动（三）
	6	多边形的面积	6	分数的加法和减法
	7	数学广角——植树问题	综合与实践	怎样通知最快
	8	总复习	7	折线统计图
			8	数学广角——找次品
			9	总复习
六年级	1	分数乘法	1	负数
	2	位置与方向（二）	2	百分数（二）
	3	分数除法	综合与实践	生活与百分数
	4	比	3	圆柱与圆锥
	5	圆	4	比例
	综合与实践	确定起跑线	综合与实践	自行车里的数学
	6	百分数（一）	5	数学广角——鸽巢问题
	7	扇形统计图	6	整理和复习
	综合与实践	节约用水		
	8	数学广角——数与形		
	9	总复习		

电子图书馆

蒋敏杰．专业化教材解读：提升教师教学能力的有效途径之一 [J]. 基础教育课程，2019（17）。
闫静．浅谈小学数学教学中的“数学化”[J]. 教育理论与实践，2019（20）。
沈超．小学数学教学“数学化”缺失的分析 [J]. 数学教育学报，2008（4）。
李辉．小学数学教师如何准确解读教材 [J]. 小学教学（数学版），2014（7）。
梁力佩，赵文安．“倍数与因数”单元教材解读 [J]. 小学教学（数学版），2014（7）。

第3节　小学数学教材的科学研究

小学数学教材的科学研究，就是根据教学要求、学生实际和自身状况，对小学数学教材的纸面内容和隐含思想进行科学的、深入的分析，做教学方面的加工，使之成为易于学生学习和理解的素材。教材研究的主要视角有：研究教材的编排体系和知识之间的内在联系；挖掘隐性的能力培养因素和思想渗透；分析教材的重点、难点和核心；研究例题和习题配置意图。就教材研究的途径而言，主要有宏观、中观和微观三种途径。

一、宏观途径

宏观途径研究教材，主要指全册教材分析，通常是以一册教材作为基础，考虑到学生的年龄特征，研究各个大单元的知识板块内部的纵向联系和知识板块之间的横向联系。其目的在于，理解一个学期的教学内容，整体把握重难点和前后之间的联系，合理分配全册教材的教学时间。

小学数学全册教材的研究，首先要认真学习《义务教育数学课程标准（2022年版）》的核心内容，然后统揽全套教材研究编排体系和各大单元之间的内在联系，最后确定本册教材的重点内容、渗透的思想方法、蕴含的教育功能。如果有必要，事先还要了解整套教材的编写特色，它的编写理念和特点对于全册教材研究也是有帮助的。

拓展阅读

人教版二年级下册教材研究[①]

本册教材包括以下内容：表内除法（一）；有余数的除法；混合运算；万以内数的认识；克和千克；图形的运动；数据收集整理；数学广角——推理；用数学解决问题；综合与实践主题活

① 资料来源：义务教育教科书《数学》（二年级下册）教师教学用书，人民教育出版社，2013年，第1-2页。本书引用时做了适当修改。

动。“数与运算”是本册教材的重点教学内容，包括表内除法、混合运算、有余数的除法和万以内数的认识。

“表内除法”，是学习多位数除法的基础。任何一个多位数除法，在计算时都要分成若干个两位数除以一位数。因此，表内除法同表内乘法一样，是小学数学的重要基础知识。它是小学生要掌握的基本技能之一，必须达到计算正确。

“有余数的除法”，是表内除法学习的延续。学生在此学习除法笔算试商的方法，为学习多位数除法打下基础。

“万以内数的认识”，学生认数的范围扩大到四位数。这是学习读写多位数的基础，也是培养学生的数感的重要素材。通过教学让学生感受较大数的意义，认识近似数，学习用数描述生活中的事物并会用数与他人交流，逐步形成良好的数感。

“克和千克”，使学生初步认识克和千克，帮助学生初步建立质量观念。学生在具体的生活情境中，通过自主探索和动手实践的活动感受克和千克，初步建立 1 克和 1 千克的质量观念。并通过实际操作与体验，培养学生估量物体质量的意识。

“图形的运动”，包括简单的“对称现象和轴对称图形”，图形的“平移和旋转”等教学内容。学生结合生活实例，通过直观操作，感知对称、平移和旋转现象，初步认识轴对称图形和图形的平移，学会进行最简单的图形平移，发展学生的空间观念。

“数据收集整理”，是统计知识的基础。本章内容是让学生经历简单的数据收集和整理过程，学习简单的数据收集和整理的方法，并通过对现实生活中有关事例的调查活动，激发学生学习数学的兴趣，培养合作意识和创新精神。

“数学广角——推理”，介绍了简单的逻辑推理方法，引导学生通过尝试、推理等活动解决简单的逻辑问题，培养学生初步的分析及推理能力，以及有顺序地、全面地思考问题的意识。

“小小设计师”，是一个综合与实践主题活动。根据学生所学习的数学知识和生活经验，通过小组合作的探究操作活动，综合运用数学知识解决问题，体会探索的乐趣和数学的实际应用。

二、中观途径

中观途径研究教材，即单元教材分析或者主题教材分析，是以一个学习单元或者内容主题的教材作为基础，考虑到学生的年龄特征，研究该单元内部要素的内涵和相互联系。其目的在于，理解一个单元或者主题的教学内容，整体把握该单元或者主题重难点和前后之间的联系，抓住教学重难点，提出前后铺垫方式，合理使用教学时间。

小学数学单元教材的研究，首先要明确本单元在本教材中所处的位置，明确前后逻辑关系，然后认真阅读本单元教材，研究编排具体内容，即本单元的具体知识点及其逻辑关系，最后确定本单元的重点内容、渗透的思想方法、蕴含的教育功能。如果有必要，事先还要了解本单元的背景知识，理解它向中学数学、大学数学的发展脉络。

例如，我们认真研究人教版小学数学教材二年级下册第二单元“表内除法（一）”，首先梳理本单元的内容体系（图3-3-1）。据此可以发现：本单元的核心概念是除法，它描述的是“平均分”的结果。而“平均分”有两种思路：一种是知道份数求一份是多少（抽象到数学就是“等分除”）；另一种是知道一份求份数（抽象到数学就是“包含除”）。在理解除法含义的基础上计算除法。又有两种思路：一种是乘法反过来计算（用乘法口诀求商）；另一种是连减，看减多少次结果为零。

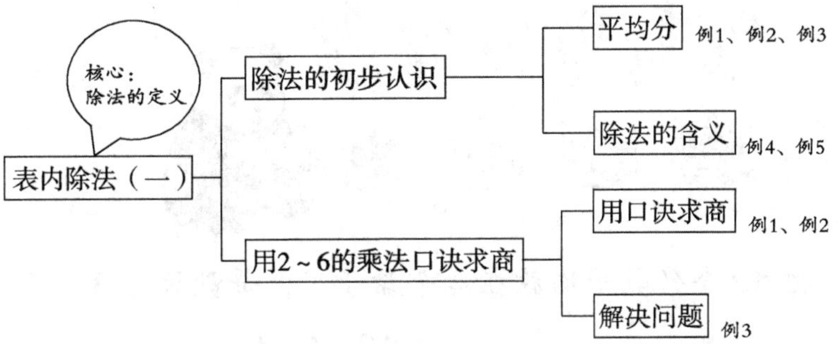

图3-3-1 人教版二年级下册教材“表内除法（一）”知识结构

在上述研究的基础上，可以得到一些教学建议，也就是本单元教材研究给教学的启示。

加强除法概念的教学。例如，学生充分经历“平均分”的过程，让学生在活动情境中充分体会“平均分”的含义，为教学除法建立必要的认知基础。再如，注重概念的本质特征，除法建立在“平均分”概念的基础上，因此两种分法安排在“平均分”中，作为分东西的不同分法。

注意利用学生已有的知识和经验。例如，平均分可以联系生活经验，有不同的分法。再如，除法求商，利用学过的连加、连减和乘法的基础，学生可以自主探讨不同的求商方法。

借助分析数量关系推进解决问题。以动手操作为基础，体会平均分的意义，即与过程（包含与平分）无关，只与最终结果有关。以直观图示为桥梁，将抽象的文字转化为直观的图形，理解问题中的数量关系，尤其是条件与结论的关系，促进解决问题方案的产生。

三、微观途径

微观途径研究教材，即课时教材研究，是以一节课（40分钟左右）的教材片段作为基础，考虑到学生的思维特征和知识基础，研究该教材片段的内涵。其具体工作的重点是：分析教材的目标、重点、难点；研究例题和习题内容及设置意图；确定教学环节（含教学流程）；合理分配每个环节的时间和具体内容。

小学数学课时教材研究，首先要明确本节课所针对的教材片段的详细信息，为课堂教学提供直接的支撑材料。因为教材的阅读对象主要是学生，表达相对比较通俗，而作为数学教师，要静下心来钻研其隐含的信息，并结合数学科学的特点适当抽象提升。

例如，我们研究人教版小学数学教材二年级下册第二单元第一节“除法”的例4，就可以发现，教材主要讲的是除法的定义（等分除），相应的课内练习有“做一做”的第1题和第2题，“练习三”的第1、第2和第3题。

1. 例题研究

例 4（如图 3-3-2 所示）结合平均分中“等分”的情况，介绍除法的含义（等分除），例题的编排分为以下四个层次。

图 3-3-2　人教版二年级下册教材“除法”的例 4

首先，操作实物，根据小精灵的提示，动手进行平均分学具的活动。

其次，语言描述，用生活语言描述“平均分”竹笋或者学具的结果。

再次，数学算式，用除法算式表示平均分的结果（体会用算式比用语言描述更简单）。

最后，读写算式，介绍除号和除法算式的读法，并将类似的问题用除法算式表示。

例题的前两个层次是学生已有的，因此本节的重点是如何用除法算式表示平均分，也就是把“语言描述的平均分”改写成“除法算式描述的平均分”（有人认为这属于符号表征）。教材通过小精灵的提示“可以用除法表示”，体现出除法算式是对平均分结果的数学符号表示，但不涉及除法计算。

2. 课堂练习研究

在例 4 的后面，教材安排了“做一做”，涉及两道题目（可以作为例 4 的课堂练习，如图 3-3-3 所示）。

第 1 题，从直观图示到除法算式，学生可以通过连线的方式进行平均分，根据平均分的结果写出算式。注意，这里的结果不是计算出来的，而是分出来或者画出来的（也可以说是数出来的）。

第 2 题，从语言描述到除法算式，学生根据语言描述完成分小棒的过程与结果，并改写成除法算式，体会除法算式中每个数的含义（算式中各数与平均分中各数量的对应关系）。

① 把 15 条鱼平均放在 5 个鱼缸里，每个鱼缸里放（　）条。

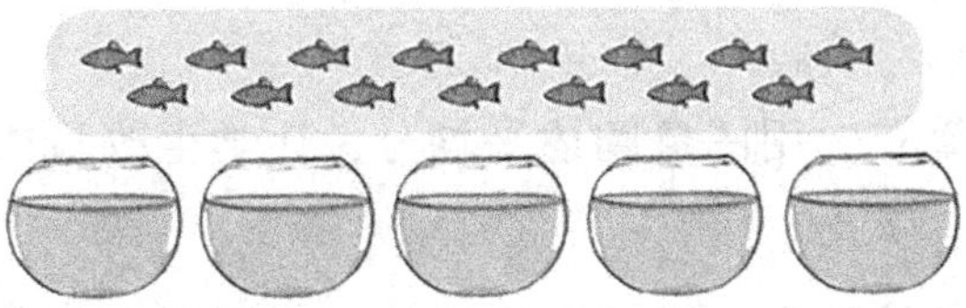

15÷5=□

② 分一分，填一填。

（1）把 10 根 ╱ 平均分成 2 份，每份（　）根。

10÷□=□

（2）把 10 根 ╱ 平均分成 5 份，每份（　）根。

10÷□=□

图 3-3-3　人教版二年级下册除法的“做一做”

3. 练习题研究

在例 4 和例 5 之后，教材安排了“练习三”，设计 11 道题目，主要意图是通过多种表征方式的相互转化，加深学生对除法含义的理解。其中，前三题与例 4 直接相关（可以作为例 4 的课后练习，如图 3-3-4 所示）。

练习三

① 读一读。

8÷4=2	15÷5=3	18÷3=6	16÷8=2
12÷3=4	45÷9=5	36÷6=6	7÷7=1

②

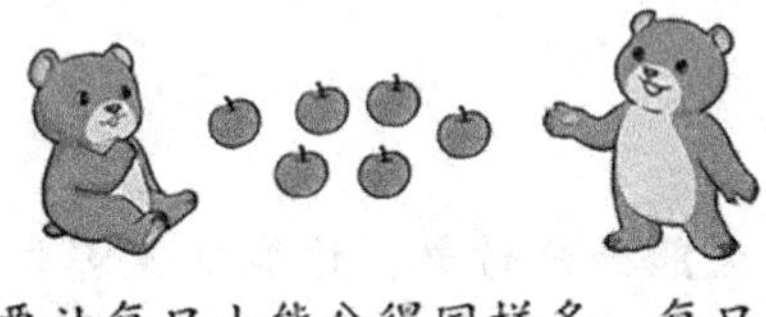

要让每只小熊分得同样多，每只应分（　）个。

□÷□=□

③ 先平均分一分，然后写出除法算式。

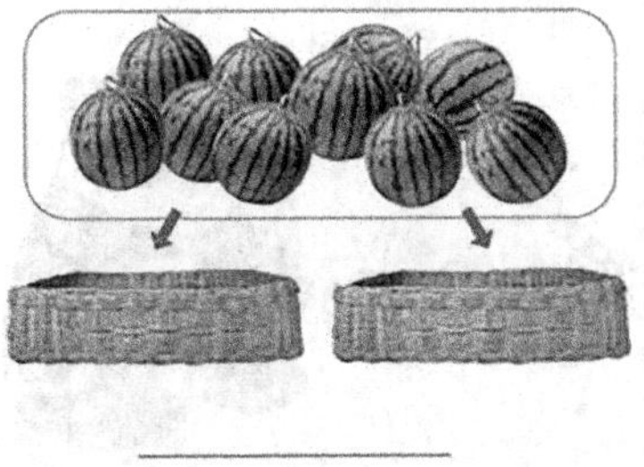

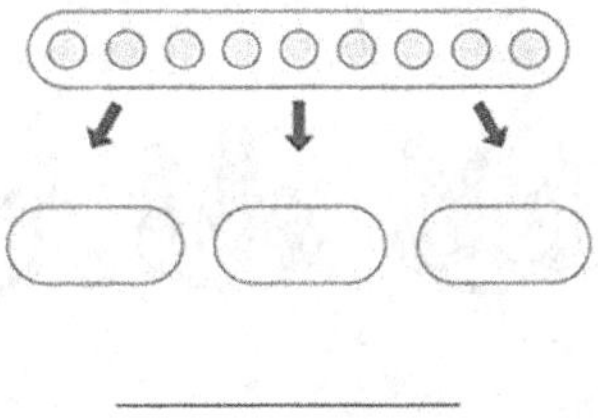

图 3-3-4　人教版二年级下册“练习三”的第 1~3 题

第1题，读算式。注意，题目中出现了 $7\div7=1$，可以让学生初步感知除法中被除数和除数可以是相同的，这时的结果是1。

第2题，从直观图示到除法算式，用图象阐述平均分，让学生改写成算式，加深对除法算式的理解。

第3题，与上题类似，但抽象性更强。以图形表征的方式展现了等分的情况，左边是具体的直观图，右边是较为抽象的点子图。这样，不仅巩固了除法的理解，也为今后解决问题时运用画图来分析数量关系提供了参考样例。

拓展阅读

“认识除法”教学设计[①]

教学目标：

1. 通过动手操作活动，在具体情境中体会平均分的结果可以用除法表示，熟悉除法算式的各部分组成，会读写除法算式。

2. 通过操作、交流、探索，经历除法算式的形成过程，同时熟悉数学中经常使用的三种语言，即自然语言、图形语言和符号语言。

3. 感受“平均分”与实际生活的紧密联系，初步建立等分除的数学模型，体会解决问题方法的多样性和数学算式的概括性。

教学重点：结合平均分的具体情境，理解除法的意义并抽象出除法算式。

教学难点：体会自然语言、图形语言和符号语言之间的联系，用除法算式表示平均分的结果。

教学过程：

（一）情境导入，经历过程

师：请同学们观察图片（图3-3-5），大熊猫分竹笋，你能发现哪些数学信息？

把12个竹笋平均放在4个盘子里，每盘放几个？

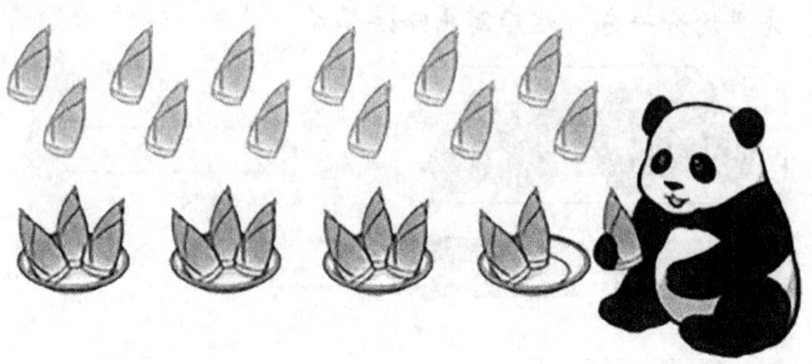

图3-3-5

① 设计者：王新春（北京市西城区师范学校附属小学）。

生：大熊猫分竹笋，一共有12个竹笋、4个盘子。

生：要将12个竹笋平均放到4个盘子里，每个盘子应该放几个？

师：平均放是什么意思？

生：让每个盘子的竹笋一样多。

师：如果用圆片，怎么表示12个圆片平均放到4个盘子里？

生：（集体讨论）可以这样表示（图3-3-6）。

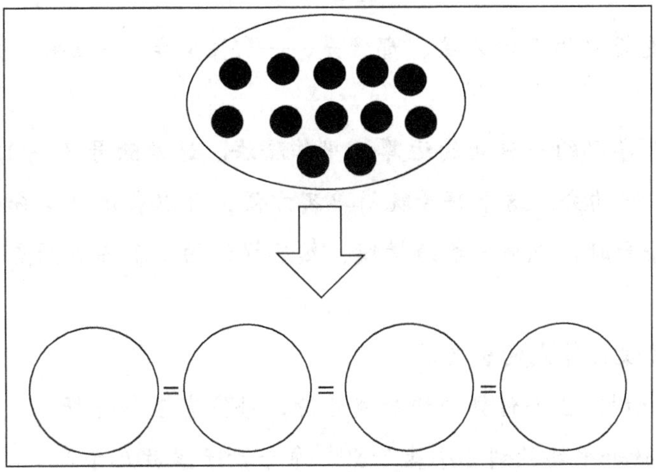

图3-3-6

师：让我们以小组为单位，用小圆片代替竹笋，动手分一分，分完后进行汇报。

小结：无论怎样分，最终结果都是每份里有3个圆片，即每个盘子里有3个竹笋。

（二）语言表示，产生除法

1. 引入除法

师：谁能用一句话表示我们刚刚平均分的结果？

生：把12个竹笋平均放到4个盘子里，每个盘子里放3个。

生：我还可以用画图来说（图3-3-7）。

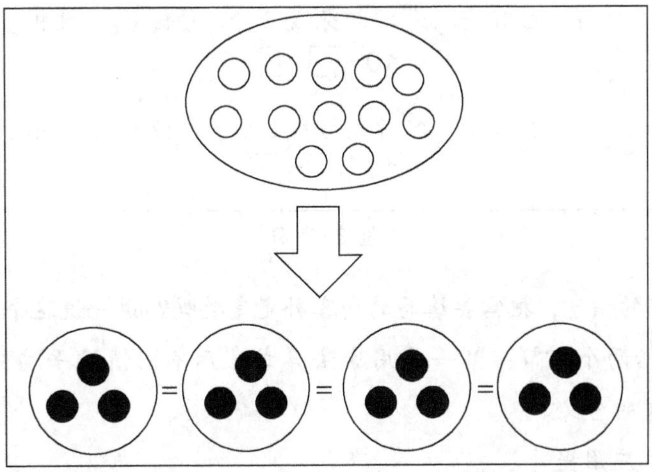

图3-3-7

生：12 平均分成 4 份，每份是 3（可以简化成图 3-3-8）。

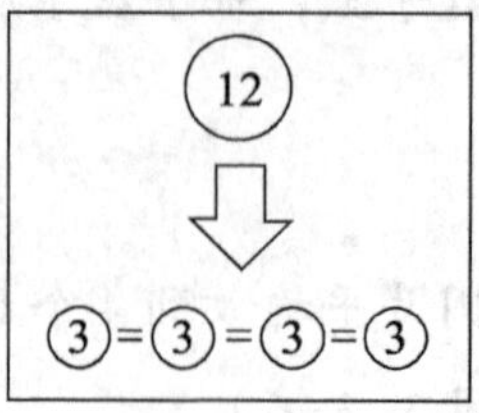

图 3-3-8

师：数学上还有更简单的表示方法，那就是——12 ÷ 4 ＝ 3（板书，并教学生大声朗读：12 除以 4 等于 3）。

师：这是我们今天学习的一种新的运算，叫作除法。这是除号（ ÷ ），一条横线把两个圆点分开，恰好一边一个，平均分。这个符号既简单又方便，可以表示平均分的意思。

（指导书写：写除号时，先画一条短横线，然后横线的上下各点两点，两点要对齐。）

2. 理解意义

师：谁能结合题目说说算式的含义。

生：12 ÷ 4=3，表示把 12 个竹笋平均分成 4 份，每份有 3 个竹笋。

师：如果把 12 个竹笋平均放到 3 个盘子里，每个盘子里放几个？

生：把 12 个竹笋平均放到 3 个盘子里，每个盘子里放 4 个。

师：你能用除法算式表示吗？

生：12 ÷ 3 ＝ 4（师生一起书写，并大声朗读：12 除以 3 等于 4）。

师：算式 12 ÷ 3 ＝ 4 中，每个数表示什么？

生：12 表示 12 个竹笋，3 表示平均分成 3 份，4 表示每个盘子里放 4 个。

（三）巩固练习，完善认知

完成“做一做”中的第 1 题、第 2 题，此处让学生尝试简单的应用（图 3-3-9）。

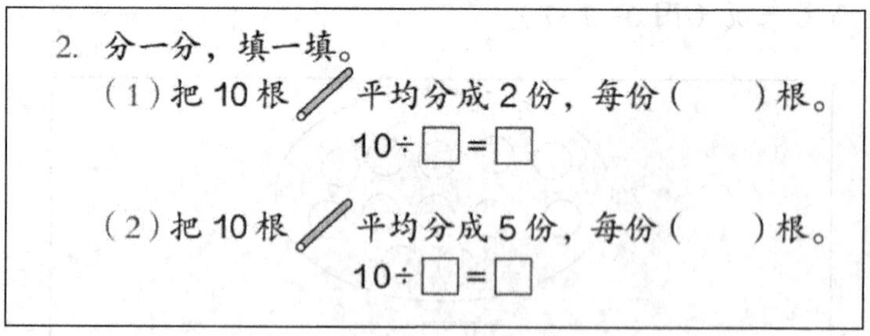

图 3-3-9

师：你能根据题目的信息，把需要填写的内容补充完整吗？说一说这个算式代表什么意思。

（这里的应用包括两个环节：第一是用除法算式表示不同情境平均分的过程和结果，第二是用语言表达除法算式的含义。）

（四）联系生活，应用提升

师：在我们的生活中，有许多地方都需要用到除法，你能不能自己编一道题目，并列出除法算式呢？

（学生赋予算式的具体情境，是对除法意义理解的进一步提升，同时也增强了语言表达能力。）

电子图书馆

张黎黎，于悦．小学数学教学主题图的分类及运用[J]．教学与管理，2018（35）。

王永春．小学数学教材与数学思想方法[J]．课程・教材・教法，2015（9）。

位惠女．一起来用新教材——一年级下册“加与减（一）”教材解读与思考[J]．小学教学（数学版），2013（3）。

位惠女．一起来用新教材——二年级下册“除法”教材解读与思考[J]．小学教学（数学版），2014（3）。

周晓林．“小数的意义”教材解读及教学思考[J]．小学教学参考，2010（8）。

思考题

1. 小学数学教材包含哪些基本内容？教材的编写有哪些基本理念？
2. 请选择小学数学的教材片段，说明教材如何体现过程性。
3. 请选择小学数学的教材片段，说明教材如何体现现实性。
4. 认真阅读北师大版教材（或者其他版本），分析其内容结构，用表格展示。
5. 认真阅读北师大版教材（或者其他版本）中的一册，从宏观角度研究该册教材。
6. 认真阅读北师大版教材（或者其他版本）中的一个单元，从中观角度研究该册教材。
7. 认真阅读北师大版教材（或者其他版本），选定一个课时教材片段，从微观角度研究该教材片段，并写出相应的教学设计。

第 4 章

“数与运算”的课程理解与教材分析

本章结构

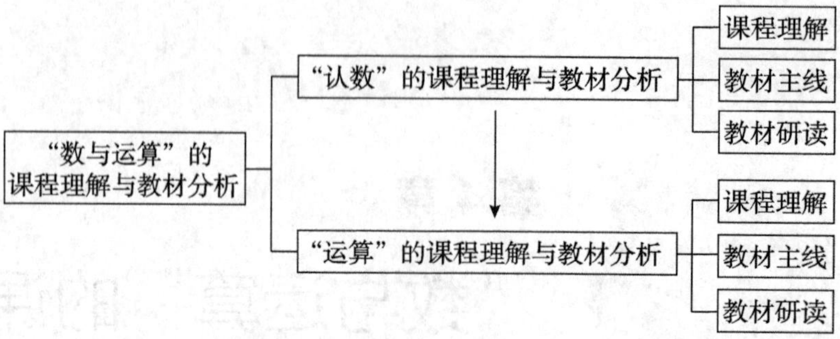

内容要点

◆"数的认识"，不仅需要理解数的意义、计数系统，还需要理解数是如何获得、如何用多种方式表示的。

◆遵循小学生的认知规律和数的发展轨迹，小学数学教材大体按照"整数（自然数）→分数→小数→整数→小数→分数（百分数）"的顺序安排学习内容。

◆"数的运算"贯穿于整个小学阶段，伴随着数的认识，进行数的运算教学，同时运算难度、抽象程度逐渐上升。

◆小学数学教材大体按照"20以内加减法→百以内数的加减法→表内乘除法→万以内数的加减法→多位数乘除法→简单的分数加减法→小数加减乘除运算→分数（百分数）加减乘除运算"的顺序安排学习内容。

◆第一学段主要以整数计算为主，还有分数和小数的简单加减法运算；第二学段主要是多位数乘法、除数是两位数的除法，以及分数和小数加、减、乘、除四则运算。

第 1 节 “认数”的课程理解与教材分析

在小学数学课程中，“数的认识”（简称“认数”）是最基础的内容，之后的“数的运算”“图形的度量”“量与测量”“数据分析”都建立在它的基础之上。“数的认识”涉及三个问题，即“数是什么？”“数从哪里来？”“数有什么用？”。学习这部分内容，可以解开小学生心中的“自然数是怎么产生的？”“人类有了自然数，为什么还要创造小数和分数”等典型疑惑。

一、课程理解

“数的认识”，不仅需要理解数的意义、计数系统，还需要理解数是如何获得的，如何用多种方式表示。“数的认识”是“数的运算”的基础，数的认识，尤其是第一学段数的认识是小学生系统学习数学的启蒙阶段。在《义务教育数学课程标准（2022 年版）》中，“数的认识”的具体内容极其丰富，共计 16 条，具体要求见表 4-1-1。

表 4-1-1 课标对“数的认识”的要求

第一学段	第二学段
1. 在现实情境中理解万以内数的意义，能认、读、写万以内的数，能用数表示物体的个数或事物的顺序和位置。 2. 能说出各数位的名称，理解各数位上的数字表示的意义；知道用算盘可以表示多位数。 3. 理解符号＜，＝，＞的含义，能用符号和词语描述万以内数的大小。 4. 在生活情境中感受大数的意义，并能进行估计。 5. 能结合具体情境初步认识小数和分数，能读、写小数和分数。 6. 能结合具体情境比较两个一位小数的大小，能比较两个同分母分数的大小。 7. 能运用数表示日常生活中的一些事物，并能进行交流。	1. 在具体情境中，认识万以上的数，了解十进制计数法，会用万、亿为单位表示大数。 2. 结合现实情境感受大数的意义，并能进行估计。 3. 会运用数描述事物的某些特征，进一步体会数在日常生活中的作用。 4. 知道 2，3，5 的倍数的特征，了解公倍数和最小公倍数；在 1 ～ 100 的自然数中，能找出 10 以内自然数的所有倍数，能找出 10 以内两个自然数的公倍数和最小公倍数。 5. 了解公因数和最大公因数；在 1 ～ 100 的自然数中，能找出一个自然数的所有因数，能找出两个自然数的公因数和最大公因数。 6. 了解自然数、整数、奇数、偶数、质（素）数和合数。 7. 结合具体情境，理解小数和分数的意义，理解百分数的意义；会进行小数、分数和百分数的转化（不包括将循环小数化为分数）。 8. 能比较小数的大小和分数的大小。 9. 在熟悉的生活情境中，了解负数的意义，会用负数表示日常生活中的一些量。

通过《义务教育数学课程标准（2022 年版）》，我们可以发现：第一学段和第二学段数的认识主要是整数、小数、分数（包括百分数）的认识。

在第一学段中，以万以内整数的认识为主。学生认识从“一”到“万”的整数是一个完整的数级，包含了整数认识的所有要素。其中“算盘表示多位数”，为学生表示数提供了一种直观形象的工具，有利于学生对多位数的认识和数位概念的建立，数位的含义的理解是理解整数概念的一个重要阶段。还强调对符号“<,=,>”含义的理解，以及用符号和词语描述万以内数的大小，从而使学生实现从自然语言描述数的大小过渡到用符号语言表述数的大小，突出对小学生符号意识的培养。除了整数的认识，这阶段还包括简单分数和小数的认识，均为初步认识。分数的初步认识，虽然出现了简单的分数大小比较和同分母分数加、减法，然而其主要目的是帮助学生更好地理解分数的初步概念，给学生积累一些感性认识。在学生初步认识分数的基础上认识两位小数，学习一些简单的小数加减法。

第二学段中“万以上数的认识”，除了计数单位、读写数、比大小以及数的改写等，还包括整数的一些概括性的知识，如十进制计数法、自然数的概念等，使学生对整数获得完整的认识。除此之外，这学段在初步认识分数和小数的基础上，系统学习分数、百分数和小数的概念、性质及其应用。这阶段“数的认识”还包括对负数的认识。小学生经历从自然数到分数、小数，从正数到负数，认数的范围不断扩大。在小学阶段认识负数，既是学生数概念的一次拓展，也为进入中学学习有理数运算做准备。

二、教材主线

遵循小学生的认知规律和数的发展轨迹，小学数学教材大体按照“整数（自然数）→分数→小数→整数→小数→分数（百分数）”的顺序安排学习内容。第一学段主要是万以内数的认识，以及初步认识分数和小数；第二学段主要是万以上数的认识，认识小数和分数的意义，以及负数的认识（图 4-1-1）。

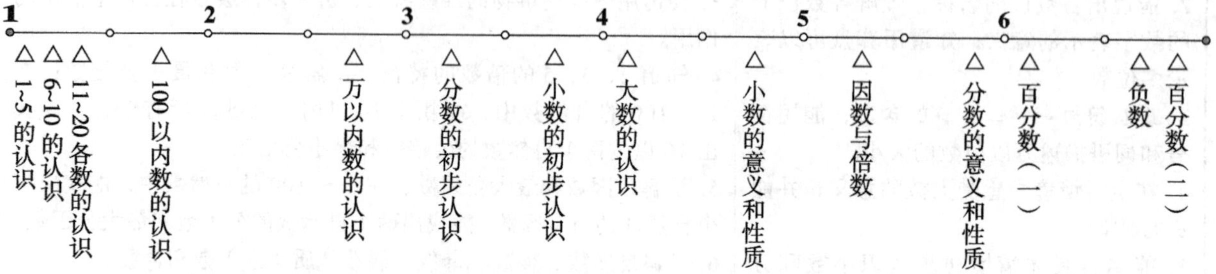

图 4-1-1 “认数”的教材主线

1. 一年级上册

“1～5 的认识”包含：数的产生，基数与序数的含义，数的认、读、写，数的顺序，数的大小和数的组成。例如，教材中借助横向计数器，直观形象地演示出：1 添上 1 就是 2，2 添上 1 就是 3，3 添上 1 就是 4，4 添上 1 就是 5，使学生初步感受到每一个数产生的过程。在此基础上，自然而然了解数的意义、顺序、大小和组成。例如，知道 2 添上 1 就是 3，就能知道 3 个数量的物体可以用 3 表示，第 3 个物体也可以用 3 表示；还能知道 2 的后面是 3，3 的前面是 2；2 比 3 小，3 比 2 大；进而又能知道 3 可以分成 1 和 2。

“6～10 的认识”给学生提供了经历数的概念产生过程的现实背景，引导学生结合生动的画面按照“数数（通过具体实物与自然数建立一一对应关系而理解自然数所表示的基数意义）一认识数字—数的顺序—比较相邻两个数的大小—写数—数的组成”的顺序认识数。不仅从不同侧面展示了 6～10 各个数概念的丰富内涵，同时还提供了经历数概念形成过程的情境和机会，让学生有条件从现实背景中抽象出 6～10 的数概念，形成相应的数感。

“11～20 各数的认识”的重点是：能正确数数、读数和写数及比较它们的大小，建立数概念，数位（十位和个位）的概念。例如，在具体的学习情境中让学生认识 11～20 各数，教材在第 73 页提供了一幅主题图，图中散乱放置了学具和水果，学生可以通过“数一数”得到 11～20 的某数，并让学生在散乱放置中思考：如何能使别人一眼看出是多少？进而突出计数单位“十”。例 1 中数小棒情境让学生认、读数；例 2 借助直尺教学数序，理解各数的大小；例 3 以小棒图和带数位的计数器相对照的方式，认识个位和十位并在此基础上进行写数。

2. 一年级下册

“100 以内数的认识”主要是在认识 100 以内数的过程中进一步感知、理解“十进制”“位值制”两个基本概念，拓展学生对“计数单位”的认识，发展数感。利用贴近学生的生活素材和直观化、结构化的学具，让学生在数数、读数、写数的活动中，认识数的组成，理解计数单位“百”及“十进制”“位值制”。例如，通过让学生从数直观、无结构的方木块、小棒到数直观、有结构的方木块、小棒，加深对计数单位“一（个）”“十”的认识，并认识新的计数单位“百”，体会“十进制计数法”。

在例 1 中，学生通过先一根一根地数，每数 10 根捆成一捆，数到 100，再十根十根地数，数到 100，将 10 捆捆成一大捆，归纳出 10 个十是 100。在例 2 中，呈现杂乱摆放的小棒，让学生思考“如果想一眼看出是多少根小棒应该怎么办”继而得出“10 根为 1 捆”的方法，学生清楚地看到数的组成，理解 100 以内的数是由“几个十和几个一”或“多少个一”组成的。在例 3 中，让学生经历“数纽扣数—用小棒表示数—用计数器表示数—写数、读数”的完整过程，体会用多种方式表达数，直观感受数位、数位上的数的含义、读数和写数的方法。

3. 二年级下册

“万以内数的认识”主要是充分利用生活中的各种素材，借助多种模型，经历运用计数单位数数的过程，通过观察、操作、交流、对比、归纳，理解掌握万以内数的概念。例如，借助第纳斯方块和带数位的计数器，通过用计数单位数数、整理数位表等数学活动，巩固对计数单位“一（个）”“十”“百”的认识，并认识新的计数单位“千”“万”，明确数位的顺序，理解数位的作用，进一步理解“十进制”“位值制”。借助“第纳斯方块”“点子图”“小棒”“带数位的计数器”等，让学生在用计数单位数数的活动中，掌握万以内数的组成。利用已有的数概念的知识经验，借助带数位的计数器和数位表，掌握万以内数的读、写法，进一步理解数位、数位上的数的含义。

4. 三年级上册

“分数的初步认识”，主要是认识一个物体的几分之一，再认识几分之几。同时结合几分之一和几分之几的认识说明分数的写法和读法，并介绍分数各部分的名称。

5. 三年级下册

“小数的初步认识”，主要是结合具体情境和几何直观图（比如，以元、角、分等常用计量单位的知识为学习小数的形象支撑），了解小数的含义，能认、读、写不超过两位的小数，能比较一位小数的大小。

6. 四年级上册

“大数的认识”，主要包括：亿以内数的认识、数的产生、十进制计数法、亿以上数的认识。要认识计数单位“万”“十万”“百万”“千万”和“亿”；掌握亿以内、亿以上两个相邻计数单位之间的关系；掌握亿以内的数位顺序表，万以上的数要按照数级进行读数和写数；比较大数的大小，会将整万、整亿的数分别改写成用“万”和“亿”作单位的数，会用“四舍五入”法求大数的近似数。

7. 四年级下册

“小数的意义与性质”中“小数意义”的理解，要认识小数的计数单位，会读、会写小数，会比较小数的大小。通过米尺和直观图分层次引出“十分之几、百分之几、千分之几……”的分数都可以用小数表示，概括小数的意义。小数的计数单位、数位顺序是小数读写法的基础，小数的计数单位的教学要联系整数的计数单位和分母是 10，100，1000，…的分数计数单位，理解和掌握小数的计数单位是十分之一、百分之一、千分之一……分别记作 0.1，0.01，0.001，…此外，还包括小数的数位顺序表和相邻数位之间的进率。

8. 五年级上册

“因数与倍数”主要包括因数与倍数的概念，2、5 和 3 的倍数的特征，质数与合数的概念，以及相关概念之间的联系与区别。

9. 五年级下册

“分数的意义和性质”主要包括分数意义的认识和真分数与假分数的认识。分数的意义由分数的产生、分数的意义、分数与除法三个层次的内容组成，帮助学生比较完整地建立分数的概念。例如，通过举例说明$\frac{1}{4}$的含义，它可以是一个物体（如一张长方形纸、一张圆形纸、一条线段）的$\frac{1}{4}$，也可以是一个整体（如一把 4 根的香蕉、一盘 8 个面包）的$\frac{1}{4}$，引出分数的概念，并在此过程中理解单位“1”和分数单位的含义。

10. 六年级上册

“百分数（一）”主要是认识百分数的意义，了解百分数在生活实际中的应用，会正确读、写百分数。百分数是分数的比率意义在生活中应用的特殊例子。教材选取的素材非常注重从学生熟悉的生活实际出发。比如，从电脑程序安装进度、衣服成分含量、销售增幅等生活中常见的例子引入百分数，引导学生理解这些百分数的实际含义。百分数又是一种特殊的分数，与分数既有联系，又有区别。教学中需要通过比较百分数与分数之间的联系与区别，加深对分数的理解，明晰百分数的本质含义。

11. 六年级下册

“负数”主要包括在熟悉的生活情境中认识负数，能正确地读、写正数和负数，知道 0 既不是正数也不是负数。同时用负数表示一些生活中的实际问题，借助数轴比较正数、0 和负数之间的大小，体会数轴上数的顺序，完成对数的结构的初步构建。

“百分数（二）”主要是有关百分数在实际生活中的特殊应用知识，如折扣、成数、税率、利率等。学生需要理解折扣、成数、税率、利率的具体含义并学习解决与之相关的数学问题。通过这些与生活实际密切相关的知识的学习，促进学生进一步体会百分数与分数之间的内在联系，完善认知结构。同时，通过迁移、比较、推理等学习活动，更进一步巩固涉及分数的相关数量关系。例如，在教学例 1“折扣”时，首先，通过生活情境辨析，弄清“折扣”的含义，并进一步明晰“打几折”是指售价是原价的十分之几，而非售价减少了原价的十分之几；其次，在理解“八五折”“九折”等含义的基础上，通过引导联系比较与沟通转化，将求商品的折后价和节省了多少钱的实际问题，转化为“求一个数的百分之几是多少”和“求比一个数少百分之几的数是多少”的百分数问题。此外，为了进一步加强这部分学习内容的现实性，提高学生的实践能力，在这一单元内容之后，教材紧接着就安排了一个“综合与实践”活动“生活与百分数”，让学生真正走进生活，了解生活中关于利率的各种信息，在真实的生活情境中应用数学。例如，设计一个合理的存款方案，使得收益最大化。

三、教材研读

为了了解小学数学教材对“数的认识”的编写细节，我们选择三年级上册“分数的初步认识”进行剖析。由于该内容与五年级下册“分数的意义”有关联，我们把两者进行对比，可以更清楚地进行分析（图 4-1-2 和图 4-1-3）。

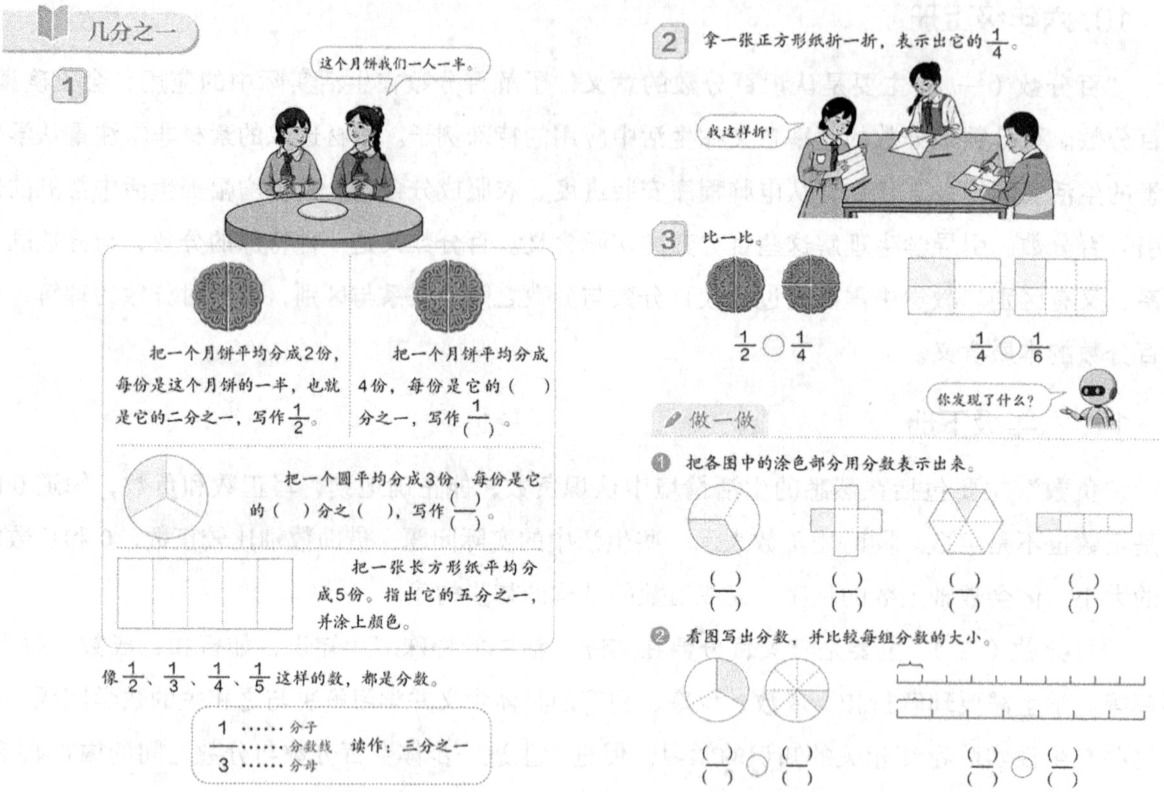

图 4-1-2　人教版三年级上册“分数的初步认识”

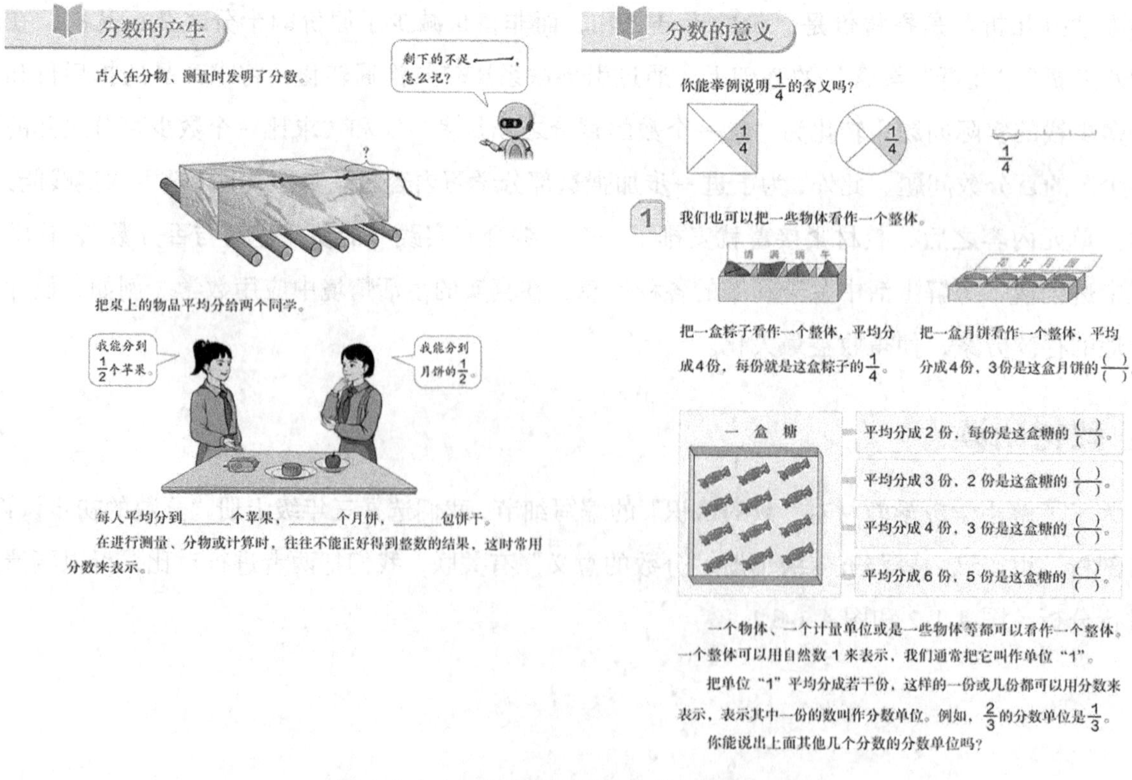

图 4-1-3　人教版五年级下册“分数的意义”

三年级上册“分数的初步认识”，主要是初步建立分数的概念，包括认识几分之一和几分之几，同时结合几分之一和几分之几的认识说明分数的写法和读法，并介绍分数各部分的名称。以“认识几分之一”为例，具体包含四个环节：①认识$\frac{1}{2}$；②认识几分之一；③用“形”表“数”，深入认识几分之一；④比较分子是 1 的分数的大小。

这些内容都是为下一节“认识几分之几”和五年级进一步认识分数的意义打下基础。五年级下册“分数的意义”是建立在把一个物体、一个图形或很多物体组成的整体平均分成几份，其中的几份就用几分之几表示的基础之上。抽象出单位“1”，认识分数单位，知道分数是由分数单位组成的，深刻理解分数的意义。此阶段突出单位“1”和分数单位的计量功能，沟通分数与整数的联系，把分数放到数的体系中来认识。

下面我们再来详细研究三年级上册“认识几分之一”的四个环节。

①认识$\frac{1}{2}$。通过平均分 1 块月饼，指出：把一块月饼平均分成 2 份，每份是这块月饼的一半，也就是它的二分之一，指导学生读、写$\frac{1}{2}$。

②认识几分之一。提问“怎样得到一个月饼的$\frac{1}{4}$，应该怎样分？$\frac{1}{4}$如何表示出来？”思考：把一个圆、一张长方形纸分别平均分成 3 份、5 份，每一份用分数怎么表示？继而小结，像$\frac{1}{2}$，$\frac{1}{3}$，$\frac{1}{4}$，$\frac{1}{5}$这样的数，都是分数。

③用“形”表“数”，深入认识几分之一。用一张正方形的纸折一折，表示它的$\frac{1}{4}$。体会虽然折法不同，但都是将正方形平均分成 4 份，每一份都是这张正方形纸的$\frac{1}{4}$，突出平均分的本质。

④比较分子是 1 的分数的大小。结合图形，比较$\frac{1}{2}$和$\frac{1}{4}$，$\frac{1}{4}$和$\frac{1}{6}$等的大小，探索发现比较几分之一大小的方法。

下面我们再看练习。“做一做”第 1 题是看图用分数表示涂色部分，对应环节②③，第 2 题看图写分数，并比较大小，对应环节④。“练习二十”第 1、第 2 题，对应环节②③，第 3 题对应环节④。

拓展阅读

“分数初步认识”的教学[①]

一、情境导入，激起冲突

师：今天我们学什么？一起读课题——

① 蔡宏圣：《回到历史的源头——〈认识新数：分数的初步认识〉教学及思考》，载《教育视界》，2018（8）。本书引用时做了适当修改。

生：（齐声）认识新数。

师：读了这个课题，你冒出了什么问题？

生：新数是什么意思呢？

生：为什么要学习新数呢？

师：对，今天就让我们带着这样的问题来开始学习。先一起来听一个故事。（同步出示课件）古时候，有一个人只会打猎，有一个人只会捕鱼。打猎打猎，天天吃肉；捕鱼捕鱼，天天吃鱼。有一天两人商量交换着吃，并约定2条鱼换一块肉。

师：如果有4条鱼，那换几块肉？用算式来回答。

生：4÷2=2（块），两块肉。

师：如果有2条鱼，那换几块肉？

生：2÷2=1（块），一块肉。

师：如果第一天只打了一条鱼，怎么换肉呢？

生：那就换半块肉。

师：半块？（板书）为什么不是1块、2块、3块这些以前就学习过的数呢？

生：2条鱼（重音）才能换1块肉，现在才1条鱼，换不来1块肉了。

师：对呀，1块肉都不满，那就更不能换2块、3块肉了。老师画条直线，标上你们学习过的这些数，请问：半块在哪两个数之间？

生：在0和1之间。半块肉比1块肉要少，比0块肉要多。

二、探究新知，创造新数

（一）认识$\frac{1}{2}$

1. 在故事中体会：新数必须平均分

师：明白了，那我现在分肉了。（教师故意分得一块大、一块小。）

生：这不行，一块大、一块小，这不公平。

师：你们只是说半块肉，没有说怎么分。

生：要平均分，这样才公平。

师：对呀，平均分了才公平。为了得到确定的结果，必须怎么办？

生：（齐声）平均分！（教师板书“1. 平均分”。）

2. 体会：在平均分的同时，新数必须得说清楚分成了几份

师：平均分是什么意思？

生：就是每份分得同样多。

师：哦，原来如此。每份分得同样多，这个我懂，大家瞧——（出示图4-1-4）

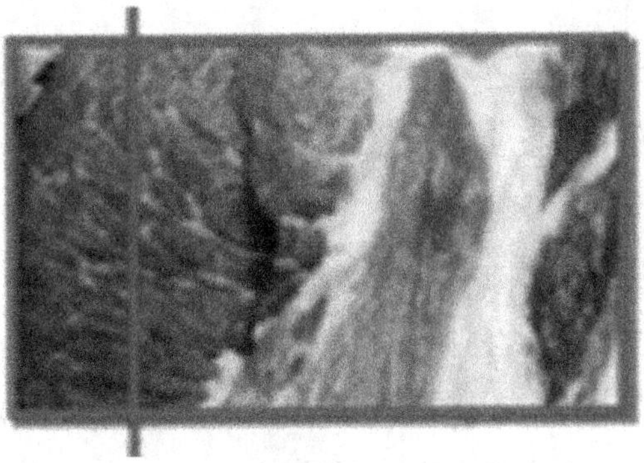

图 4-1-4

生：（举手反对）老师，这怎么是平均分啊，一份那么大、一份那么小！

师：你们太急了，还没有分完呢！继续分下去——（出示图 4-1-5，一部分学生傻眼了，另一部分学生想了想又举起了手。）

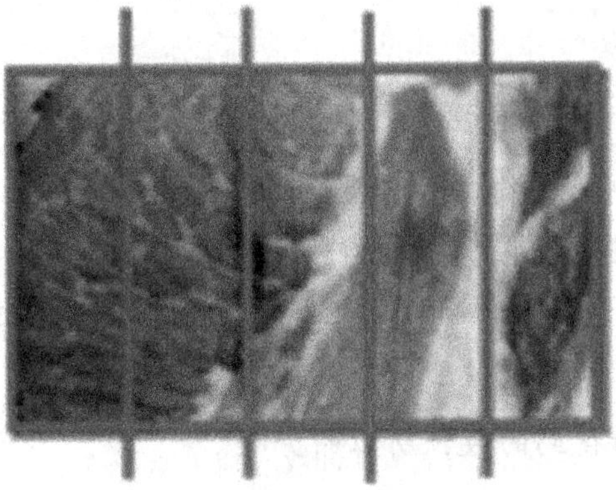

图 4-1-5

生：平均分成 2 份，你怎么分成了 5 份？

师：你们只要求我平均分，没有说必须分成几份！

生：行，那我们补充，首先是平均分，而且要分成 2 份，不能是其他份数。（教师板书“2. 分成 2 份”。）

3. 在故事中体会：新数还得说清楚交换其中的几份

师：我再给你们一次机会，现在完整地说说我怎么分肉。

生：第一要平均分，第二要分成两份。

师：听你们的，平均分，分成 2 份。这会儿满意了吗？

生：满意了！

师：分完了，怎么办？

生：我们拿 1 份，你自己留一份。

师：原来还有第三步，你们取 1 份。（教师板书“3. 取 1 份”。）

4. 认识分数的名称、写法、读法

师：终于清楚了，在生活中简单的一个“半块”，在数学里原来有三个意思。谁完整地告诉大家？

生：第一，平均分；第二，分成2份；第三，取1份。

师：第二天，捕鱼的又打了一条鱼，现在怎么分肉？

生：（部分）分半块肉。

师：哈哈，好啊，半块肉！我又可以占点儿便宜了。

生：（有的学生马上举起了手）不行！你要平均分，而且要分成2份，然后我们取1份。

师：（无奈地）这下没有办法占便宜了。（课件演示平均分，分成2份，取1份）大家能不能创造一个表示的办法，把这三个意思都包括进来。

学生自己创造各种办法，并分享比较，每次分享中体会新数的三个要素如何体现。

师：大家真有创造性。瞧，画一条短横线来表示“平均分”，在短横线下面写2就表示“分成2份”，在短横线上面写1就表示“取1份”。

师：那怎么读呢？（有的学生读作“一分之二”，有的学生读作“二分之一”）怎么读才更合理？

生：分成了2份，才能够从中取1份，所以要读作“二分之一”。

师：嗯，有道理。那又为什么读作“二分之一”呢？

生：就是平均分，分成2份取1份的意思。

师：对，就是这三个意思，所以就读“二分之一”！这样的数叫分数。（后继续板书“分数的初步认识”）

生：我懂，是平均分之后得到的数，所以叫分数。

师：那就是我们得不到1块肉了，所以就平均分它，这样产生的数叫分数。（介绍各部分名称）

（二）变换情境，加深认识

师：回到故事中，要“半块”肉，现在应该明白了，这个说法不准确，应该说——

生：二分之一块。

师：老师手里拿了一根粉笔，那怎么得到二分之一根粉笔？

生：要把它平均分成2份，其中一份就是二分之一根粉笔。

师：（用尺子仔细量了长度）哪位同学懂我，我为什么做得这么认真？

生：老师您是为了平均分呀！

师：是呀，粉笔长度8厘米，那我怎么分？

生：那就在4厘米的地方分开。

师：懂了二分之一块肉，懂了二分之一根粉笔。大家都准备了一张正方形纸，它的二分之一张在哪里？请先动手找出二分之一来，然后动手写上这个分数。

学生纷纷动手折纸、涂色、写分数，然后全班分享，并辨析为什么形状不同却都是二分之一。

三、类比推理，拓展认识

教师板书：把$\frac{1}{2}$改成$\frac{1}{4}$。刚写完，学生就自由地读了四分之一。

师：对，四分之一是什么意思呢？

生：就是从 4 份中取 1 份。

师：大家瞧老师的涂色，说说我做到了什么，没有做到什么。（图 4-1-6）

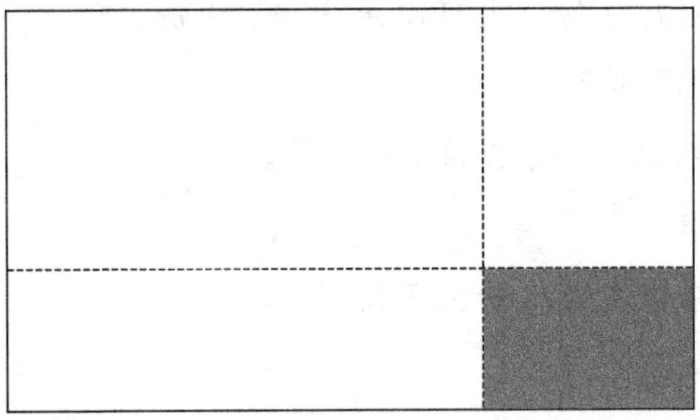

图 4-1-6

生：老师做到分成了 4 份，取了 1 份，但没有平均分。

师：要平均分，这个我会。（图 4-1-7）

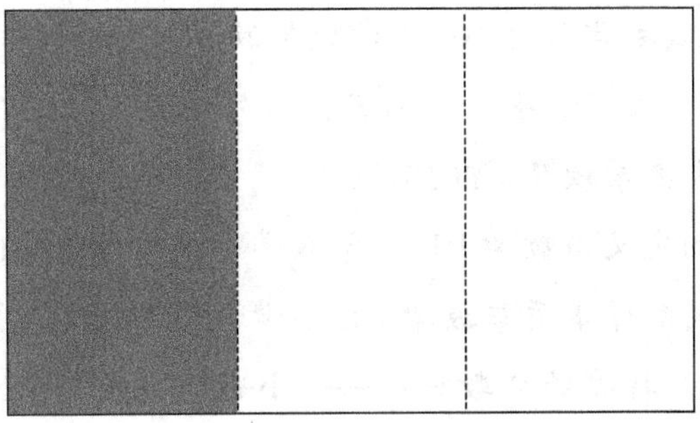

图 4-1-7

生：还不行。现在是做到了平均分，取 1 份，但是分成了 3 份。

师：还真的是，那现在应该是哪个数？

生：（齐声）是三分之一（教师板书“$\frac{1}{3}$”）。

师：这个图呢？（图 4-1-8）

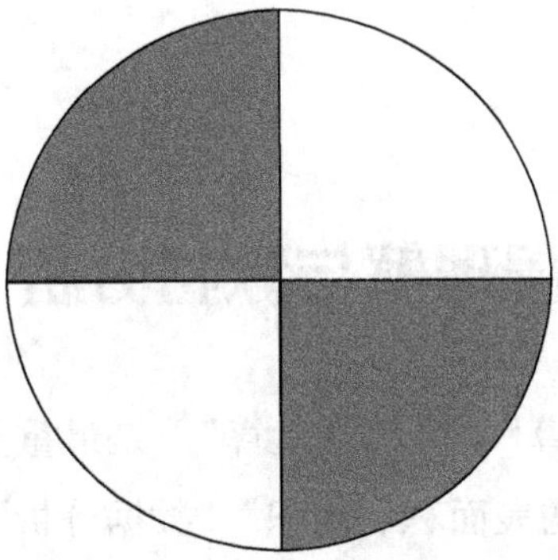

图 4-1-8

生：现在是做到了平均分，分成了 4 份，但是取了 2 份了，是四分之二。（教师板书“$\frac{2}{4}$”）

师：看来，一个分数必须关注几个意思？

生：平均分，分成几份，取几份。

师：这个建议好。这个“几”是多少份啊？

生：随便是多少份，可以是 2 份，也可以是 3 份、4 份、5 份、6 份等。

师：哦——取几份的“几”呢？

生：可以取 1 份，也可以取 2 份、3 份、4 份等。

四、全课总结，提升认识

在故事中进一步体会：分数在什么情况下使用。

电子图书馆

倪芳，吴正宪 .“11～20 各数的认识”教学实录与评析 [J]. 小学数学教育，2016（Z1）。

马云鹏 .“数的认识”及其教学设计 [J]. 小学数学教育，2018（6）。

斯苗儿，江萍，丁杭缨 . 从“千字文”到三张数字卡片——“1000 以内数的认识”的材料选择与教学改进历程 [J]. 小学数学教育，2015（7）。

曾小平，韩龙淑 . 分数的定义与教学 [J]. 小学教学（数学版），2011（9）。

曾小平，韩龙淑 . 负数的数学本质与教学 [J]. 小学教学（数学版），2011（6）。

曾小平，韩龙淑 . 小数是特殊的分数吗？——小数的意义与教学探究 [J]. 教学月刊小学版（数学），2012（7）。

裴蕾丝，尚俊杰，马云鹏 . 两版小学数学教科书习题设计的比较研究——以“20 以内数的认识和加减法”为例 [J]. 课程·教材·教法，2016（6）。

朱国平 . 基于结构化的单元整合教学——以“百以内数的认识”教学为例 [J]. 小学数学教师，2019（2）。

曾小平，韩龙淑 . 十进制计数法的教学本质与教学——谈谈“认识 11～20 各数”的教学 [J]. 小学教学（数学版），2011（5）。

第 2 节 “运算”的课程理解与教材分析

在小学数学课程中，“数的运算”（简称“运算”）是最重要的内容之一，之后的“平面图形的角度、周长和面积”“立体图形的表面积、体积”“数据分析”都建立在它的基础之上。“运算”涉及两个问题，即“怎么算”“为何这样算”。前者是讲计算的方法和程序，被称为算法。后者阐述计算的原理和性质，被称为算理。我们希望小学生既掌握算法，又理解算理。

一、课程理解

“数的运算”内容贯穿于整个小学阶段，课程标准从四个方面加以阐述：整数的运算，分数、小数和百分数的运算，估算、计算器及算法的交流，问题解决与常见的数量关系（表 4-2-1）。

表 4-2-1 课标对“数的运算”的要求

第一学段	第二学段
1. 结合具体情境，体会整数四则运算的意义。 2. 能熟练地口算 20 以内的加减法和表内乘除法，能口算简单的百以内的加减法和一位数乘除两位数。 3. 能计算两位数和三位数的加减法，一位数乘两位数和三位数、两位数乘两位数的乘法，两位数和三位数除以一位数的除法。 4. 认识小括号，能进行简单的整数四则混合运算（两步）。 5. 会进行同分母分数（分母小于 10）的加减运算以及一位小数的加减运算。 6. 能结合具体情境，选择适当的单位进行简单估算，体会估算在生活中的作用。 7. 经历与他人交流各自算法的过程。 8. 能运用数及数的运算解决生活中的简单问题，并能对结果的实际意义做出解释。	1. 能计算三位数乘两位数的乘法，三位数除以两位数的除法。 2. 认识中括号，能进行简单的整数四则混合运算（以两步为主，不超过三步）。 3. 探索并了解运算律（加法的交换律和结合律、乘法的交换律和结合律、乘法对加法的分配律），会应用运算律进行一些简便运算。 4. 在具体运算和解决简单实际问题的过程中，体会加与减、乘与除的互逆关系。 5. 能分别进行简单的小数和分数（不含带分数）的加、减、乘、除运算及混合运算（以两步为主，不超过三步）。 6. 能解决小数、分数和百分数的简单实际问题。 7. 在具体情境中，了解常见的数量关系：总价 = 单价 × 数量、路程 = 速度 × 时间，并能解决简单的实际问题。 8. 经历与他人交流各自算法的过程，并能表达自己的想法。 9. 在解决问题的过程中，能选择合适的方法进行估算。 10. 能借助计算器进行运算，解决简单的实际问题，探索简单的规律。

总体上，关于数的运算，两个学段均涉及整数、分数、小数的运算以及相关的运算规则，但第二学段对运算的要求和难度，运算规则的抽象程度较高。

第一学段包括万以内的数、简单的分数和小数的运算。主要是万以内整数的加、减、乘、除运算。有关四则运算的顺序主要学习加减混合，从左到右依次计算的混合式运算题，初步了解了小括号的作用。

第二学段整数计算有三位数乘两位数的乘法，三位数除以两位数的除法，更多的是学习小数、分数的加、减、乘、除运算，以及更系统地学习混合运算的运算顺序，重点学习含有两级运算的四则混合运算的运算顺序，为学习列综合算式解决问题打下基础。其次，还包括运算定律的学习，主要是在学生已有的直观认识的基础上对有关加法和乘法的运算定律加以概括和总结，并学习运用运算定律进行简便运算。

二、教材主线

伴随着数的认识，进行数的运算教学。小学数学教材大体上按照“百以内数的加减法→表内乘除法→万以内数的加减法→多位数乘除法→简单的分数加减法→小数加减乘除运算→分数（百分数）加减乘除运算”的顺序安排学习内容。第一学段主要是以整数计算为主，以及分数和小数的简单加减法运算；第二学段主要是分数和小数加、减、乘、除四则运算（图 4-2-1）。

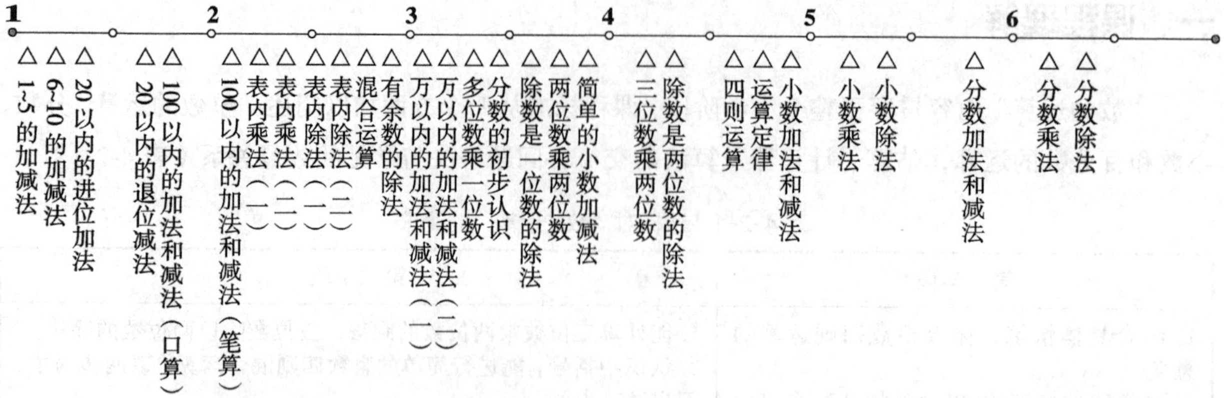

图 4-2-1 “运算”的教材主线

1. 一年级上册

“1～5 的加减法”主要包括初步了解加法、减法的含义，口算 5 以内的加法、减法。加减法的意义对学生来说很抽象。教材选取学生熟悉的事例，例如，通过形象地演示“把两只手中的气球合在一起”和“手中的气球飞走了一个”，将气球的合与分与加减法前的“分与合”内容建立联系。同时配合教材中的点子图表示“合并”和“去掉”的含义，实现从具体的“合”与“分”，上升为抽象的“合并”与“去掉”，从而帮助理解加减法的含义。此外，注意运用学生熟悉的数数或数的组成和分解的算法进行口算。

“6～10 的加减法”包括 6 和 7 的加减法、8 和 9 的加减法、10 的加减法、连加连减和加减混合。6～10 的加减法与相应的数的认识有机地结合起来穿插安排，在学习了一组数后紧接着引导学生通过动手操作直观地认识数和数的组成，并在此基础上学习相应的加法和减法。例如，6，7 的认识和有关 6，7 的加减法，教材让学生在认识数的过程中体会 6，7 的组成，然后通过具体拼摆引出有关 6 和 7 的加法和减法的计算。既有利于学生利用数的组成更好地掌握 10 以内的加减法的计算方法，同时也可在计算中加深对数概念的理解。连加连减与加减混合计算是在 10 以内的加减法的基础上进行学习。教学重点是通过联系实际情境，理解连加连减和加减混合的计算的意义及其计算方法。通过对主题图的充分解读，帮助学生直观理解加减混合计算的意义以及计算方法，克服因前后两个计算步骤所采取的计算方法不一致产生的计算困难，明确先算什么再算什么，同时感受加减混合计算可以帮助解决生活中的实际问题。

“20 以内的进位加法”是在学习了 20 以内的不进位加法和不退位减法的基础上进行教学的，是后续学习 20 以内的退位减法和百以内的进位加法的重要基础。“20 以内的进位加法”包括 9 加几，8，7，6 加几和 5，4，3，2 加几。这部分内容的学习主要是要让学生经历“凑十法”的过程，并达到熟练计算，初步形成一定的计算能力。在具体情境中，体现算法多样化，突出“凑十法”。其中 9 加几重点围绕“凑十”的过程，通过摆一摆或画一画，边操作、边对照算式进行计算，具体形象的操作过程与抽象的计算过程一一对应，便于理解和掌握算法。8，7，6 加几的计算，引导运用“凑十法”解决新问题，并突出“为什么凑十”“怎样凑十”两个问题。5，4，3，2 加几的计算，以渗透转化思想为主，将小数加大数转化为大数加小数。

2. 一年级下册

“20 以内的退位减法”包括十几减 9，十几减 8，7，6，十几减 5，4，3，2。主要是通过动手操作、画图等方式，呈现出“破十法”“连减法”“想加法算减法”等计算方法的直观图象，感知并理解 20 以内的退位减法的算理，掌握 20 以内的退位减法的算法，熟练、准确地口算 20 以内的退位减法。

“100 以内的加法和减法（口算）”是对已经学过的 20 以内加减法计算的巩固和应用，又是学习多位数加减法以及乘除法的基础。主要包括：口算整十数加（减）整十数；口算两位数加、减一位数和整十数；含有小括号的加、减混合运算。教学中需要运用多种方式帮助学生实现从“单一性概念结构”到“多单位概念结构”的过渡，需要运用有结构的直观学具，帮助学生理解算理，掌握算法。例如，借助成包的书、整捆的小棒和计数器等直观模型，帮助形成计数单位“十”的丰富表象，初步理解相同计数单位的数可以直接相加、减，计算方法与 10 以内的加、减法基本相同，同时注意培养学生初步的推理能力。

3. 二年级上册

“100 以内的加法和减法（笔算）”是在学生掌握了 100 以内的两位数加减一位数和整十数的基础上进行的。主要内容包括：两位数加两位数的不进位加法和进位加法，两位数减两位数的不退位和退位减法，两位数的连加连减和加减混合运算。将笔算教学与解决问题的教学有机结合，先从现实情境中提出要解决的计算问题，突出学习计算的价值，接着通过直观操作、活动探讨、理解计算的算理，明确计算的方法，最后运用计算解决问题。例如，两位数加两位数的加法包含 3 道例题。例 1 是两位数加一位数的不进位加法，这个内容一年级已经会口算了，在这里出现有两个目的：一是复习口算加法的计算方法，为理解笔算的算理和算法做好准备；二是口算也可以写成竖式，即用笔算，从而引出笔算。例 2 主题图的内容为背景，解决问题中引出加法算式“35+32”，进行两位数加两位数不进位的加法教学，结合小棒图有序地体现竖式计算过程，让学生直观地理解列竖式时要个位与个位对齐，十位与十位对齐，即相同数位对齐，适当强调从个位加起。例 3 以“参观博物馆”为情境，解决二（1）班和二（3）班一共有多少学生？同时解决 35+37 的列竖式计算。着重解决：从个位加起，个位满十向十位进 1。需要让学生通过小棒的操作，经历竖式形成的过程。

“表内乘法（一）”包括 2～6 的乘法口诀、乘加和乘减式题。“表内乘法（一）”是学生学习乘法的开始，遵循儿童已有的经验和认知发展的基本规律，教材提供大量同数相加的现实情境，架起加法算式与乘法算式之间的桥梁，突出乘法意义的本质。在理解意义的基础上熟记 2～6 的乘法口诀，并能在实际应用中进一步领会四则运算的意义。同时为后面学习 7～9 的乘法口诀做好方法上的准备，也是今后学习表内除法和多位数乘、除法的基础。2～6 的乘法口诀学习要在生活情境中调动学生的兴趣，通过解决问题体会乘法口诀的必要性，从而经历编制口诀的过程，掌握编制口诀的方法，在解决实际问题中体会口诀的价值。例如，基于学生会“5，10，15，20…”5 个 5 个数的基础，教材首先编排了 5 的乘法口诀。教材将 5 个 5 个连加的计算过程以此呈现出来，用箭头表示累加的过程，由学生在方框中填出得数，目的是调动学生的已有知识和经验，了解得数的由来，为编制乘法口诀积累感性经验。接下来将点子图（乘法的矩形模型）与相应的乘法算式、乘法口诀对照编排，用点子图为乘法口诀赋予直观意义，便于学生理解和记忆乘法口诀，同时体现乘法口诀的应用价值，用一句乘法口诀可以计算两道乘法算式，并为进一步学习 2，3，4 和 6 的乘法口诀打好基础。

“表内乘法（二）”重点是经历 7～9 的乘法口诀编制的过程，理解每一句口诀的意义，熟记 7～9 的乘法口诀，会用类比推理的方法学习新知识。对于口诀的编制，除了建立在已有 2～6 口诀编写的经验的基础上，还要通过观察直观图，利用迁移的方法，促进学生对乘法意义的理解，在数形结合中加强相同数相加，可以依靠乘法算式编制乘法口诀的思考方法。例如，对“8 的乘法口诀”，采用学校军乐队的队列，进而分析结果，借助“数轴”直观模型，动态呈现小狗跳跃的画面，帮助学生理解和掌握几个 8 连加的结果可以用乘法来表示的过程。

4. 二年级下册

“表内除法（一）”中“用 2～6 的乘法口诀求商”，是学生在体会和理解除法运算的含义之后，自主探索出求商的方法。重点是如何引导学生自主探索求商的方法，沟通乘法与除法的关系，理解用乘法口诀求商的道理。

“表内除法（二）”主要学习“用 7～9 的乘法口诀求商”，通过独立思考、自主探索、合作交流等数学活动，让学生利用 2～6 的乘法口诀求商的思路与方法进行迁移、比较、推理，学会用 7～9 的乘法口诀求商，形成用 7～9 的口诀求商的基本思路和基本方法，体会乘除法之间的关系。表内除法的学习，要求学生能熟练、正确地口算表内除法，形成表内除法的口算能力。

“混合运算”是指“掌握含有两级运算的两步式题的运算顺序”。在此之前学生会按照从左往右的顺序计算加减、乘除或乘加、乘减的两步式题，并且知道了小括号的作用。本节内容重点在梳理并教学混合运算的顺序。例如，在没有括号的算式里，只有加减或只有乘除法，按从左往右的顺序计算。在教学过程中要加强脱式计算书写格式规范性的指导，要采用多种方法来帮助学生理解四则混合运算的计算法则。

“有余数的除法”是表内除法知识的延伸和拓展，是今后继续学习一位数除多位数等除法的重要基础。这部分包括探索有余数除法计算的过程，掌握试商的方法，懂得通过余数与除数的关系判定所找到的商是否正确，会用竖式计算除数是一位数且商也是一位数的有余数的除法。

5. 三年级上册

“万以内的加法和减法（一）”包括口算两位数加、减两位数（和在 100 以内），笔算几百几十加、减几百几十。这些内容是对学过的 100 以内的加减法计算的巩固和应用，又是学习多位数加减法的基础。这部分内容起着承上启下的作用。一是通过口算和笔算，复习数和计算有关的知识；二是为进一步学习万以内的计算起着铺垫作用；三是结合运用计算解决问题，在具体情境中逐步培养估算的意识。

“万以内的加法和减法（二）”是学习整数加法、减法的最后阶段。通过这部分内容的学习，一方面，使学生基本掌握整数加法、减法的计算法则，能熟练地进行计算，并能通过迁移解决更多数位的加法、减法的计算；另一方面，为进一步学习小数加、减法和多位数乘、除法打下基础。“万以内的加法和减法（二）”的学习具体包括三位数加、减三位数的笔算，其中，连续进位加和连续退位减是笔算加、减法的重点和难点，还包括理解验算的意义，学习对加法和减法进行验算。

“多位数乘一位数”是在掌握表内乘法，口算 100 以内加、减法的基础上进行的，主要包括口算乘法、笔算乘法。口算乘法即要求口算一位数乘整十、整百、整千数和两位数乘一位数（不进位）。笔算乘法包括两位数乘一位数（不进位）的笔算竖式，理解笔算的算理，还包括笔算乘法中的进位（及连续进位）问题以及因数中间和末尾有 0 的问题。

“分数的初步认识”即简单的同分母分数加减法，是在分数的初步认识的基础上学习的。借助直观操作理解算理、掌握算法，加深对分数含义的理解是这节内容的主要目标。具体包括：同分母分数的加法、同分母分数的减法，以及“1 减几分之几”。

6. 三年级下册

“除数是一位数的除法”是在表内乘除法、一位数乘多位数的基础上进行教学的，同时为学习除数是两位数的除法、除数是多位数的除法奠定基础。主要包括口算除法和笔算除法。口算除法包括：一位数除整十整百数、一位数除几百几十、一位数除几十几。笔算除法包括：一位数除两位数（十位和个位都能除尽、首位不能除尽、没有余数除法的验算），一位数除三位数（首位够除、首位不够除、有余数除法的验算），有关 0 的除法（0 除以一个不为 0 的数、商中间有 0、商末尾有 0）。

“两位数乘两位数”包括口算乘法和笔算乘法。口算乘法包括两部分：第一部分是两位数乘一位数（积在 100 以内的进位乘法）、几百几十乘一位数（进位），它是在口算整十数、整百数乘一位数的基础上进行的；第二部分是两位数乘整十数、整百数。两位数乘两位数笔算乘法的内容是在笔算多位数乘一位数的基础上进行的，包括进位乘法和不进位乘法两个层次。“两位数乘两位数”的教学中，理解算理、掌握计算方法是重要目标。

“简单的小数加减法”以小数的初步认识为学习基础。小数的加减法以元、角、分等常用计量单位的知识为形象支撑，探究小数加减法的算理和算法与整数加减法的联系，教材中仅出现一位小数或两位小数，计算仅涉及一位小数的加减运算。

7. 四年级上册

“三位数乘两位数”是小学阶段整数乘法的最后一个知识块。三位数乘两位数的计算方法，与两位数乘两位数的计算方法，在算理上是一致的，所不同的是一个因数的位数由两位变成了三位。这节内容需要对整数乘法的算理和算法进行回顾与整理，结合梳理进一步学会在整数运算中采取估算的方法，初步确定结果的大致范围，进一步加强对乘法运算结果的验算，以保证运算结果的正确性，养成良好的运算习惯。

“除数是两位数的除法”是小学阶段整数除法学习的最后阶段，是在学习了除数是一位数的除法、三位数乘两位数的基础上进行的教学。这部分主要包括除数是两位数的除法口算（整十数除整十数、整十数除几百几十的数)、笔算除法(商是一位数、商是两位数)。“除数是两位数”中“三位数除以两位数”是计算学习的一次“飞跃”,需要注意计算过程中的“试商”“调商”,还需要注意如何确定商所在的位置。

8. 四年级下册

“四则运算”是在复习已经学过的四则运算知识的基础上,对加、减、乘、除四则运算进行概括和总结,完善学生的认知结构。主要包括:四则运算的意义和各部分间的关系,混合运算的顺序。在已有加、减、乘、除运算意义的感性认识的基础上,通过解决简单的实际问题,引导思考,概括运算的意义。在已有混合运算及其运算顺序、初步认识小括号的作用的基础上,认识中括号,对整数四则混合运算进行概括和总结。

“运算定律”是小学阶段首次系统地学习基础的理论知识,然而有关这些运算定律的实例,在前几册已有涉及,学生有良好的认知基础。这里的“运算定律”主要是探索和理解加法交换律、结合律,乘法交换律、结合律和分配律,以及运用运算定律进行简便计算,还包括连减、连除类型的穿插渗透。提炼和概括运算定律较为抽象,需要充分利用学生在第一学段积累的知识与活动经验,完成知识学习的迁移,帮助学生从原来零散的感性认识上升为理性认识,同时要注意形式归纳与意义理解相结合。

“小数加法和减法”学习包括小数加减法的计算、小数加减混合运算、整数加法运算定律推广到小数。需要在具体情境中引导学生探索小数加减法的计算方法,理解计算的算理,掌握一般的算法,并正确进行加减及混合运算。小数加减法和整数加减法之间有着密切的联系,在整数加减法学习的基础上理解小数加减法中相同数位相加减及进退位的规则。计算的重难点集中在对小数点的处理上,计算的结果要考虑是否需要用小数的基本性质使之简化。

9. 五年级上册

“小数乘法”的重点是理解和掌握小数乘法的算理和计算方法,正确地进行小数乘法的计算和验算;会用“四舍五入”法截取积(小数)的近似数;理解整数乘法运算律对小数同样适用,并会用这些运算定律进行小数乘法的简便运算。

“小数除法”包括除数是整数的小数除法、一个数除以小数。由于除数是小数的除法主要通过商不变的性质转化为除数是整数的小数除法来计算,所以除数是整数的小数除法是小数除法计算的基础。除数是整数的小数除法分三类教学:一是除到被除数的末尾没有余数,能除尽的情况;二是除到被除数的末尾有余数,添 0 继续除;三是被除数的整数部分不够除,先商 0。

10. 五年级下册

“分数加法和减法”包括同分母分数加减法、异分母分数加减法、分数加减混合运算,以及整数加法的运算定律推广到分数。通过观察、分析、说理、交流等活动,理解算理并发现算法,沟通分数、整数加减法含义的内在联系,即“相同单位的数才能相加减”。

11. 六年级上册

“分数乘法”在理解分数乘法的意义的基础上，理解和掌握分数乘法的计算方法，计算分数乘整数、分数、小数，运用乘法运算定律进行一些简便计算。直接利用整数乘法的意义来引入分数乘法，使学生理解几个相同分数相加和几个相同整数相加都可以用乘法计算，并通过分数乘法转化为分数加法来探究分数乘法的算理，掌握计算方法。还需要根据分数、小数的数据特点灵活选择计算策略。例如，分数与小数相乘，可以把分数化成小数相乘（如果分数可以化成有限小数），也可以把小数化成分数相乘，或者当小数与分数的分母存在某种倍数关系时，可以直接“约分”。

“分数除法”教学主要是体会分数除法的意义，理解并掌握分数除法的计算方法，并进行分数除法计算。包括分数除以整数、一个数除以分数、分数混合计算。分数除以整数分两个层次：先是分数的分子能被整除的情况；再是分子不能被整数整除的情况。可以利用数形结合帮助直观理解分数除以整数的算理。一个数除以分数的计算，包括整数除以分数和分数除以分数两种情况。

三、教材研读

为了了解小学数学教材对“数的运算”的编写细节，我们选择三年级下册“简单的小数加、减法”进行剖析。由于该内容与四年级下册“小数的加、减法”有关联，我们把两者进行对比，可以更清楚地进行分析（图 4-2-2 和图 4-2-3）。

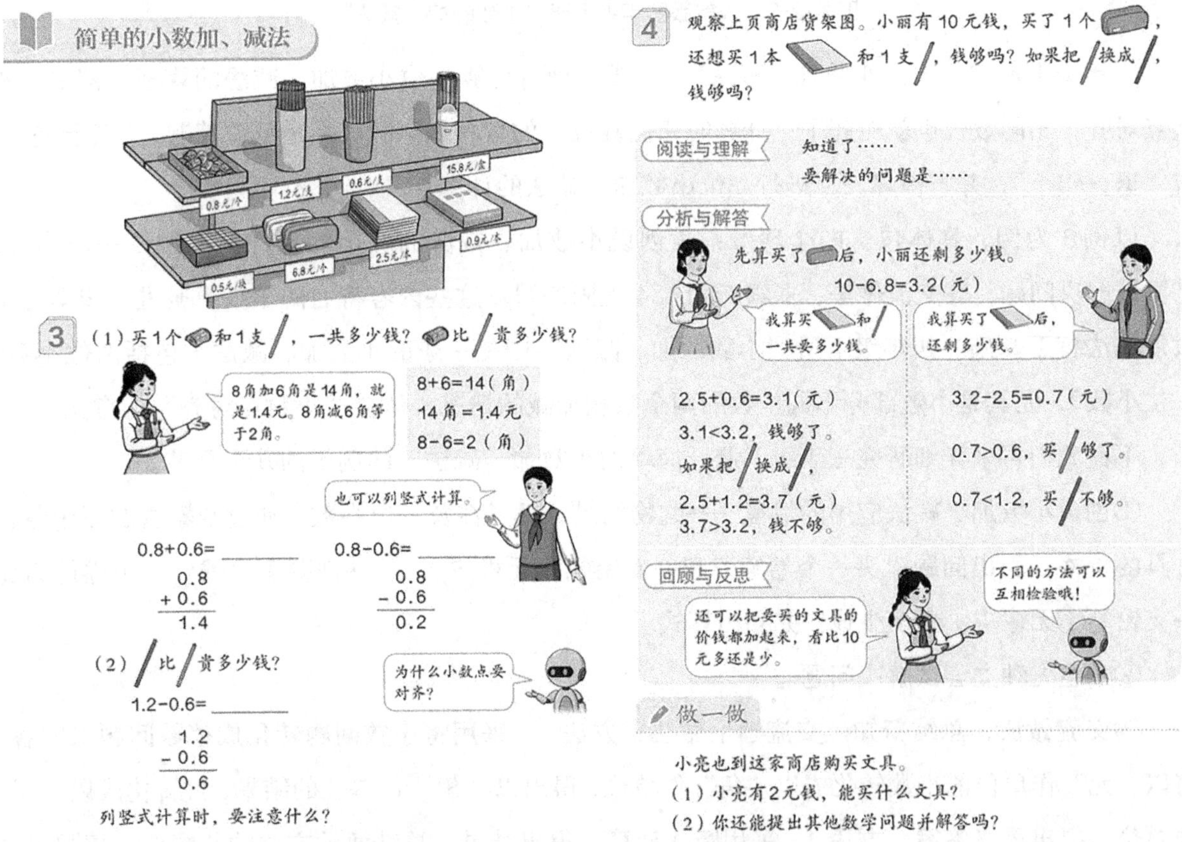

图 4-2-2 人教版三年级下册“简单的小数加、减法”

小数加减法

1 （1）小丽买了下面两本书，一共花了多少钱？

16.45+14.29=30.74

$$\begin{array}{r} 16.45 \\ +\ 14.29 \\ \hline 30.74 \end{array}$$

小数点一定要对齐哦！

（2）《数学家的故事》比《童话选》贵多少钱？

16.45−14.29=2.16

$$\begin{array}{r} 16.45 \\ -\ 14.29 \\ \hline 2.16 \end{array}$$

2 （1）小林买了下面两本书，一共花了多少钱？

16.45+18.3=34.75

$$\begin{array}{r} 16.45 \\ +\ 18.3\ \ \\ \hline 34.75 \end{array}$$

（2）《数学家的故事》比《神奇的大自然》便宜多少钱？

18.3−16.45=1.85

百分位上怎样减？

$$\begin{array}{r} 18.30 \\ -\ 16.45 \\ \hline 1.85 \end{array}$$

一起总结小数加减法的计算方法。

> 计算小数加减法，先把各数的小数点对齐（也就是把相同数位上的数对齐），再按照整数加减法的法则进行计算，最后在得数里点上小数点。如果得数的小数部分末尾有0，可以把0去掉。

做一做

❶ 计算下面各题并验算。

2.98+0.56　　12.53+4.67　　6.07+4.89

5.64−1.78　　7.2−0.8　　15.62−7.46

❷ 下面是小明的体重统计表。

年龄	7岁	8岁	9岁	10岁
体重/kg	26.7	30.6	34.5	38.8

（1）小明从7岁到10岁，体重增加了多少千克？

（2）哪一年比上一年增加得最多？增加了多少？

做一做

计算下面各题并验算。

12+0.5　　12.56+5.8　　113.04+7.8

27−0.8　　16.4−3.2　　0.3−0.18

图 4-2-3　人教版四年级下册“小数的加、减法”

三年级下册“简单的小数加、减法”，主要是理解计算一位小数加、减法的算理。例如，小数点对齐，相同数位也就对齐了；计算时相同数位上的数相加、减，从最低位算起，“满十进一”或“退一作十”，并掌握算法，进行一位小数加、减法的计算。

以例 3 为例，具体包含四个环节：①创设小数加、减法的应用场景，且只涉及一位小数；②尝试解决问题；③交流做法，探索新知；④巩固练习。这些内容将为四年级下册进一步学习小数加减法打下基础。四年级下册“小数的加、减法”则是一般的小数加、减法（包括两位小数、一位小数），尤其是小数部分不同位数的两个数相加减的情况，体会“小数点对齐”的意义。

下面我们再来详细研究三年级下册“简单的小数加、减法”的例 1 的几个环节。

①创设小数加、减法应用的情境——购物场景，且只涉及一位小数。通过观察主题图中各种文具的价格，引出问题：买一个卷笔刀和一支铅笔（无橡皮），一共需要多少钱？一个卷笔刀比一支铅笔（无橡皮）贵多少钱？并列出算式。

②学生先独立尝试解决问题。

③交流做法，总结新知。交流学生做法：方法 1，采用将小数问题转化成整数问题来解答，将以“元”作单位的小数转化成以“角”作单位，得出以“角”作单位的结果，再转化成以“元”作单位，得出最终答案。方法 2，采用竖式计算，得出结果。总结两种方法的共同点，相同单位

相加减。进一步讨论笔算小数加、减法应注意什么？为什么要小数点对齐？整数加、减法的笔算方法和小数加、减法的笔算方法有什么相同点？

④巩固练习。结合主题图，回答：“一个书包和一个文具盒一共多少元？”“一本笔记本比一本练习本贵多少元”等问题。

下面我们再看练习。课堂练习中，围绕“通过解决这些问题，你觉得笔算小数加、减法还要注意些什么？”不断加深对小数加、减法的算理、算法的理解。阶段性练习中，“练习二十一”第 1～4，6 题，对应环节③④。

拓展阅读

小数加、减法的教学设计[①]

一、教学目标

知识与技能：在具体情境中进一步体会小数的含义，理解简单的小数加、减法的算理，会正确计算一位小数加、减法。

过程与方法：经历算理的理解和算法的探究过程，培养归纳概括能力和知识的迁移能力。

情感、态度与价值观：会利用小数加、减法解决生活中的简单问题，感受到数学知识与实际生活的密切联系。

教学重点：掌握计算方法，会正确计算一位小数加、减法。

教学难点：理解简单的小数加、减法的算理。

二、教学过程

1. 提出问题

创设情境：文具店里，每块橡皮 1.5 元，每支铅笔 0.6 元。你能提出什么数学问题？

引导学生提出问题：

（1）买一块橡皮和一支铅笔，需要花多少钱？

（2）一块橡皮比一支铅笔，贵多少钱？

（3）买一块橡皮和两支铅笔，需要花多少钱？

……

引导学生列出相应算式：

（1）1.5+0.6=____；（2）1.5−0.6=____；（3）1.5+0.6+0.6=____；…

2. 理解运算

这些计算属于简单小数加、减法的运算，其中最简单的是（1）1.5+0.6=____。下面我们一

① 设计者：姜国伶（清华大学附属小学）。

起想想，如何解决它。

首先，如何表示 1.5 和 0.6 呢？请同学们仔细想一想。

（1）货币表示。

方法 1：1.5 元 =15 角，0.6 元 =6 角，15 角＋ 6 角 =21 角 =2.1 元。

方法 2：1.5 元 =1 元 5 角，0.6 元 =6 角，5 角＋ 6 角 =11 角 =1.1 元，1.1 元＋ 1 元 =2.1 元。

（2）画图表示（图 4-2-4）。

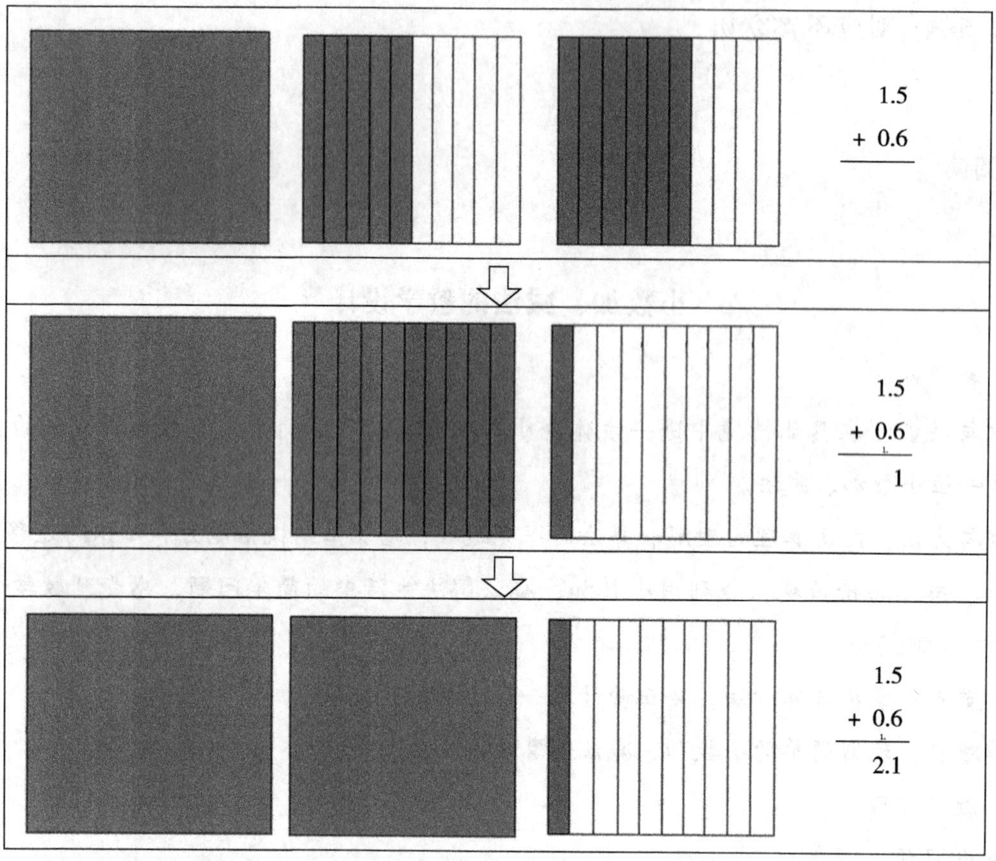

图 4-2-4

通过上图，可以看出 1.5 ＋ 0.6=2.1。

小结：无论是将小数转化成元和角计算还是画图计算，都是将它们转化成相同的计数单位，才可以直接进行相加。

3. 进行运算

如果用竖式计算 1.5 ＋ 0.6，你会怎样写呢？（图 4-2-5）

1 0.1 1.5 ＋ 0.6 2.1	1.5 ＋ 0.6 2.1

图 4-2-5

如果用竖式计算 1.5—0.6，你会怎样写呢？（图 4-2-6）

	元 角	1 0.1	
15 角	1. 5 元	1.5	1.5
− 6 角	− 0. 6 元	− 0.6	− 0.6
9 角	0. 9 元	0.9	0.9

图 4-2-6

小结：列竖式计算小数加减法时，我们一般书写成最右边的简单形式。也就是小数点要对齐，得数的小数点也要对齐，从低位算起，满十进一或者借一当十。

4. 总结提升

练习：请用竖式计算 1.5 + 0.6 + 0.6，2.8 + 3.7 和 10.2—3.7。

师：在笔算小数加、减法的时候要注意什么？

生：小数点要对齐，从低位加起、减起，哪一位相加满十要向前一位进 1，哪一位不够减要向前一位退 1 当十再减。

师：为什么小数点要对齐？

生：相同数位要对齐。

师：整数加、减法的笔算方法和小数加、减法的笔算方法有什么相同点？

生：相同数位要对齐，从低位依次向高位加起、减起。

电子图书馆

谢红芳 .“加法的认识”教学设计与说明 [J]. 小学数学教育，2019（Z4）。

刘佳 .“减法的认识”教学设计与说明 [J]. 小学数学教育，2019（Z4）。

曾小平，韩龙淑 . 除法竖式的发展与教学 [J]. 小学教学（数学版），2011（11）。

曾小平，韩龙淑 . 多位数乘法的算法、算理与教学 [J]. 小学教学（数学版），2011（10）。

曾小平，韩龙淑 . 让学生经历知识的形成过程——以“乘法分配律”的教学为例 [J]. 教学月刊小学版（数学），2012（3）。

曾小平，刘长红 . 竖式除法，学生为何从低位算起 [J]. 小学教学（数学版），2014（3）。

陈海勇 . 在表征中丰富数学概念的认识——以“有余数除法的认识”为例 [J]. 数学教学通讯，2018（22）。

许科勤，秦惠 . 在多维思考中让概念走向“精致”——“认识除法”教学设计与说明 [J]. 小学数学教育，2018（20）。

陈培群 . 在细节里慢慢走向宽广——“认识乘法”教学实践与思考 [J]. 小学数学教师，2016（Z1）。

思考题

1. 请以“小数的初步认识”或者“小数的意义与性质”为例，说明第一、第二学段“数的认识”数学课程要求上的联系与差异。

2. 请选择一个版本的小学数学教材（人教版除外），以“数的认识”“数的运算”为切入点，分析其内容主线。

3. 请选择“数的认识”中的一个具体知识点，如百以内数的认识、万以内数的认识、负数的认识、百分数的认识等，进行教材的研读与分析。

4. 请选择“数的运算”中的一个具体知识点，如百以内数的进位加法、百以内的退位减法、异分母分数加减法、分数乘法、分数除法等，进行教材的研读与分析。

第5章

“图形与几何”的课程理解与教材分析

本章结构

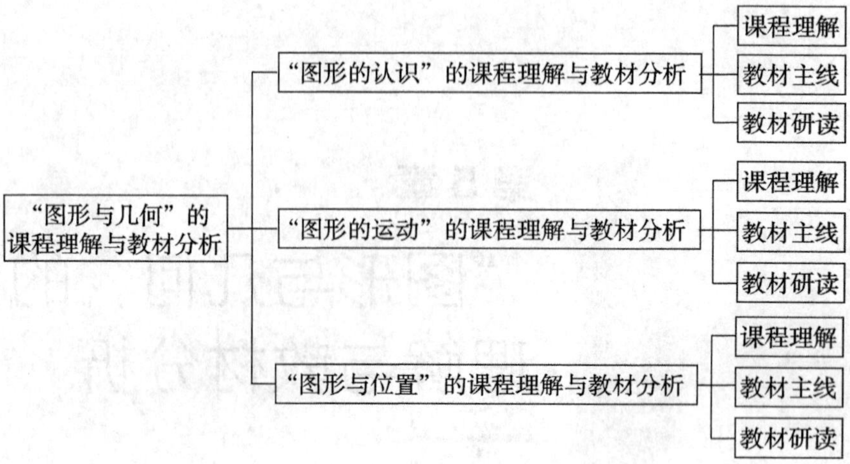

内容要点[①]

◆“图形的认识”，即认识“线、面、体”。其中，“线”的认识包括直线、射线和线段的认识，以及平行与垂直的认识；“面”的认识包括长（正）方形、平行四边形、三角形、梯形、圆的认识与特征，知道扇形；“体”的认识包括长（正）方体、圆柱和圆锥的认识与特征。

◆遵循小学生的认知规律和图形之间的内在联系，教材按照“三维→二维→一维→二维→三维”的顺序安排学习内容，第一学段主要是在现实情境中辨认图形，第二学段主要是在数学活动中探索图形的几何特征。

◆“图形的运动”，研究平面上图形运动所形成的变换，包括全等变换和相似变换。全等变换属于等距变换，主要是指图形运动的前后保持了形状和大小的不变，包括平移、旋转、轴对称；相似变换是等角变换，图形运动前后保持了形状不变，只有大小发生了变换，如图形放缩。

◆“图形与位置”，主要研究认识相对位置（前、后、左、右、上、下六个方位）和绝对位置（东、南、西、北、东北、东南、西北、西南八个方向），以及用数对和方向与距离确定平面上点的位置，为中学和大学学习极坐标系和平面直角的坐标系提供基础。

① 编者注：在《义务教育数学课程标准（2022年版）》中，“图形与几何”包括“图形的认识”“测量”“图形的运动”“图形与位置”四个部分。考虑到各章节的协调性，本书把“测量”与“常见的量”合并为“量与测量”，放在下一章进行阐述。

第 1 节　“图形的认识”的课程理解与教材分析

一、课程理解

“图形的认识”，即认识简单的几何图形，形成几何图形的表象和概念。它既是学生进一步学习“图形与几何”的重要基础，又是“量与测量”的延伸。在《义务教育数学课程标准（2022年版）》中，“图形的认识”的具体内容极其丰富，共计 16 条，具体要求见表 5-1-1。

表 5-1-1　课标对“图形的认识”的要求

第一学段	第二学段
1. 能通过实物和模型辨认长方体、正方体、圆柱和球等几何体。 2. 能根据具体事物、照片或直观图辨认从不同角度观察到的简单物体。 3. 能辨认长方形、正方形、三角形、平行四边形、圆等简单图形。 4. 通过观察、操作，初步认识长方形、正方形的特征。 5. 会用长方形、正方形、三角形、平行四边形或圆拼图。 6. 结合生活情境认识角，了解直角、锐角和钝角。 7. 能对简单几何体和图形进行分类。	1. 结合实例了解线段、射线和直线。 2. 体会两点间所有连线中线段最短，知道两点间的距离。 3. 知道平角与周角，了解周角、平角、钝角、直角、锐角之间的大小关系。 4. 结合生活情境了解平面上两条直线的平行和相交（包括垂直）关系。 5. 通过观察、操作，认识平行四边形、梯形和圆，知道扇形，会用圆规画圆。 6. 认识三角形，通过观察、操作，了解三角形两边之和大于第三边、三角形内角和是 180°。 7. 认识等腰三角形、等边三角形、直角三角形、锐角三角形、钝角三角形。 8. 能辨认从不同方向（前面、侧面、上面）看到的物体的形状图。 9. 通过观察、操作，认识长方体、正方体、圆柱和圆锥，认识长方体、正方体和圆柱的展开图。

通过《义务教育数学课程标准（2022 年版）》，可以发现，“图形的认识”，即认识“线、面、体”。其中，“线”的认识包括直线、射线和线段的认识，以及平行与垂直的认识；“面”的认识包括长（正）方形、平行四边形、三角形、梯形、圆的认识与特征，知道扇形；“体”的认识包括长（正）方体、圆柱和圆锥的认识与特征。

同时我们发现，两个学段除了具体知识点的要求不同外，在“认识”图形的思维活动上也存在较大差异。第一学段，主要是“经历从实际物体中抽象出简单几何体和平面图形的过程，了解一些简单几何体和常见的平面图形”，重在经历活动过程，从活动过程中了解常见图形。第二学段在于“探索一些图形的形状、大小和位置关系，了解一些几何体和平面图形的基本特征”，重在探索活动，从活动中发现图形特征。

例如，第一学段是通过观察圆柱的底面，把底面印或者画在纸上，形成均匀弯曲的封闭图形，像硬币、盘子和茶杯口等图形。这种意义上的圆，看起来是圆的，是建立圆的表象，是直观意义上的圆，并不是严格意义上的圆。

而第二学段“圆的认识”，是从生活图形和建筑物中抽象出圆心和圆周，再通过圆规画圆，形成圆的概念——平面上到定点的距离等于定长的点组成的集合。这个意义上的圆，是严格意义上的圆，是数学抽象的圆。同时，还要在纸上画几个大小不同的圆，折一折、量一量，发现圆的简单性质。比如，同圆中，半径的长度是直径的一半，直径和半径都有无数条，所有直径和半径都分别相等。

二、教材主线

遵循小学生的认知规律和图形之间的内在联系，小学数学教材按照“三维→二维→一维→二维→三维”的顺序安排学习内容。第一学段主要是在现实情境中辨认图形，第二学段主要是在数学活动中探索图形的几何特征（图 5-1-1）。

图 5-1-1　“图形的认识”的教材主线

1. 一年级上册

“认识图形（一）”，通过实物和模型辨认长方体、正方体、圆柱和球等几何体，通过滚动、搭积木等动手操作认识上述立体图形的简单外部特征。例如，正方体的六个面都是一样的（是正方形），正方体不好滚动，容易搭得很高；圆柱和球很容易滚动（是旋转体），不容易搭得很高。

2. 一年级下册

“认识图形（二）”，通过观察物体的表面，认识长方形、正方形、平行四边形、三角形和圆等图形，并能把这些图形和原来的物体建立联系（图 5-1-2）。同时，能在简单平面图形中辨认长方形、正方形、三角形、平行四边形、圆等；通过简单拼图，了解这些简单平面图形之间的关系；通过拼七巧板，进一步体会简单图形可以通过拼图组合成复杂图形。

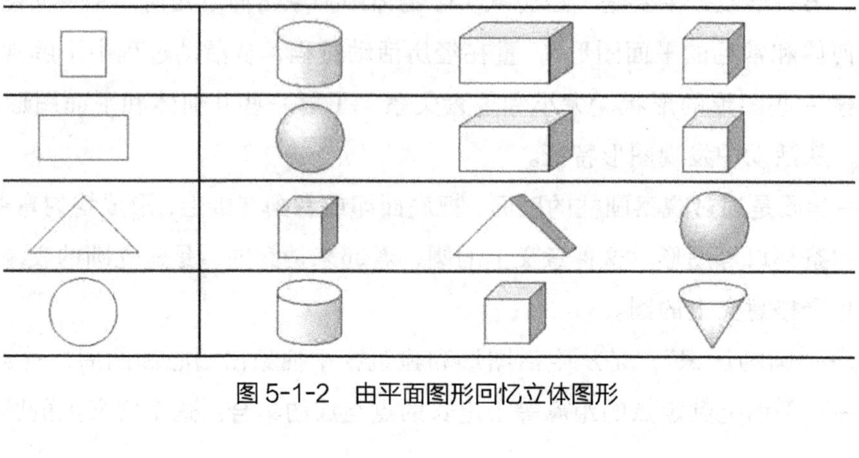

图 5-1-2　由平面图形回忆立体图形

3. 二年级上册

“角的初步认识”，是结合生活情境认识角，了解直角、锐角和钝角，会借助图形比较直角、锐角和钝角的大小。同时，会利用三角尺、方格纸等工具画直角，会用三角尺的几个角拼出另外的角。“观察物体（一）”，是指从前、后、左、右四个方向观察物体（生活中的实物，如玩具车辆、积木），得到不同的图形，即同一物体从不同的方向看到的可能不一样。同时，能够从某个侧面得到的图形，回想原来实物的样子，当然，这个结果可能是多样的。

4. 三年级上册

“长方形与正方形”，是指建立四边形、长（正）方形的概念。对于四边形，要能理解它有四条边、四个角，并能画出简单四边形。对于长方形与正方形，要能理解它们都是四边形、都有四个直角，长方形对边相等，而正方形四边都相等。

5. 四年级上册

“角的度量”，包括以下内容：结合实例了解线段、射线和直线，了解三者之间的联系和区别；体会两点间所有连线中线段最短，知道两点间的距离；知道平角与周角，了解周角、平角、钝角、直角、锐角之间的大小关系。“平行四边形和梯形”，是指了解平面内两条直线的位置关系，理解平行与垂直的概念，并会画平行线和垂线。借助平行和线段长短，建立平行四边形和梯形的概念。

6. 四年级下册

“观察物体（二）”，是指从上面、前面和右面观察一个简单几何体或组合图形，得到不同的图形。“三角形”，包括：认识三角形，通过观察、操作，了解三角形的三边关系和内角和；认识等腰三角形、等边三角形、直角三角形、锐角三角形、钝角三角形，并由此进行三角形的分类。

7. 五年级下册

“观察物体（三）”，是指观察一个较为复杂的几何图形得到三视图，从图形到视图和从视图回到图形。“长方体与正方体”，是指建立长方体和正方体的概念，它们的特征（包括定点、棱、面的关系）和表面展开图。

8. 六年级上册

“圆”，是指通过观察、操作，认识圆，知道扇形，会用圆规画圆。其中，认识圆，是建立圆的概念，明确圆心、半径、直径的关系和意义。

9. 六年级下册

“圆柱与圆锥”是指建立圆柱和圆锥的概念，明确它们的底、侧面和高，理解它们的侧面展开图。

三、教材研读

为了了解小学数学教材对“图形的认识”的编写细节，我们选择二年级上册“角的初步认识”进行剖析。由于该内容与四年级上册“角的度量”有关联，我们把两者进行对比，可以更清楚地进行分析（图 5-1-3 和图 5-1-4）。

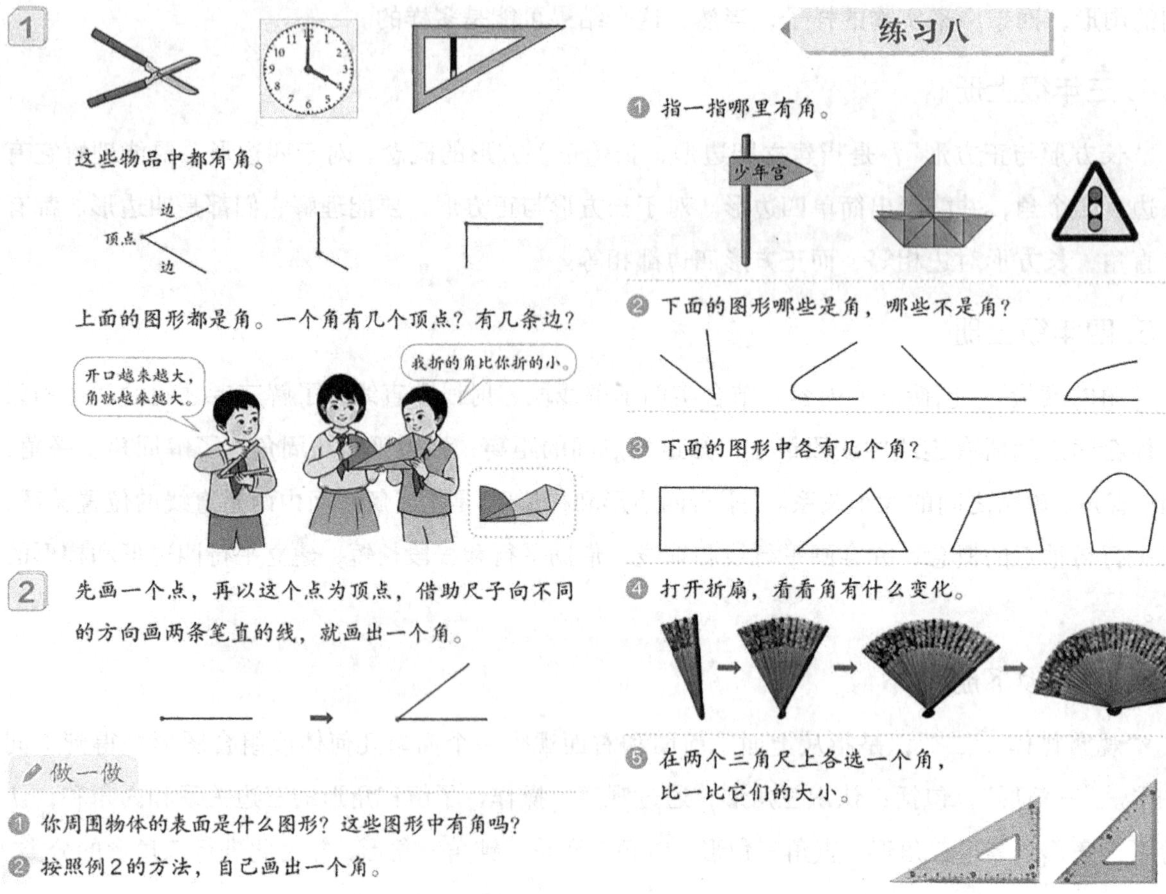

图 5-1-3 人教版二年级上册“角的初步认识”教材片段

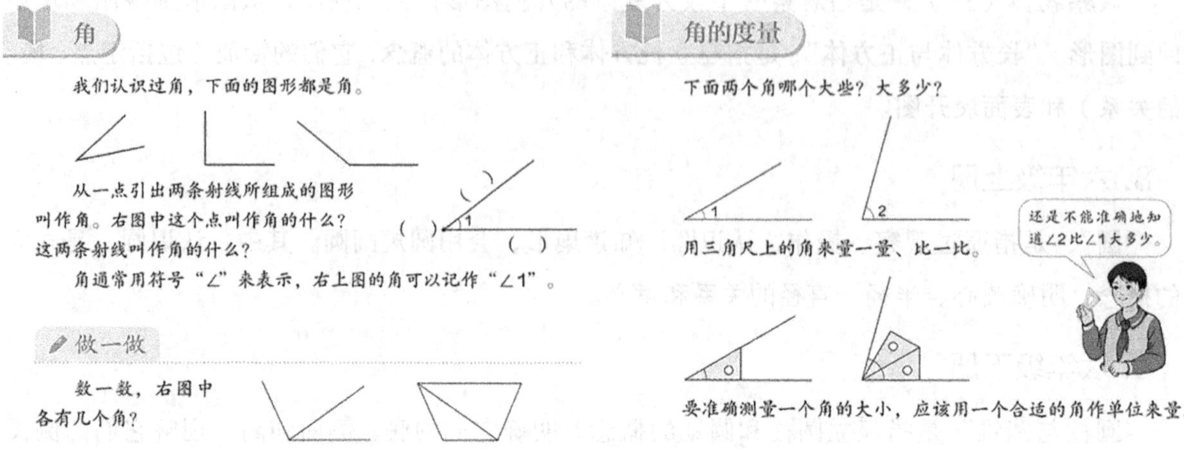

图 5-1-4 人教版四年级上册“角的度量”教材片段

二年级上册“角的初步认识”，主要是初步建立角的概念，具体包含三个环节：①建立角的表象；②直观感知角的大小；③画一个角。这些内容都是为四年级进一步认识角打基础的。四年级上册“角的再认识”，首先回顾二年级认识的角，然后是角的记录和数角的个数（这些不是本节的重点内容），最后比较两个角的大小，引发问题“哪个角大？大多少？”，通过“大多少？”引出角的度量方法。由此，引发角度单位的学习，从直观操作层次将角的大小引向严密刻画——度量层次（这是本部分的核心内容）。

下面我们再来详细研究二年级上册“角的初步认识”的三个环节。

①建立角的表象。观察剪刀口外内沿、钟面指针交叉关系，三角尺外边缘，抛开其他属性，保留线或线段的关系，得到从一个点出发引出的两条射线（线段），这就是数学中的角。这个公共点就是角的顶点，两条射线（线段）就是角的边。

②直观感知角的大小。把两个角的顶点和其中一边重合，看另一边谁在外谁就大；或者做一个活动角模型，看两边张开的程度，张得越开，角就越大。

③画一个角。先找一个点作为顶点，从它出发画一条笔直的线作为一条边，再沿这个点出发画另一条笔直的线形成另一条边。这样，两边共用一个顶点，角就画好了。

通过这三个环节，学生就明白了：角是一个图形，两射线（线段）共用一个顶点。

下面我们再看练习。7道练习题分别对应三个环节：“做一做”第1题、练习八第1～3题，对应环节①；练习八第4、第5题对应环节②；“做一做”第2题，对应环节③。

教学建议：在教学中，环节②与环节③互换。因为环节①得到了角的要素，它就为环节③画角指明了方法，画角就是要画出这些要素。而环节②与环节①、环节③联系不大，可以作为它们的后续。

拓展阅读

角的初步认识[①]

一、教学目标与重难点分析

知识与技能：结合具体的生活情境初步认识角，知道角的各部分名称，能正确辨认角的图形。

数学思考与问题解决：通过观察、操作、比较、分析等一系列活动初步认识到角是有大小的，能够直观区分角的大小，初步学会用重叠的方法比较角的大小。

情感、态度与价值观：经历从现实情境中抽象出“角”的过程，进一步体会数学与生活的联系，增强动手操作的能力，发展初步的空间观念，提高学习数学的兴趣。

教学重点：知道角的各部分名称，认识到角是有大小的。

教学难点：初步感受角的大小是由两边张开的程度决定的，学会用直观的方法比较角的大小。

① 单群责：《“角的初步认识”教学设计与说明》，载《小学数学教育》，2018（Z2）。本书引用时做了适当修改。

二、教学过程与说明

（一）创设情境，引出“角”

出示学校门口的平面图（校园平面图的局部），可以看到长方形、正方形、三角形和圆等形状的图形。

谈话：同学们看，这是我们学校门口的平面图。在这幅平面图上，你能找到哪些曾经学过的图形？

启发：大家仔细看，我把这些图形摇身变一变（课件演示把这些平面图形分解成不同大小的角），你还认识它们吗？

明确：这些图形都是角。

谈话：很好，这些图形就是我们今天要认识的新朋友——角。（板书课题）

【说明】忆“形”引“角”，“角”从“形”出，凸显了“角”与“形”之间的联系。

（二）组织活动，探究“角”

1. 联系生活实际，初步感知角

（1）找一找。

谈话：说起角呀，其实大家并不陌生，请大家在身边物体的面上仔细地找一找，看哪些物体的面上有角？

学生自由活动，教师巡视，然后组织反馈，指一指、说一说找到的角。

（2）指一指。

启发：刚才大家找到了这么多的角，怎样才能正确地指出角呢？（拿出一块三角尺）这是一块三角尺，它的面上有角吗？（有）不仅有，还不止一个呢！老师找到了这个角，看老师是怎么指角的。

示范：（边示范边讲解）先指这里的一个点，再沿着两条边指，最后像这样在两条边之间画一条弧线（图 5–1–5）。

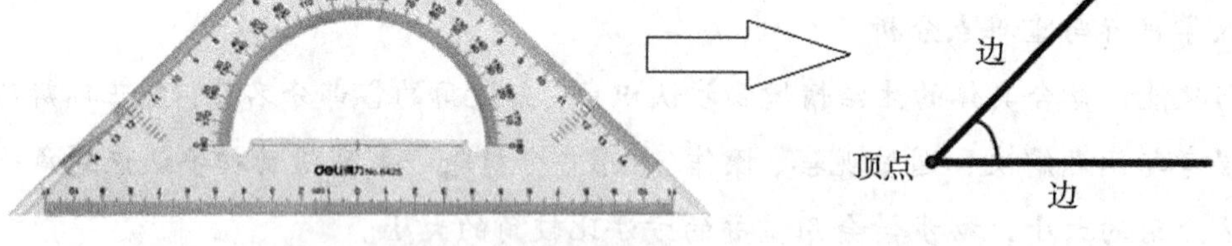

图 5–1–5

提问：看明白了吗？谁愿意到前面来指一指这个角？

指名指一指、说一说，师生共同讲评。

谈话：请大家拿出准备好的三角尺，把你找到的角指给同桌看一看吧！

【说明】经历从实物中抽取出“角”的过程，通过指角活动，不断强化对角的形状的感知，为之后的抽象和概括提供必要的经验支撑。

2. 抽象角的特征

（1）画一画。

谈话：你能试着画一个角吗？

学生在作业纸上尝试画角，教师巡视，选取一些有代表性的学生作品（尽可能包含如下图所示的几种情况），准备进行课堂展评（图5-1-6）。

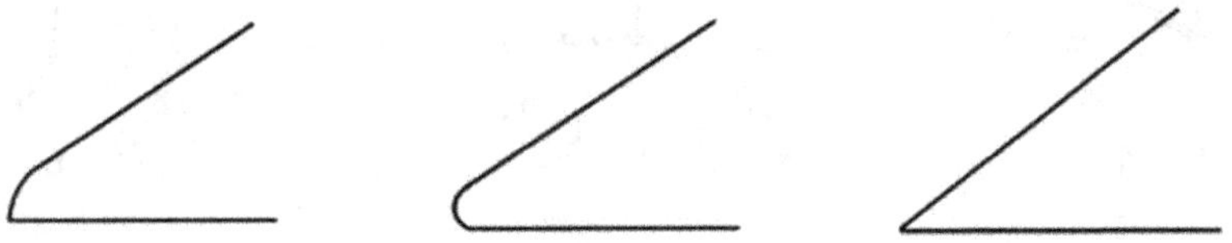

图5-1-6

（2）展示交流。

逐一展示选取的学生作品，师生共同评价，具体说说哪些是角？哪些不是角？为什么？

结合交流，逐步明确：组成角的两条线是直的，两条直的线有一个共同的点，同时展示画得正确的几个角。

启发：仔细观察这些角，你觉得它们有什么共同的特点？

明确：角的两条线都是直直的线，两条直直的线都有一个共同的点。

小结：我们把这个共同的点叫作角的顶点；把这两条直直的线叫作角的边。（板书：顶点，边）

提问：你知道一个角有几个顶点？几条边呢？（板书：角有1个顶点，两条边）

（3）示范画角。

谈话：怎样才能正确地画出角呢？请大家仔细观看下面一段微视频吧！（播放微视频）

（4）再次画角。

让学生在作业纸上再画一个角，同桌互相说说角的各部分的名称。

【说明】对于角的特征，重在体验与感受。首先，学生在找角和指角的活动中获得对于角的体验，并尝试画角，逐步明晰角的特征和初步建立角的表象。其次，借助微视频演示画角的方法，让学生初步了解画角的方法，感受角的形成过程。最后，学生再次画角，并在同桌间互相说说角的各部分的名称，进一步强化头脑中已经形成的角的表象。

3. 尝试做角

谈话：你想不想做一个角呢？（想）请大家拿出信封里的材料，按下面的要求自己来做一个角。

活动要求：（1）用信封里的材料（小棒、棉线、吸管、彩色纸条、图钉等）做一个角；（2）指出角的顶点和两条边。

学生按要求独立完成操作，教师巡视，然后组织展示与交流。

【说明】学生动手“做”出多种不同的角，把抽象的概念以“物”的形式表征出来。

4. 比较角的大小

（1）观察中感受。

启发：调皮的钟面也来到了我们的课堂，它可厉害了，时针和分针能形成许多不同的角呢！

我们一起来看看吧——

课件动态演示时针和分针通过旋转得到三个不同的角的过程，并将画面定格在如图 5-1-7 所示的三个钟面上。

图 5-1-7

提问：瞧，这是钟面上时针和分针形成的三个角，你能看出它们谁最大、谁最小吗？你是怎么看出来的呢？

（2）操作中体验。

谈话：刚才有的同学用两根纸条和一个图钉做了一个角，这样的角真有趣，角的两边还可以活动呢！你也能像这样做一个可以活动的角吗？先做一做，完成后举起来让大家看一看。

学生按要求活动，教师巡视。

启发：我们刚才做出的角称为活动角。现在我们就好好地来利用这个活动角，看看你的本事大不大！请听要求——

教师出示一个自己做的活动角，并口述如下要求，让学生按要求旋转活动角，再举给大家看一看。

①用你的活动角，做一个比老师做的角还大的角。

②用你的活动角，做一个比老师做的角还小的角。

提问：你是怎样使自己做的角比老师做的角大或比老师做的角小的？

明确：把角的两边张开，角就会变大；把角的两边合拢，角就会变小。角的两边张开得越大，角就越大；张开得越小，角就越小。

启发：同学们观察得真仔细！现在要求大家做一个跟老师做的一样大的角，你还会吗？你打算怎么做？

根据学生回答，师生合作演示先把角的顶点重合，一条边重合，另一条边也重合的过程。

【说明】首先，通过转动钟面上的时针和分针得到大小不同的角，让学生初步认识到角是有大小的，角的大小也是可以比较的。其次，学生每人做一个活动角，通过活动角的大小比较，获得对角的大小的直观体验。最后，学生旋转出和老师做的角相等的角，并讨论判断两个角是否相等的方法，让学生领会“角的大小与两边叉开的程度有关”。

（三）回归生活，应用“角”

提问：如图 5-1-8 所示，边动态演示边提问，现在你能找到几个角？为什么？

1. 比角

谈话：这两个角分别是从教学楼平面图中找到的，你能比较出它们的大小吗？

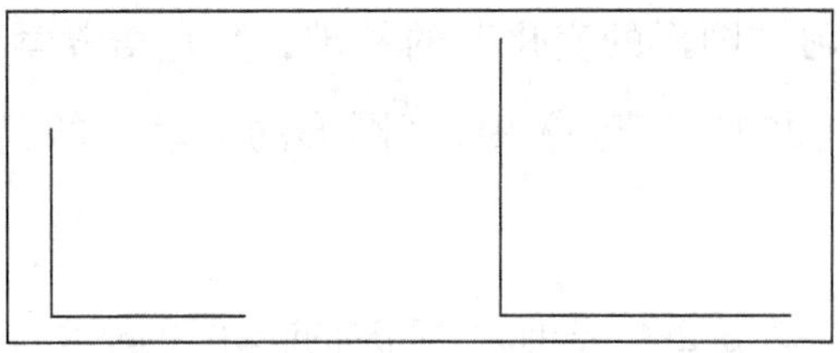

图 5-1-8

学生出现不同意见时，利用电子白板演示把两个角重叠起来比大小的过程，以明确：这两个角是一样大的。

2. 赏角

师：同学们，其实在我们校园里还可以找到很多的角，正因为有了“角”的装扮，我们的校园才变得如此美丽而多彩！

播放校园建筑物的动态画面，让学生找一找图中的角，并用红线描出来。

【说明】学生再次将目光聚焦到校园的平面图上，通过数角、辨角、比角、赏角等多样的活动，巩固和加深对角的认识。

电子图书馆

华应龙 . 大成若缺认识“圆”[J]. 人民教育，2008（Z1）。

孟霞 . 关注“具象思维”，改进数学教学——以小学数学“图形与几何”教学为例 [J]. 上海教育科研，2015（12）。

陈晶 . 教学，贴近学生的思维行走——“认识长方形和正方形”教学实践与思考 [J]. 小学数学教育，2015（18）。

朱海燕，龚祖华 . 让学生“做”中创造性学习——《认识圆》教学设计与评析 [J]. 教育视界，2016（12）。

斯苗儿，苏明杰，李新根 . 在生动与深刻之间寻求平衡——“角的初步认识”一课的研究与实践历程 [J]. 小学数学教育，2015（11）。

第 2 节 “图形的运动”的课程理解与教材分析

一、课程理解

“图形的运动”主要研究平面上图形运动所形成的变换，包括全等变换和相似变换。全等变换属于等距变换，主要是指图形运动的前后保持了形状和大小的不变，包括平移、旋转、轴对称；相似变换是等角变换，图形运动前后保持了形状不变，只有大小发生了变换，如图形的放缩。

“图形的运动”，既是学习“图形的变化”的基础，又是培养学生空间观念的重要组成部分。在《义务教育数学课程标准（2022 年版）》中，“图形的运动”的具体内容共计 7 条，具体要求见表 5-2-1。

表 5-2-1 课标对“图形的运动”的要求

第一学段	第二学段
1．结合实例，感受平移、旋转、轴对称现象。 2．能辨认简单图形平移后的图形。 3．通过观察、操作，初步认识轴对称图形。	1. 通过观察、操作等活动，进一步认识轴对称图形及其对称轴，能在方格纸上画出轴对称图形的对称轴；能在方格纸上补全一个简单的轴对称图形。 2. 通过观察、操作等，在方格纸上认识图形的平移与旋转，能在方格纸上按水平或垂直方向将简单图形平移，会在方格纸上将简单图形旋转 90°。 3. 能利用方格纸按一定比例将简单图形放大或缩小。 4. 能从平移、旋转和轴对称的角度欣赏生活中的图案，并运用它们在方格纸上设计简单的图案。

通过《义务教育数学课程标准（2022 年版）》，可以发现，“图形的运动”，即图形的平移、旋转、对称、放大或缩小。其中，“图形的平移”包括感受、辨认、操作简单图形的平移。“图形的旋转”包括感受、认识图形的旋转，并且能够将简单图形旋转 90°。“图形的对称”包括认识、补充轴对称图形及图形的对称轴。“图形的放大或缩小”是能够利用方格纸按照一定比例将简单的图形放大或缩小。

两个学段对“图形的运动”的要求既相互联系又存在明显的差异。第一学段主要是“通过一些实例，感受图形的运动，辨认简单图形的平移以及初步认识轴对称图形”。学生主要借助日常生活中对图形运动现象的观察与直观感受，了解平移、旋转和轴对称，辨认简单图形平移后的图形，并初步认识轴对称图形的重点是在生活实例中感受图形的运动。

在此阶段，需要提供大量丰富的图形运动现象，引导学生充分地观察、想象，进而用数学的眼光去归纳、发现各种运动的特点。例如，第一学段是通过出示树叶、蝴蝶、天安门的图片，以及剪纸活动，引出轴对称图形和对称轴，并且能够辨认生活中的轴对称图形。这个阶段主要是通过生活实例初步感受、辨认“图形的运动”。

第二学段主要是“通过观察、操作等活动，对图形进行平移、旋转、放大或缩小、补全轴对称图形”。重在操作，将图形按要求进行相应的变换，要求学生能够在方格纸上画出一个图形经过平移或旋转后所得的图形，会补全一个轴对称图形，“能利用方格纸按一定比例将简单图形放大或缩小”“能从平移、旋转和轴对称的角度欣赏生活中的图案，并运用它们在方格纸上设计简单的图案”，因而更加体现数学化，更体现应用的过程性。

方格纸是学生认识图形运动的有力工具，利用它可以准确描述图形的位置，定量刻画图形的运动，并加深学生对图形运动的认识与理解。例如，第二学段“轴对称”，是进一步认识轴对称图形，能够在方格纸上补全一个简单的轴对称图形，并且能够画出图形所有的对称轴。同时，还要能够从平移、旋转、轴对称的角度欣赏生活中的图案。

二、教材主线

教材遵循小学生的认知特点，内容由浅入深，操作性逐步加强。第一学段主要是在生活情境中感受“图形的运动”，初步认识轴对称图形。第二学段主要是通过动手操作，进一步认识图形的平移、旋转和对称，并且增加了简单图形的放大或缩小（图 5-2-1）。

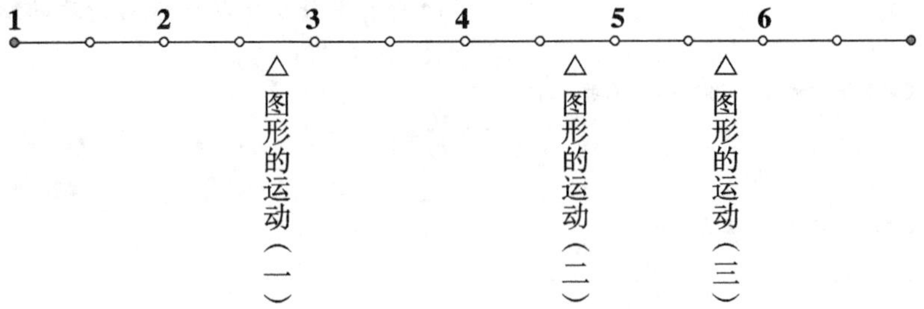

图 5-2-1　“图形的运动”的教材主线

1. 二年级下册

“图形的运动（一）”，是通过生活中的实例感受图形的对称、平移和旋转，以及通过动手操作初步认识图形的运动。例如，通过树叶、蝴蝶、天安门的图片感受图形的对称；通过缆车的运动，以及风车和直升机的运动感受平移和旋转；再通过“剪一剪、移一移、做一做”初步认识图形的运动。

2. 四年级下册

“图形的运动（二）”，是通过观察、操作等活动，在方格纸上进行图形的对称和平移，进一步认识图形的运动。例如，在方格纸上补全轴对称图形，按要求画出平移的图形；感受图形平移的不变因素，利用图形的平移计算不规则图形的面积。

3. 五年级下册

“图形的运动（三）”，是通过生活中的现象回忆图形的旋转，然后进一步从钟表指针的旋转，到直角三角尺在方格纸上的旋转，最后抽象出三角形在方格纸上的旋转。能辨认图形旋转的角度和方向，能在方格纸上画出旋转后的图形，以及能够描述一幅图的操作过程。

三、教材研读

为了了解小学数学教材对“图形的运动”的编写细节，我们选择四年级下册“图形的运动（二）”中“轴对称”的教材片段进行剖析。由于该内容与二年级下册“图形的运动（一）”中轴对称有关联，我们把两者进行对比，可以更清楚地进行分析（图 5-2-2 和图 5-2-3）。

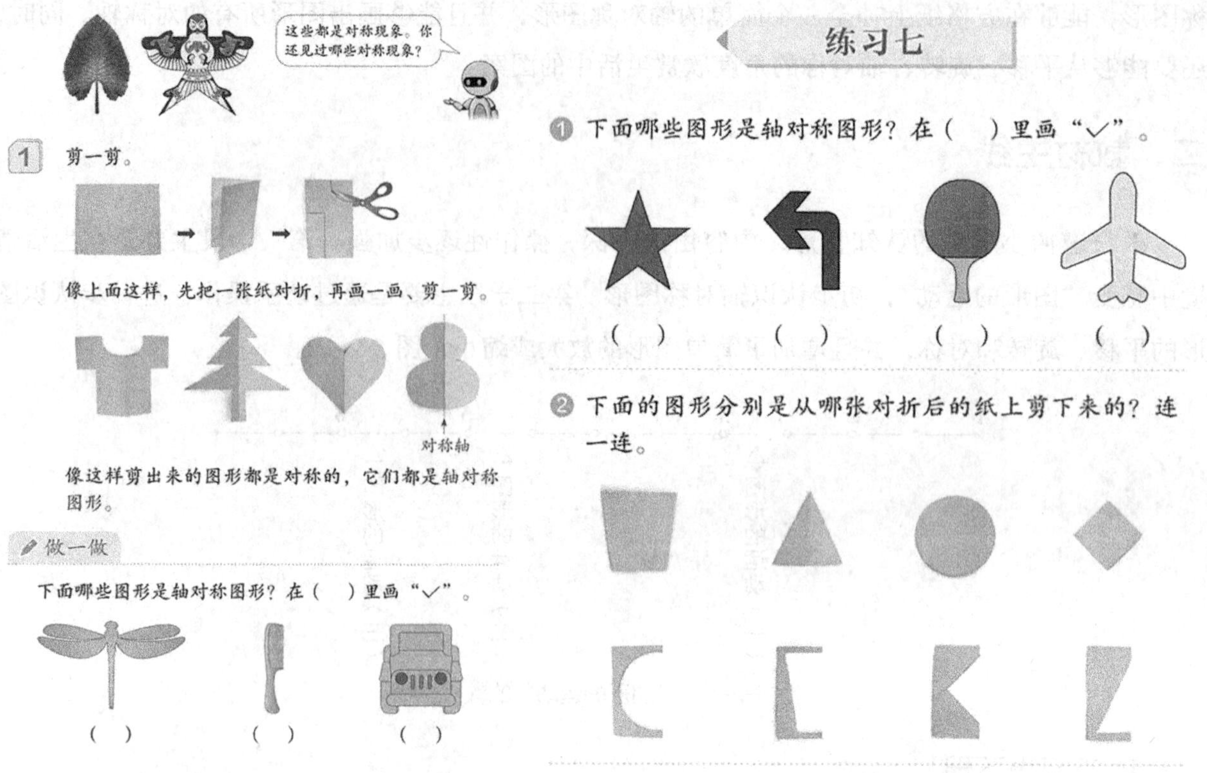

图 5-2-2 人教版二年级下册"图形的运动（一）"——轴对称教材片段

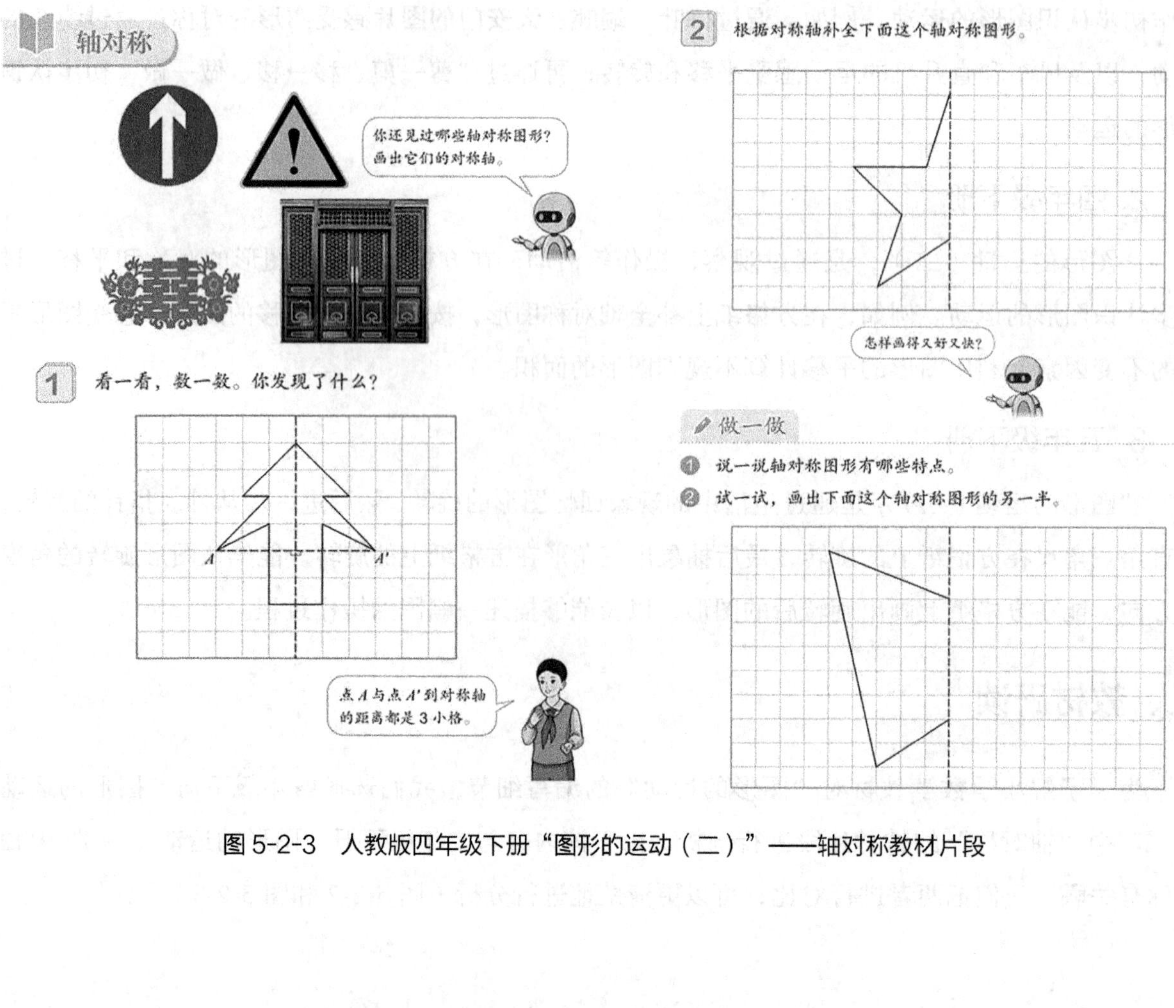

图 5-2-3 人教版四年级下册"图形的运动（二）"——轴对称教材片段

1. 二年级下册

“图形的运动（一）”是轴对称，主要是初步感受生活中的轴对称现象。首先结合生活实例，感受轴对称，然后动手操作，剪出一个轴对称图形，并认识图形的对称轴，最后辨认生活中的轴对称图形。

2. 四年级下册

“图形的运动（二）”也是轴对称，首先回顾轴对称图形，并找出它们的对称轴，然后观察方格纸上的轴对称图形，感受图形的对应点到对称轴的垂直距离相等，最后根据这一特点将方格纸上的轴对称图形补充完整。这也是第二学段关于轴对称图形的核心内容。

接下来详细研究四年级下册“图形的运动（二）——轴对称”的环节。

①回顾轴对称图形，找出图形的对称轴。观察道路标志、窗花、建筑等图片，从中抽象出共同的特点——轴对称图形。每个轴对称图形至少有一条对称轴，图形沿对称轴折叠后，图形完全重合。

②观察方格纸上的轴对称图形。将轴对称图形放到方格纸上，能够更加直观地感受到图形的对应点到对称轴的垂直距离是相等的。如果给出图形的对称轴和对称轴一侧的点，就能够知道另一侧的对应点。

③将轴对称图形补充完整。通过确认图形拐点的位置，可以快速将轴对称图形补充完整。

通过这三个环节，学生能进一步认识轴对称图形的特点，并且能够将轴对称图形补充完整。

下面我们再看练习。8 道练习题分别对应三个环节：练习十二第 1、第 2、第 3、第 5 题，对应环节①；“做一做”第 1 题对应环节②；“做一做”第 2 题，练习十二第 4、第 6 题对应环节③。

教学建议：在教学中，应重点探究环节②。虽然环节③能够直观地检验学生是否能够将轴对称图形补充完整，但是环节②是环节③的基础，只有将轴对称图形的特点理解透彻，实际操作起来才更加容易。

电子图书馆

徐英飞.《平移和旋转》教学设计 [J]. 教学与管理，2013（14）。

李保伟. 动静相宜“想”为径平移旋转“玩”建模——“平移与旋转”教学实践与思考 [J]. 小学数学教师，2017（2）。

杨红千. 让学·引思——《用数对确定位置》教学与思考 [J]. 教育视界，2016（12）。

第 3 节　“图形与位置”的课程理解与教材分析

一、课程理解

“图形与位置”，即利用图形描述并确定位置，掌握确定位置的多种方法。它旨在让学生从位置的角度感受图形并进一步认识生活空间。它包括了解刻画物体或图形位置的方式，学会用不同的方式确定物体的位置（包括相对位置和绝对位置），为后续学习平面直角坐标系奠定基础。这部分内容与现实生活有着密切的关系，有利于学生感受数学的应用价值，同时，这部分内容的学习，也有助于发展学生的空间观念和推理能力。

“图形与位置”既是学生对“图形与几何”知识的应用，又是学生学习第三学段“图形与坐标”的基础。在《义务教育数学课程标准（2022 年版）》中，“图形与位置”的具体内容共计 6 条，具体要求见表 5-3-1。

表 5-3-1　课标对“图形与位置”的要求

第一学段	第二学段
1. 会用上、下、左、右、前、后描述物体的相对位置。 2. 给定东、南、西、北四个方向中的一个方向，能辨认其余三个方向，知道东北、西北、东南、西南四个方向，会用这些词语描绘物体所在的方向。	1. 了解比例尺；在具体情境中，会按给定的比例进行图上距离与实际距离的换算。 2. 能根据物体相对于参照点的方向和距离确定其位置。 3. 会描述简单的路线图。 4. 在具体情境中，能在方格纸上用数对（限于正整数）表示位置，知道数对与方格纸上点的对应。

通过《义务教育数学课程标准（2022 年版）》可以发现，“图形与位置”，即借助图形描述和确定物体的位置。这部分内容按两条线索展开：一是确定物体的相对位置；二是辨认方向和使用路线图。其中，确定物体的相对位置包括用上、下、前、后、左、右描述物体的相对位置，用“数对”描述和确定物体的位置；辨认方向和使用路线图包括用八个基本方向描述物体所在的方向和简单路线，用方向、距离描述和确定物体的位置，描述路线，画路线图，比例尺及其应用。第一部分是在为学习平面直角坐标系做铺垫，第二部分则是在为学习极坐标做铺垫。

两个学段的内容安排既有联系又有差异。联系在于第二学段目标是对第一学段目标的发展。例如，在第一学段辨认八个基本方向的基础上，第二学段提出根据具体方位和距离确定物体的位置。其区别体现在两个方面。首先，从学习结果维度来看，掌握的知识点不同：第一学段主要是辨认方向，用方位名词描述物体的相对位置或物体的方向；第二学段主要是了解、应用比例尺，描述简单的路线图，用两种方法描述和确定物体的位置。其次，从学习过程维度来看，学习活动的目标不同。第一学段主要是经历和体验，是定性的描述位置。第二学段主要是探索，是定性的描述加定量的刻画位置。

例如，第一学段的“确定物体的相对位置”是通过观察实物、生活场景图等直观情境唤醒生活经验，感知相对位置上、下、前、后、左、右，通过动手操作和语言表达进一步体验位置的相对性。而第二学段的“确定物体的相对位置”是通过生活经验中的行列排序来探索用有序数对表示方格纸中某一点的位置。数对既体现方向也体现距离，较第一学段更为抽象。

二、教材主线

在数学教材中，“图形与位置”的内容是按照两条线索展开的：一是确定物体的相对位置，主要包括用上、下、左、右、前、后、第几行第几排和数对三种方式描述物体的位置，在此基础上学习平面直角坐标系，用坐标确定点和用坐标表示几何图形。二是确定物体的绝对位置，包括①认识八个方向，会用方向词描述物体所在的方向和简单路线；②用方向和距离描述物体的位置，描述路线，画路线图；③比例尺及其应用，并在此基础上学习极坐标。

小学数学教材的编排遵循小学生的认知规律和生活经验，两个学段之间的知识层层递进：第一学段主要是定性描述；第二学段则是在定性描述的基础上增加定量刻画。同一学段无论是描述和确定物体的相对位置还是绝对位置，都要经历从生活情境中的物体向平面图形中的点的过渡，即经历由具体到抽象的思维过程（图 5-3-1）。

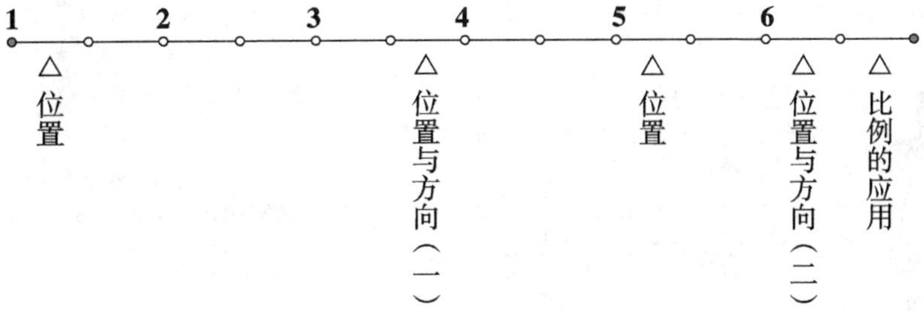

图 5-3-1 “图形的认识”的教材主线

一年级上册“位置”，指向上、下、前、后、左、右六个方向。包括通过观察实物、生活场景图等，理解相对位置上、下、前、后、左、右；结合生活经验和动手操作体验位置与顺序；用语言表达物体的相对位置。

三年级下册“位置与方向（一）”，是指辨认东、南、西、北、东南、东北、西南、西北这八个方向。同时，能够根据给定的一个方向辨认其余的方向，并用这些方位名词描述物体所在的方向，会看简单的路线图并描述行走的路线。其包括根据实际情境或平面示意图描述方向、根据对物体方向的语言描述确定示意图中物体的位置、根据路线图描述路线。

五年级上册“位置”，是指借助数对描述和确定位置。其包括用数对描述具体情境中的物体的位置、用数对描述和确定方格纸上的物体的位置。

六年级上册“位置与方向（二）”，是指借助方向和距离来描述和确定平面上两个点的相对位置，并在此基础上描述简单的路线图。其包括根据平面示意图，用方向和距离描述某个点的位置，根据方向和距离描述，在平面图上确定某个点的位置、描述简单的路线图。

六年级下册“比例的应用”，是指了解比例尺的含义与意义，在具体情境中，会按给定的比例进行图上距离与实际距离的换算。其包括了解比例尺的书写特征、说明比例尺表示的具体意义；

能够根据比例尺、图上距离、实际距离中的两者求解未知量、根据实际方向和距离以及比例尺确定平面图上物体的位置。

三、教材研读

为了了解小学数学教材对“图形与位置”的编写细节，我们选择五年级上册“位置”进行剖析（图 5-3-2）。该内容是把具体物体的相对位置抽象为初步的平面坐标的表示形式，为六年级上册沟通位置与方向的联系以及第三学段“图形与坐标”的学习奠定基础，在图形与几何的学习中起到了承上启下的作用。

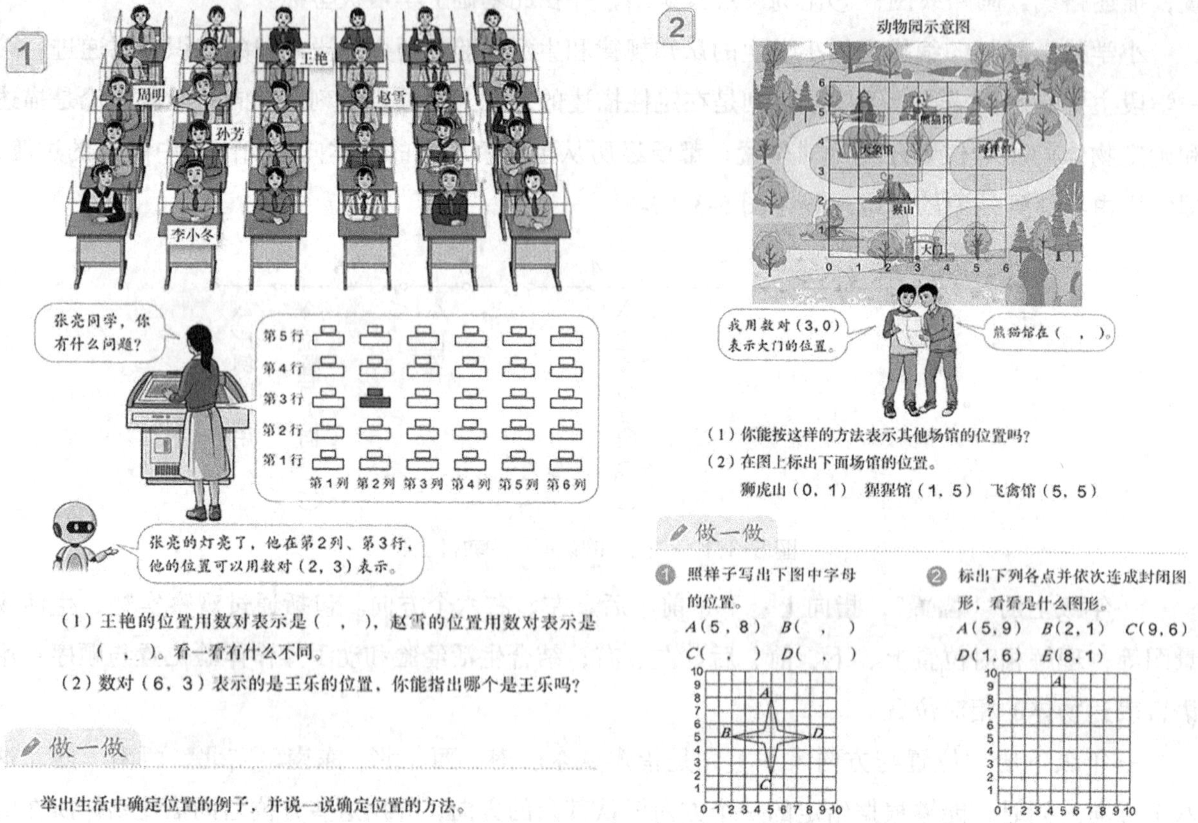

图 5-3-2 人教版五年级上册“位置”教材片段

首先，五年级上册“位置”包括两个环节。①在用行列表示班级同学的位置的具体情境中认识行、列的含义，知道确定第几行、第几列的规则，用数对表示班级同学的位置。这一环节是用数对描述具体情境中的物体的位置。②通过呈现表示在方格纸上的动物园示意图，学生探索发现用数对表示不同场馆的位置的方法。这一环节是用数对描述和确定方格纸上的点的位置。通过这两个环节，学生能在唤醒生活经验的基础上抽象出用数对表示平面图形中点的方法，深刻理解数对与平面中点的对应关系。

其次，练习五中的 8 个练习题分别对应上述两个环节，其中第 1～5 题对应环节①，包括用数对确定水果的位置、确定识字表中汉字的位置、确定方格的位置、确定药材的位置、确定象棋的位置；第 6～8 题对应环节②，涉及用数对表示平面图形顶点的位置以及用数对表示方格纸呈现的地图中建筑物的位置。

最后，对教学的建议：在环节①与环节②之间为学生提供图形表征的机会。即在口头语言描述班级同学的座位后，可以提示学生用画图的方法表示其位置，最后再过渡到用书面语言（数对）描述位置。这样，在具体和抽象、生活与数学之间搭建了图形这一桥梁，更符合学生的认知发展特点，有利于逐步发展学生的空间观念。

拓展阅读

用数对确定位置①

一、教学设计思路

学生经历从一维空间到二维空间确定位置的探究活动过程，体验数学思考与数形结合的魅力。利用学生已有的生活体验和知识基础，在一维的数射线上用一个“数”可确定点的位置——在二维平面上用一个“数对”可以确定点的位置（正整数，第一象限）——初步建构平面直角坐标系——初步感悟在平面直角坐标系中的点可用数对表示的有序性、唯一性。

本节课的核心问题是：怎样在平面上确定点的位置？基于此，确定教学目标和重难点，具体如下。

教学目标：

1. 结合具体情境，帮助学生掌握应用数对确定物体（点）的位置。

2. 让学生经历从“带刻度的射线”（一维空间）用“数”确定点的位置到探索平面（二维空间）上用“数对”确定物体（点）位置的发现过程，初步感知平面直角坐标系的形成过程。

教学重点：根据具体情境，应用数对确定点的位置。

教学难点：理解位置（点）与数对表示的有序性、对应性、唯一性。

二、教学过程设计

1. 确定课题，提问质疑

师：（直接出示课题：确定位置）看到课题，你想提出什么问题？

生：什么是确定位置？

生：怎样确定位置呀？

生：位置在哪里呀？

生：确定什么的位置？

生：确定位置以后，能对我们有什么帮助？

① 尹侠、潘小明、曾小平：《“应用数对确定位置”学习体验案例探讨》，载《兴义民族师范学院学报》，2006（4）。本书引用时做了适当修改。

生：为什么要确定位置？

评析：美国教育家布鲁巴克认为，“最精湛的教学艺术，遵循的最高准则，就是学生自己提出问题”。教师引导学生提出问题，梳理、归类问题，既培养学生的问题意识，又可激发学生的学习兴趣。

2. 抓准核心，问题聚焦

师：确定谁的位置呢？

教师用课件出示数射线，逐一出示下面各点，学生尝试用“数”确定各点的位置（图 5-3-3）。

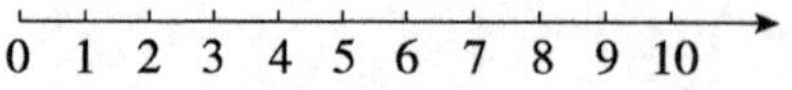

图 5-3-3

在学生分别用数 1、1.5、4、7 等表示出各点位置后，追问——

师：还要继续下去吗？

生 1：不要了。因为任意给出一个点，都可用一个数来确定它的位置。

师：任意一个点，都可用一个数来表示出它的位置。是吗？

生 2：那如果不在数射线上的点，位置该怎么确定呢？

结合生 2 所提问题，教师在数射线的上面给出一个点（图 5-3-4）。

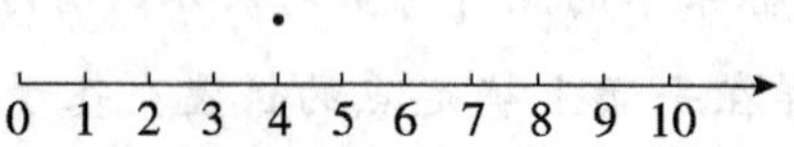

图 5-3-4

评析：从确定数射线上点的位置到确定平面上点的位置，原有的方法不能解决当前的问题，需要创造出新的方法——用平面直角坐标系来确定点的位置。对于学生认知实际，是一个触及数学知识本质且极具挑战、富有创造性的真问题。

师：如何确定数射线上面这个点的位置呢？

生 1：可以用数 4 来确定。

师：同意的，举手（许多学生举手）。理由呢？

生 1：可以用直尺对着点的位置，看看是不是与 4 对齐。

师：因为这点与 4 对齐，所以它的位置也可以用数 4 来表示。这种想法，大家有不同意见吗？

生 2：我觉得，毕竟是两个不同位置的点，不能用同一个数来表示。

生 3：如果这个点也用数 4 来表示，那 4 到底是指哪个点呢？

生 1：那这个点的位置怎么确定呢？

生 4：在 4 的上面。

师：哎，这样就与下面的点区分开来了。

生 5：在 4 的上面到底是几呀？

师：你为什么要问“在 4 的上面到底是几”？

生 5：因为它只是说在 4 的上面，而没有说上面是几。

师：这“上面是几”，是指离开 4 这个点的距离吗？

生 5：是。

师：如果不说清楚这个距离，会怎么样？

生 5：如果 4 的上面有两个点呢？

师：噢，原来只说“在 4 的上面”，还是没法把这个点确定下来。（结合回答，教师出示图 5–3–5）

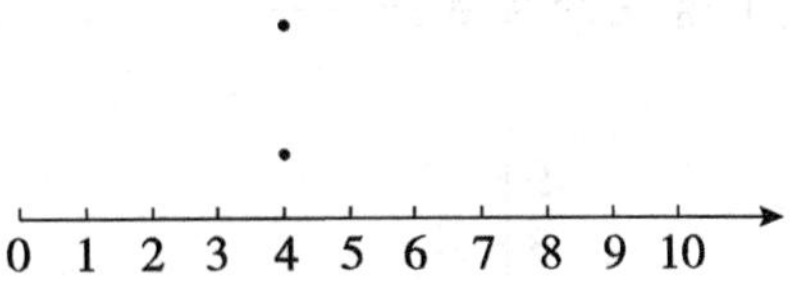

图 5–3–5

师：刚才有人说了，还要知道在 4 上面的——

生：距离。

师：对呀，知道了这个距离，那就可以确定点的位置了。

评析：学生总是基于已有的知识经验去尝试解决新问题。数射线上面一点的位置，学生也试图用 1 个数来确定：这个数就应该是该点正对着的数射线上的那个数，绝大多数学生都同意“4”。也正是这个“4”，引发了学生“质疑—探究—再质疑—再探究”：这个点也用 4 表示，4 到底表示哪个点？“在 4 的上面”，4 的上面如果有两个点呢？应该知道在 4 的上面的距离，怎样才能知道这个距离？学生通过自我质疑，平面上点的位置必须由横向和纵向两条数射线上的数来确定。

师：谁有办法找出这个距离？

生 1：用尺子去量一量。

师：（出示图 5–3–6）这段距离是 1。现在，这个点的位置可以怎么说？

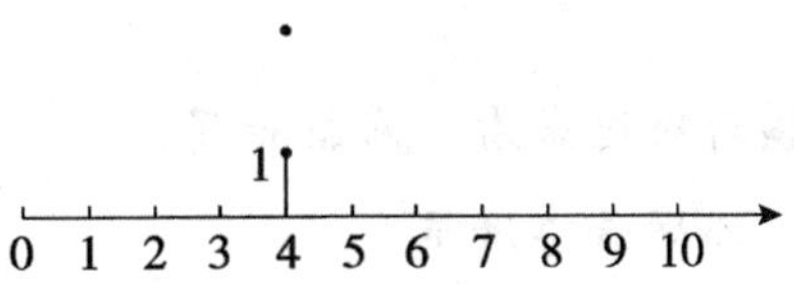

图 5–3–6

生 1：在 4 的上面 1 的地方。

师：（指着 4 上面第二个点）“在 4 的上面 1 的地方”，人家会不会说是这个点呢？

生：不会。

师：那要确定这个点的位置，怎么办？

生：量。

师：如果上面还有点呢？

生：再量。

师：你们的学习态度很好，不断地量下去，是吗？有没有更巧妙一点的办法？

生 2：只要说 4 上面第几个。

师：如果点的个数有许多个，要数出第几个也是很麻烦的。

生 3：可以用一把尺子，固定在上面。

师：这样确实能解决问题，但总不能把尺子一直放在上面吧。

生 4：在 4 这里竖着向上画一条数射线。

师：（出示图 5-3-7，指着点）这点的位置是——

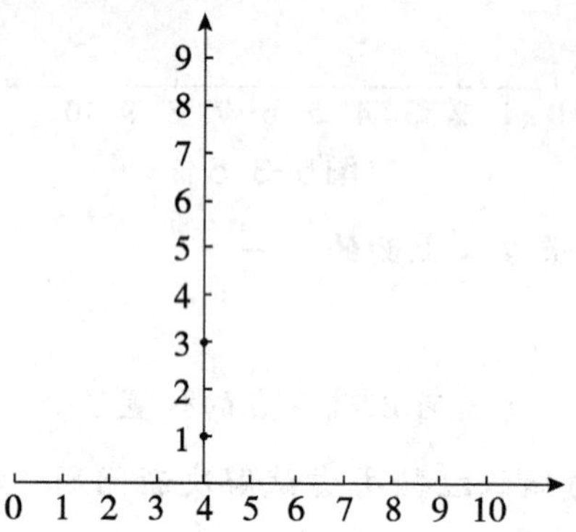

图 5-3-7

生 4：在 4 上面 3 的地方。

师：（指着上图）这条纵向的数射线画在这儿，好吗？

生：好。

师：肯定？

生 5：（指着数射线上除 4 之外的数）如果点在这些数的上面，怎么办？

师：那就向上再画几条数射线，是吗？

生 6：不是。

师：为什么？

生 6：画一条就够了，只要横着对过来看一看就行了。

生 7：画在 0 那里简便一点，那样看得清楚。

师：同学们在考虑是否看得清楚，而我首先在思考是否正确。这样画纵向数射线，正确吗？

学生沉默，渐渐地，有学生举手。

生 8：纵向数射线的起点是从 4 开始的，变成 4—1—2—3—4—5……也应该从 0 开始。

师：对呀，起点是 0。数射线是从 0 开始，接着是 1，2，3，4 等这样等距离地画下去（师出示图 5-3-8）……

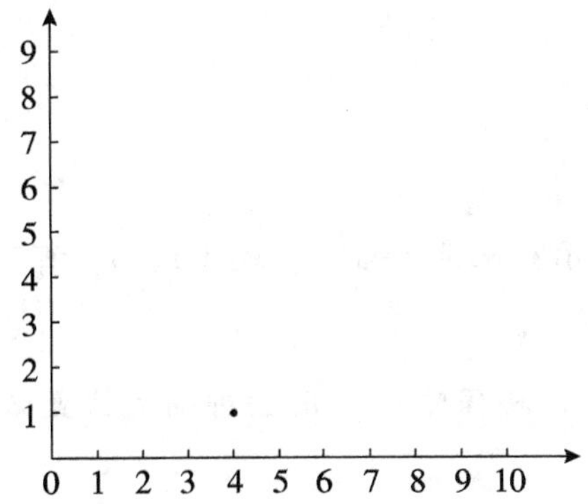

图 5-3-8

评析：从多数学生的理解来看，画出纵向数射线就能知道向上的距离，也就能确定点的位置，教师对“数射线的起点在哪里”的提问，引发学生思考：纵向数射线上的刻度（4—1—2—3—4—5……）有问题，应将数射线由横轴上的 4 处移到 0 处，使横向、纵向数射线的起点重合。

3. 抽象建模，发展思维

师：请把屏幕上的这个点，在方格图上画出来（教师出示图 5-3-9）。

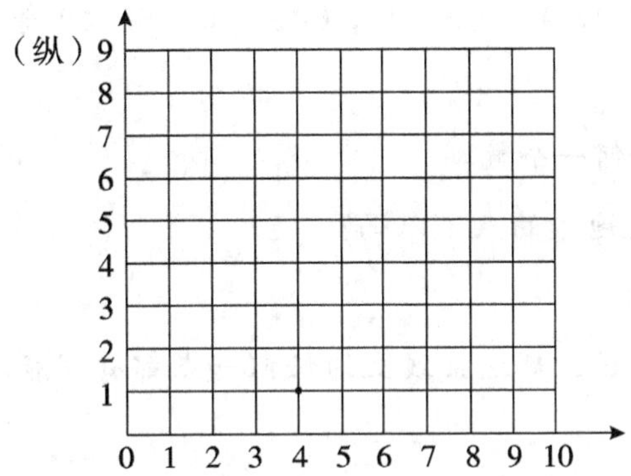

图 5-3-9

师：能清楚地看出点 A 的位置在哪里吗？

生 1：4 上面 1 的地方。

师：4 上面 1 的地方，这句话的确能把这点的位置给确定。但是，数学语言是非常简洁的。

生 2：横 4 纵 1。

师：能再简单些吗？

生 3：4，1。

师：对！还要加括号。读作：数对四一。[板书：(4，1)] 除用数对（4，1）表示外，你觉得还能怎样表示？

生 3：数对（1，4）。

师：[板书：(1，4)] 你是怎么想的？

生 3：先看纵轴对的是 1，再看横轴对的是 4，所以是数对（1，4）。

师：可以吗？

生：可以。

师：两种写法都可以，是吗？

学生小组讨论后……

生 4：那点 B 怎么用数对表示？也是（4，1）或（1，4）都可以吗？这样，到底指点 A 还是点 B 呢？

师：问得好！为了防止混淆、确保唯一，用数对确定位置必须有个次序。数学上已经做了明确的规定——先横后纵。

师：点 A 的位置是——

生 5：数对（4，1）。

师：点 B 的位置是——

生 5：数对（1，4）。

之后，学生根据给出的数对（5，3），（3，5），（0，5），很快表示出这些点的位置。教师出示了（x，4）。学生被难住了。渐渐地，学生小声地交流着。终于，有学生走上前来。

生 1：（0，4），（1，4），（2，4），（3，4），（4，4），（5，4）等点都有可能。

师：为什么呀？

生 1：因为 x 可以表示任何一个数。

师：[指着（1.5，4）] 这地方的点可以吗？

生 1：可以。

师：x 既然表示任何一个数，那这条线上的任何一点都有可能。如果规定 x 表示整数，有可能的点一共有几个？

学生齐答：共有 11 个点。

生 2：不止，因为数射线可以无限延长。

接着，在屏幕的右上角显示出一点（图 5-3-10）。

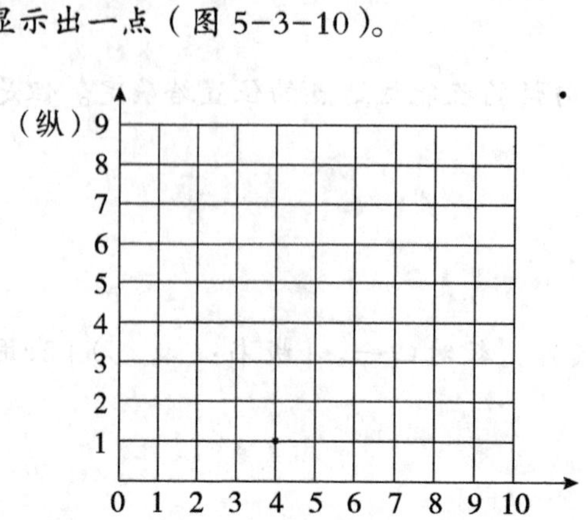

图 5-3-10

师：有办法确定它的位置吗？

生 1：把方格画出去，总能确定它的位置。

师：看来，平面上的任何一点，都可以用数对来确定它的位置。谁有办法给一个点，人家没办法表示的？

生 1：可以把这个点画在 0 的后面。

师：你们知道他想画在哪里吗？

这时，在屏幕的左下角出现一点。

师：这个点的位置，你能确定吗？

生 1：格子画大一点。

师：你把格子画大点，我就把点再放下一点，怎么办？

生 2：延长。

该生在屏幕上进行延长的演示，想到用负数来确定（图 5-3-11）。

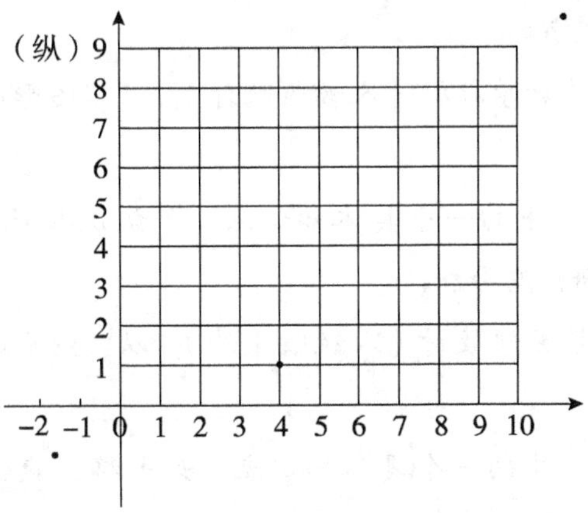

图 5-3-11

师：现在，还有哪个位置的点不能用数对来确定？

教师故意指在这儿（第二象限）、那儿（第四象限）的点，学生发现都可以用数对来确定它们的位置。

师：你真了不起！经你这么一延长，平面内任何一点的位置都可以用数对来确定了。你叫什么名字？

生：杨某某。

师：不是吧？我记得发明这种方法的人叫———笛卡儿。

此时，屏幕出示“笛卡儿平面直角坐标系”的介绍，学生会意地笑着。教师接着出示教材练习图，学生很快完成。

最后，教师引导学生回应课开始时提出的问题（前面未突出这三个问题），并告诉学生：用数对确定位置，不仅可以解决生活中诸如公园景点位置的确定等问题，更重要的是为今后的数学学习打下了基础。

电子图书馆

杜小平.《认识方向》教学设计 [J]. 教学与管理，2009（17）。

卢锋. 发展空间观念 提升思维能力——以小学数学教学为例 [J]. 教育理论与实践，2012（11）。

思考题

1. 请以“观察物体”或者“长（正）方形的认识”为例，说明第一、第二学段“图形的认识”在数学课程要求上的联系与差异。

2. 请选择一个版本的小学数学教材（人教版除外），以“图形的认识”为切入点，分析其内容主线。

3. 请选择“图形的认识”中的一个具体知识点，如认识长正方形、平行四边形、三角形、平行与垂直等，进行教材的研读与分析。

4. 请选择一个版本的小学数学教材（人教版除外），以“图形的运动”为切入点，分析其内容主线。

5. 请选择“图形的运动”中的一个具体知识点，如平移、旋转、对称等，进行教材的研读与分析。

6. 请选择一个版本的小学数学教材（人教版除外），以“图形与位置”为切入点，分析其内容主线。

7. 请选择“图形与位置”中的一个具体知识点，进行教材的研读与分析。

第 6 章

“量与测量”的课程理解与教材分析

本章结构

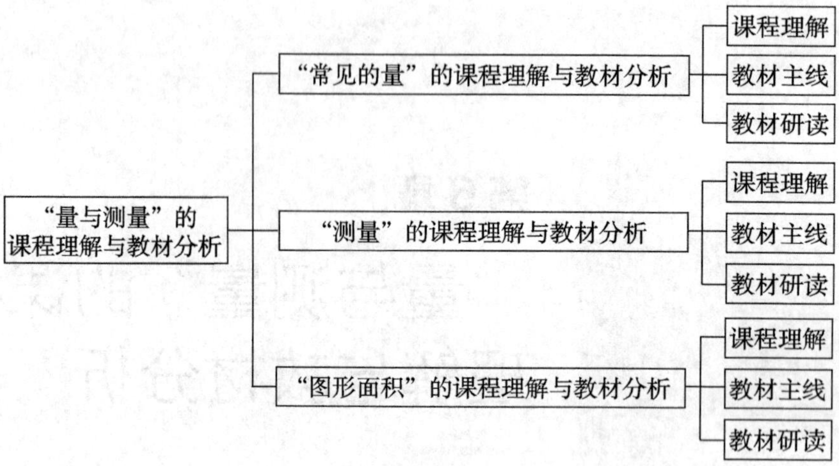

内容要点

◆"常见的量"指时间、人民币和质量。时间单位包括时、分、秒、年、月、日；人民币单位包括元、角、分；质量单位包括克、千克、吨。

◆小学数学教材在第一学段由易到难分散地安排了常见的量的内容，通过学生已有的生活经验和熟悉的生活情境引入，使学生形成时间、货币、质量的正确观念。

◆小学数学中涉及测量的主要有物品的轻重、时间的长短、角度的大小、线段的长度、平面图形的周长和面积、立体图形和实物的体积等。

◆小学数学教材按照"长度→面积→体积"的顺序来编排学习内容，重点是选择度量单位，对几何图形或实物的长度、面积和体积进行测量、计算和估测。

第 1 节 “常见的量”的课程理解与教材分析

一、课程理解

“量”的知识是小学数学的重要内容，除了“常见的量”，即时间、人民币、质量之外，还有角度、长度、面积、体积、容积等重要的量。理解量的含义、意义和单位大小是进行计量的前提。计量要使用数和单位表示，除了正整数，使用分数、小数往往更精确。为了比较计量结果的大小，常常涉及单位间的进率和换算。如果由大单位向小单位换算，要把数乘进率使其扩大相应的倍数，由小单位向大单位转换，则要把数除以进率使其缩小相应的倍数。例如，一袋水果的质量是 5.1 千克，一袋豆子的质量是 4900 克，经过换算 5.1 千克 =5100 克，说明一袋水果的质量大于一袋豆子的质量。把计量的单位统一成“克”以后，要比较两个物品的质量就只需要比较数的大小了。单位之间按进率相互换算为学习数、数的运算及数的性质提供了丰富的实例。因此，小学“数”和“量”的学习总是相互联系、相互促进，紧密贴近生活实际。

“常见的量”是小学生最容易理解和接受的，是有比较直接和丰富的生活经验的量。在《义务教育数学课程标准（2022 年版）》中，“常见的量”位于第一学段“数与代数”的内容中，具体要求见表 6-1-1。

表 6-1-1 课标对“常见的量”的要求

第一学段
1. 在现实情境中，认识元、角、分，并了解它们之间的关系。 2. 能认识钟表，了解 24 时记时法；结合自己的生活经验，体验时间的长短。 3. 认识年、月、日，了解它们之间的关系。 4. 在现实情境中，感受并认识克、千克、吨，能进行简单的单位换算。 5. 能结合生活实际，解决与常见的量有关的简单问题。

对《义务教育数学课程标准（2022 年版）》的分析可以发现，“常见的量”的学习主要是在现实情境中，“认识”各个量的单位；“了解”单位之间的大小关系、进率和换算；“体验”各种量的含义和意义，如时间的长短、物体的轻重、商品的价格等；“解决”生活中有关的简单问题。认识人民币，即认识“元、角、分”；认识时间，包括认识相对较小的时间单位“时、分、秒”和相对较大的时间单位“年、月、日”；认识质量，即认识“克、千克、吨”。

在教学中，要结合生活情境和学生的已有经验引入，让学生在丰富有趣的活动中感受常见的量，积累有关数与量的活动经验。重在形成正确的时间观念、质量观念、货币观念。例如，日历中有“年、月、日”的知识，通过让学生观察日历中某一日所在的月和年，感受 1 年有多少月、1 月有多少日。又如，钟表中有“时、分、秒”的知识，通过让学生观察钟表、拨表中的指针等活动，感受 1 时、1 分、1 秒之间的关系；通过估计一分钟脉搏跳动的次数或同学跳绳的个数，感受时间的长短；通过使用 24 时记时法，解决有关时间的简单问题。教学的关键是使学生理解量的含义，体会单位思想，会在统一单位的前提下用数来进行描述。既要理解量的含义，又要熟悉数和数的运算。

二、教材主线

小学生所认识的数的位数逐步增大，由一位、两位、三位到四位，甚至更大。数的运算由简单的加法、减法到复杂的乘法、除法，难度逐步增大。按照小学生对数与运算的认知规律，教材在第一学段的各年级中由浅入深、由易到难分散地安排了“常见的量”的学习内容，具体分布见图 6-1-1。

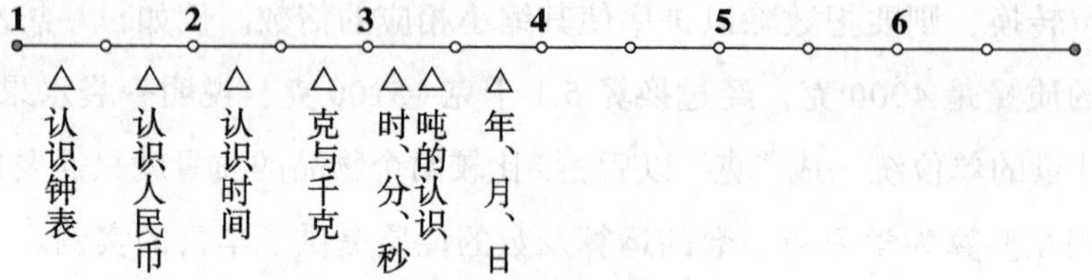

图 6-1-1 “常见的量”的教材主线

“常见的量——时间”内容分布在教材一年级上册、二年级上册、三年级上册和三年级下册中。具体知识点分别是“整时”“时和分”“时、分、秒”“年、月、日”“24 时记时法”。与时间相关知识的应用体现了数学与生活的密切联系。

一年级上册“认识钟表”，是通过钟表的实物或图片来认识时针和分针表示的整时数，了解计时工具。学生学习了 20 以内的数和简单的加减法，为认识钟表上的整时数、整时数的计时奠定了基础。

二年级上册“认识时间”，是认识钟表上的时针和分针，并在一年级认识“整时”的基础上，进一步认识由时和分构成的时间。学生要知道时与分之间的进率，即 1 时 =60 分，体验时间的长短，会进行简单的精确到分的计时，能看懂生活中常见的“活动时间表”，体会“几分钟”“一刻钟”“半小时”等日常用语。

三年级上册“时、分、秒”，是通过钟表上的分针、秒针认识由时、分和秒三个单位记录的时间。学生要知道 1 分 =60 秒，能进行单位之间的换算，了解计时工具——秒表，通过各种计时活动体验 1 秒，能进行时间的估测。

三年级下册“年、月、日”内容包括较大的时间单位和 24 时记时法。通过观察日历，了解年有平年和闰年之分，二者的主要差别是 2 月份的天数，前者 2 月份有 28 天，后者 2 月份有 29 天。1 年有 12 个月，1 年就是每个月的天数总和。通过大量的生活情境，感受时间的长短，了解 24 时记时法。人们在生活中做某件事，测量经过的时间就是计时。比如，从某天上午 8：00 到第二天下午 2：00，经过了多长时间？从第一天 8：00 到第二天 8：00，经过了一天，即 24 小时，从第二天 8：00 到 14：00（采用 24 时记时法）经过了 6 小时，共经过了 30 小时。

总之，教材把“时间”由浅入深地进行四次编排，有利于学生充分感知和了解抽象的时间单位及其关系，并通过恰当的记时法和计时工具解决有关的简单问题，形成正确的时间观念。

“常见的量——人民币”内容在教材一年级下册，是通过实物或图片以及购物活动、换币活动来认识人民币的单位及单位之间的进率的。学生学习过 100 以内数的认识，为了解单位之间的换算奠定了基础。人民币的知识非常贴近学生的生活，相邻单位之间以 10 为进率，学生易于理解。

对于“认识人民币”的教学，教师要引导学生认识不同币值的人民币，看懂物品的价格标签（如每支彩笔 2.5 元），以元与角为单位进行换钱、找钱活动。在购物活动中，学生能体会元与角、角与分之间的关系，用 100 以内的数的加减法来计算不同币值的人民币。这些教学安排为后续学习更大的正整数以及小数、小数的性质埋下了伏笔。

“常见的量——质量”内容分布在教材二年级下册和三年级上册。教材通过生活中的购物场景和测量工具，使学生感受计量比较轻的物体和比较重的物体所用的工具不一样，计量的单位也不同；认识到物品价格与质量有关系，如苹果的价格是每千克 5 元，梨每千克 4 元。

二年级下册是“克与千克”。学生学习过万以内数的认识，为认识这两个质量单位及其进率和换算奠定了基础。教材通过形象地展示超市中生活用品和食品的质量，如口香糖、小包茶叶、小包瓜子、一个硬币等，引导学生通过生活经验感受抽象的质量单位“克”；通过“掂一掂 1 千克的物品”实践活动，体验 1 千克的实际质量；分小组用秤亲自去测量一些物体的质量，感受“几千克”。教学中通过各种直观展示和实践教学，学生不仅建立起了 1 克、1 千克的质量观念，而且为后续间接地感知更大的质量单位奠定了认知基础。

三年级上册是“吨的认识”。吨是建立在克与千克的基础上，比千克更大的质量单位。教材不安排直接测量或体验，而是通过生活经验或者在较小单位基础上累加进行联想，间接地去感受。比如，1 名同学体重 25 千克，40 名这样重的同学共重 1 吨。

总之，教材按照质量单位由小到大的顺序经过两次编排，有利于学生认识每两个相邻单位之间的进率是 1000。这比时间相邻单位进率 60，人民币相邻单位进率 10 都大，涉及的运算数字也更大一些。质量的编排有利于学生扩大对数的运用范围，逐步感知质量，形成正确的质量观念，并能解决相关的简单的实际问题。

三、教材研读

为了了解小学数学教材对“常见的量”的编写细节，我们选择人教版小学数学一年级上册、二年级上册、三年级上册、三年级下册的教材片段来分析“时间”的编排顺序（图 6-1-2 和图 6-1-3）。

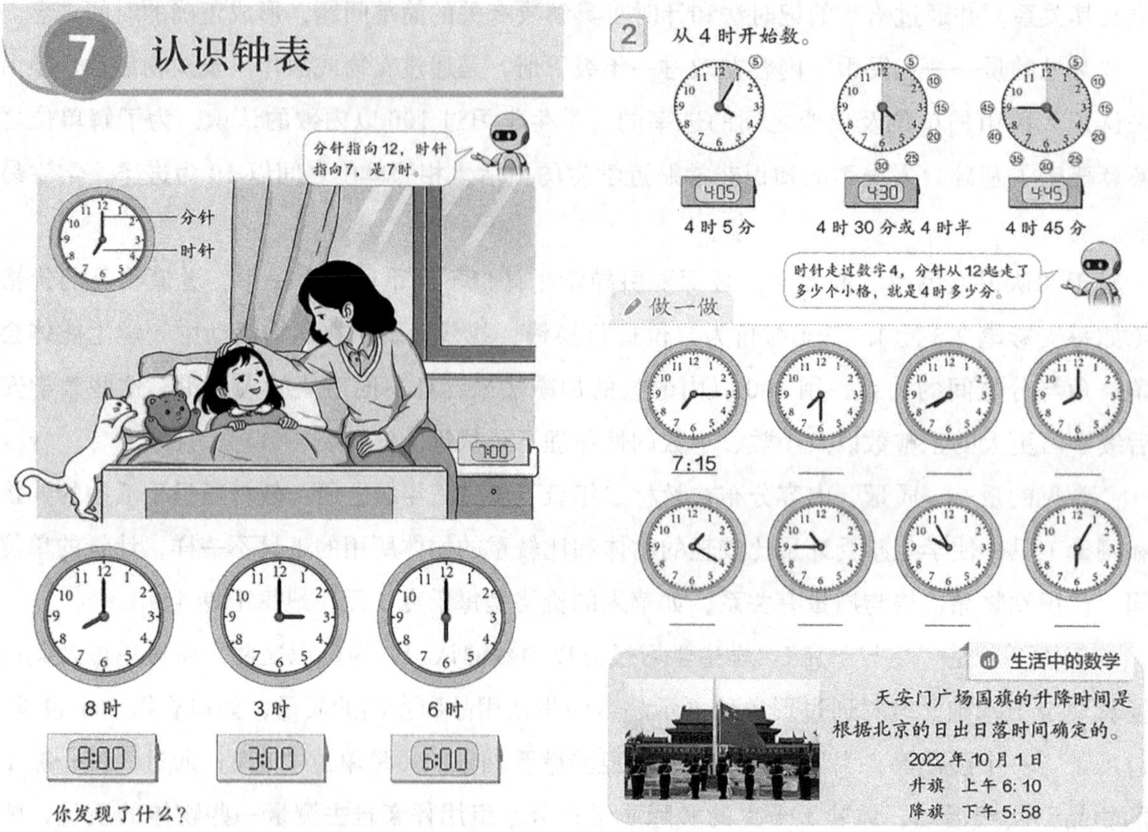

图 6-1-2 人教版一年级上册“认识钟表”和二年级上册“认识时间”教材片段

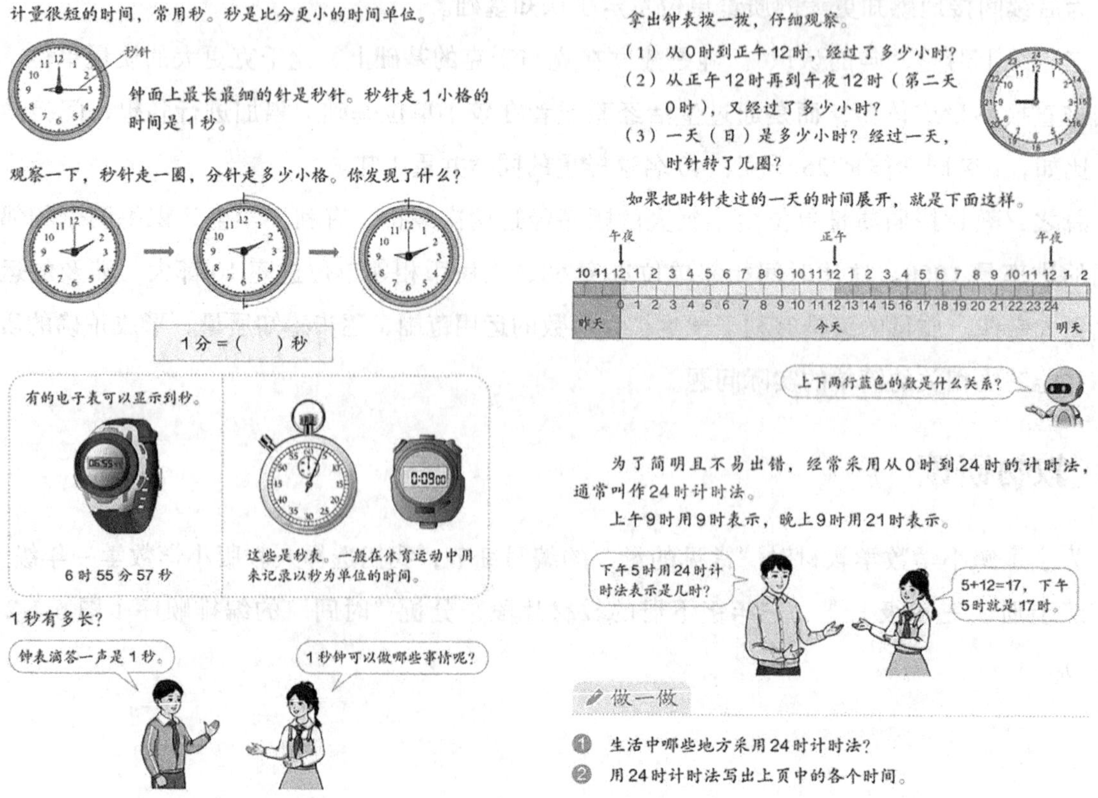

图 6-1-3 人教版三年级上册“时、分、秒”和三年级下册“24 时记时法”教材片段

一年级上册“认识钟表”，主要是认识整时。例如，上午 8 时、下午 3 时等。由于学生认识的数的范围很小，是 20 以内的数，还没有学习 20 以内数的进位加法。这个阶段，对于时间的学习主要有两点：①认识整时数 1，2，3，4，…，12，理解生活中的一位数和两位数的大小，感受数学与生活的密切联系。②认识钟表上较长的针和较短的针，整时对应分针在 12 的位置，时针几时就在几点的位置。

二年级上册“认识时间”，主要是认识由“时和分”组成的时间，如 6：05。

这个阶段学生已经学习了 100 以内数的加减法，对于时间的学习主要有：①认识几时几分，会简单的单位换算，如 1 时 30 分 =90 分，会计算做事情所经过的时间。②认识钟表上时针和分针的位置，知道分针转过 1 格代表 1 分。

三年级上册“时、分、秒”主要是认识更小的时间单位秒，知道分和秒之间的关系，体会 1 秒有多长。三年级下册“24 时记时法”是学习一天内记时的不同方法，不仅可以省去原来计时所用的上午、下午、晚上等字眼，而且在计算经过的时间时也有优势。

电子图书馆

窦平．“量感”：源自有效的体验——以“克的认识”教学为例 [J]. 小学数学教育，2018（Z2）。

华应龙．“面的里面有什么？”——《认识面积》教学设计 [J]. 教育视界，2017（8）。

张齐华．“认识厘米”教学实录 [J]. 教育视界，2017（4）。

朱德江．“学”与“导”应着力于学习的“关键点”——“认识面积”教学实践与思考 [J]. 小学数学教师，2016（3）。

第 2 节 “测量”的课程理解与教材分析

一、课程理解

测量是为了确定被测对象的量值而进行的操作过程。在实际操作中可以分为估测和精确测量两种方法。小学数学中涉及测量的主要有物品的轻重、时间的长短、角度的大小、线段的长度、平面图形的周长和面积、立体图形和实物的体积等，重点是长度、面积、体积（容积）的测量。

无论测量对象是什么，对于要研究的量，总要选定某个单位后，用“数”去描述量的大小。因此，在强调量值时常使用“计量”一词。例如，“计量很短的时间，常用秒作单位”“计量比较长的路程，通常用千米作单位”“计量比较轻的物品，用克作单位”“计量较重的或大宗物品的质量，通常用吨作单位”“1 米、1 平方米、1 立方米分别是计量长度、面积、体积的单位”。

为了使测量结果简洁、准确，测量过程简单，往往要把被测对象与一个恰当的标准做比较。因此，强调和标准做比较时，常使用“度量”一词，这个标准称为“度量单位”。度量单位是为了满足人们的现实需求而人为引入的概念。被测对象本身的量值不会受选取度量单位的不同而改变。例如，“1 米约相当于 10 支铅笔长”，其中“1 支铅笔长”就是度量单位。通过用身体的拃、课本、尺子分别去测量课桌一边的长度，会得出不同的结果，这就是因为选用了“一拃”“课本一边长”“尺子的长”三个不同的度量单位。又如，“运煤车的载重量是 2 吨。有一堆煤，用四辆车恰好能运完，这堆煤的质量是多少？”在这个问题中，煤的质量的度量单位就是“2 吨”。

在实际的测量中，不同的量不能直接做比较。例如，3 厘米和 3 千克，3 厘米和 2 平方厘米，做比较没有意义。相同的量要比较大小必须统一度量单位，例如，3 立方分米和 2900 毫升，虽然都是容积单位，但是转换成相同的单位才能方便比大小。秦始皇曾统一度量衡，使各个量有了统一的标准。在中国古代，度量衡专指长度、容量、质量（重量）三个量。古代度量衡，其单位制度基本上沿袭了秦代（前 221—前 206 年）确定下来的制度。现在，世界各国和各民族都有自己的度量衡制度，许多量有统一的国际计量标准。

在《义务教育数学课程标准（2022 年版）》中，“测量”在“图形与几何”领域之中，第一学段主要是长度的度量，第二学段主要是角度、面积和体积的测量与度量（具体要求见表 6-2-1）。

表 6-2-1　课标对“测量”的要求

第一学段	第二学段
1. 结合生活实际，经历用不同方式测量物体长度的过程，体会建立统一度量单位的重要性。 2. 在实践活动中，体会并认识长度单位千米、米、厘米，知道分米、毫米，能进行简单的单位换算，能恰当地选择长度单位。 3. 能估测一些物体的长度，并进行测量。 4. 结合实例认识周长，并能测量简单图形的周长，探索并掌握长方形、正方形的周长。 5. 结合实例认识面积，体会并认识面积单位 cm^2、dm^2，m^2，能进行简单的单位换算。	1. 能用量角器量指定角的度数，能画指定度数的角，会用三角尺画 30°，45°，60°，90° 角。 2. 知道面积单位 km^2、公顷。 3. 通过操作，了解圆的周长与直径的比为定值，掌握圆的周长公式。 4. 通过实例了解体积（包括容积）的意义及度量单位（m^3，dm^3，cm^3，L，mL），能进行单位之间的换算，感受 1 m^3，1 cm^3 以及 1 L，1 mL 的实际意义。

通过对课标的分析，可以发现，课标对“测量”的要求可以概括为结果性目标和过程性目标两个方面。结果性目标包括认识长度单位、周长、角度、面积和面积单位、体积和体积单位，能进行单位换算，能选择长度单位对一些物体的长度进行测量，掌握平面图形的周长公式，解决简单的实际问题。过程性目标包括经历用不同方式测量物体长度的过程，体会建立统一度量单位的重要性，探索图形的周长的计算方法。

在第一学段，测量的内容是长度、周长和比较简单的平面图形的面积，使用的数大多是正整数。重点在于使学生体会度量的价值和建立统一度量单位的重要性，感受长度单位的大小，积累基本的测量和估测的经验。

长度的测量是学生必须要经历和积累的基本活动经验。在第一学段教学中经常安排的测量活动有：测量书桌、课本、练习本、铅笔或手指的长度；测量同学、爸爸、妈妈或自己的身高。

借助铅笔的长度或尺子对书桌进行估测，比较估测结果和精确测量结果，结合具体问题情境，在实际的测量活动过程中体会建立统一度量单位的重要性，并逐步建立度量单位的正确表象，掌握规范测量的方法。学生有了长度的测量经验，如累加、求差、比较等，就可以通过类比进一步学习面积、体积的测量。

长度、面积、体积这三个几何度量概念所表示图形的维度虽然不同，但是它们测量的数学本质是一样的。线段的长度是沿着线段所在的直线用长度单位无重叠地量，然后再把结果累加。例如，“几厘米”就是几个 1 厘米；长方形面积的测量就是用表示面积单位的小正方形无重叠地填满长方形，即密铺后，再把总数相加，如“几平方厘米”就是几个 1 平方厘米。

两个面积的大小比较就是看所覆盖的面积单位的多少（图 6-2-1）。长方体体积的测量也是用表示体积单位的小正方体无重叠无缝隙地铺满长方体，然后把总数相加。例如，“几立方厘米”就是几个 1 立方厘米。两个体积的大小比较就是所包含的体积单位的多少。测量长度时所蕴含的“统一度量单位”这一思想，同样适用于后续学习的角度、面积、体积的测量。

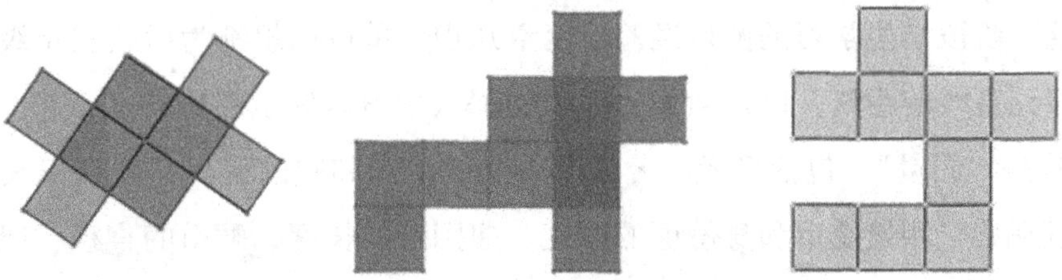

图 6-2-1 平面图形的面积

估测是测量的重要组成部分，测量活动离不开估测，而估测的能力又是建立在精确测量的基础之上的。小学数学教学中按照“先估计、再测量”的顺序安排测量活动。首先，学生借助已经建立的度量单位的表象先估测；其次，要选择合适的测量工具、恰当的度量单位和规范的测量方法进行测量；最后，再结合精确测量或计算对估测结果进行调整。这种教学安排有利于学生深刻感受度量单位的大小，形成度量单位的正确表象。例如，“先估计黑板的面积，再测量它的长和宽，并计算面积”“估计一本数学书的体积是多少，再测量并计算”。

二、教材主线

遵循小学生的认知规律和图形的不同维度，小学数学教材按照“一维→二维→三维”，即“长度→面积→体积”的顺序来安排学习内容（具体见图 6-2-2）。

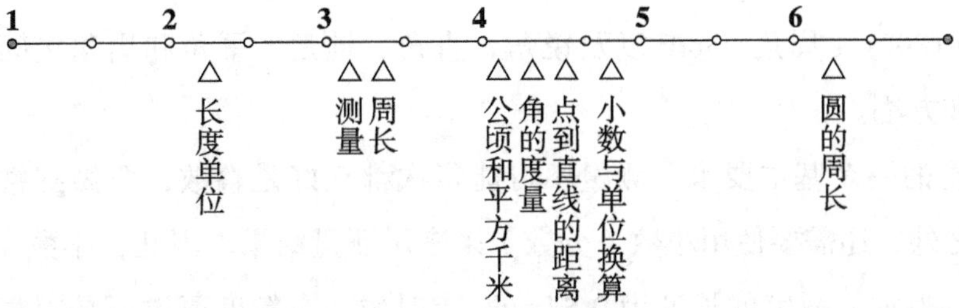

图 6-2-2 “测量”的教材主线

第一学段的重点是通过量一量、比一比等活动，使学生经历长度单位的形成过程，体会统一长度单位的必要性，积累基本的测量经验。二年级是厘米、米，三年级是毫米、分米、千米。估测也是这一学段的重要内容，通过丰富的实践活动让学生反复经历估测和精确测量，形成长度单位的正确感知。例如，“估一估数学书的长、宽和厚大约是多少厘米？”“同学们估得准确吗？用尺子量量看！”“准确测量曲别针的长度、硬币的厚度、图形的边长”。

二年级上册是“长度单位”。由于人们在日常生活中往往有很多测量的需求。比如，想要给课桌做一个桌套，这就需要测量课桌的长度。测量是需要工具和操作方法的。测量比较短的物体用文具盒中的尺子，测量比较长的物体可以用米尺、卷尺等作为工具。教师可以示范不同的测量方法，一般都是把 0 刻度对准起点，再观察终点所对应的刻度线。教学中，测量使用不同的工具会导致结果的表述不同，其实质是度量单位的不同。教材通过大量丰富的“量一量”的实践操作活动引入长度单位米和厘米，使学生认识 1 米 =100 厘米，并初步经历先估计物体的长度，再选择测量工具和单位，最后精确测量的过程，体会 1 米、1 厘米这两个长度单位的大小，建立长度单位的表象。这一阶段学生学习的测量经验、度量意识、单位思想都为后续三年级上册“周长”、四年级上册“点到直线的距离”以及面积、体积的深入学习做好了铺垫。

三年级上册是“测量”，包括毫米、分米、千米的认识和吨的认识，即认识长度单位和质量单位。学生通过观察、测量硬币和身份证的厚度、曲别针的长度、硬币的直径、课桌或水杯的高度、牙刷的长度等，对操场的跑道、家到学校的距离、立定跳远的距离等进行估计或间接测量，感受 1 毫米、1 分米、1 千米的大小，知道单位之间的换算，如 1 米 =10 分米，1 米 =1000 米，1 厘米＝ 10 毫米。

“周长”是在三年级上册“长方形和正方形”这一单元。学生通过观察树叶、书本、钟表、三角尺等实物外围，体会封闭图形一周的长度，理解周长的概念。通过动手测量和简单计算，可以推出长方形和正方形的周长公式，形成初步的推理能力。

四年级上册“公顷和平方千米”是建立在亿以上数的认识，有了前面学习过的面积和面积单位的知识基础，学生很容易理解在测量土地面积的时候，原有的面积单位太小了，需要用平方千米做单位。1 平方千米 =100 公顷。以 100 米为边长的正方形的面积就是 1 公顷，1 公顷 =10000 平方米。

四年级上册“角的度量”类似于长度的测量。测量和比较角的大小，也需要选择测量工具和度量单位，这就自然而然地引入了“量角器”和“1° 的角”。学生通过实际测量，知道 1 直角 =90°，1 平角 =180°，1 周角 =360° 以及锐角、直角、钝角、平角和周角之间的大小关系，掌握测量角的步骤和方法。

精确性是测量的一个基本要求。测量不可能每次都正好是整数，要做到精确，除了尽量选择小的度量单位之外，还需要使用小数（分数）来表示测量结果。因此，小数（分数）的使用是精确测量的前提。例如，教室的长度为 9.54 米。有时候，在精度要求不是很高的时候，测量结果也会使用近似数。

四年级下册“小数的近似数”就是使学生学会粗略表示测量结果。例如，身高 1.345 米 ≈1.35 米，50 米短跑的竞赛成绩是 9.23 秒 ≈9.2 秒，单价 1.65 元 ≈1.7 元。同时，测量中单位换算的知识为学习小数的概念、性质、大小等提供了丰富的实例。“单位之间的换算”在四年级下册“小数的意义和性质”单元里“小数与单位换算”这一节，涉及质量单位、人民币单位、长度单位、面积单位，包括小单位和大单位之间的相互转换。比如，86 g=0.086 kg，5350 m=5.350 km，1980 kg=1.980 t，109 cm=1.09 m，2.95 元 =2 元 9 角 5 分，0.86 m^2=86 dm^2。

六年级上册“圆的认识”涉及的测量是通过多次对折圆形纸片，间接测出半径和直径的 2 倍关系。对没有标出圆心的圆，通过测量可以得出其直径。教材安排丰富的测量活动，使学生对于抽象的圆的本质有了清晰的认识。“圆的周长”是通过把线环绕圆周一圈，然后测量线的长度而得到的。这些操作可以使学生体会“以直代曲”的方法和转化思想。

三、教材研读

为了了解小学数学教材对“测量”的编写细节，我们选择二年级上册“长度单位”教材习题与三年级下册“面积”教材习题进行对比，发现教材在估测方面共同的编排方法，都是“先估计、再测量”。

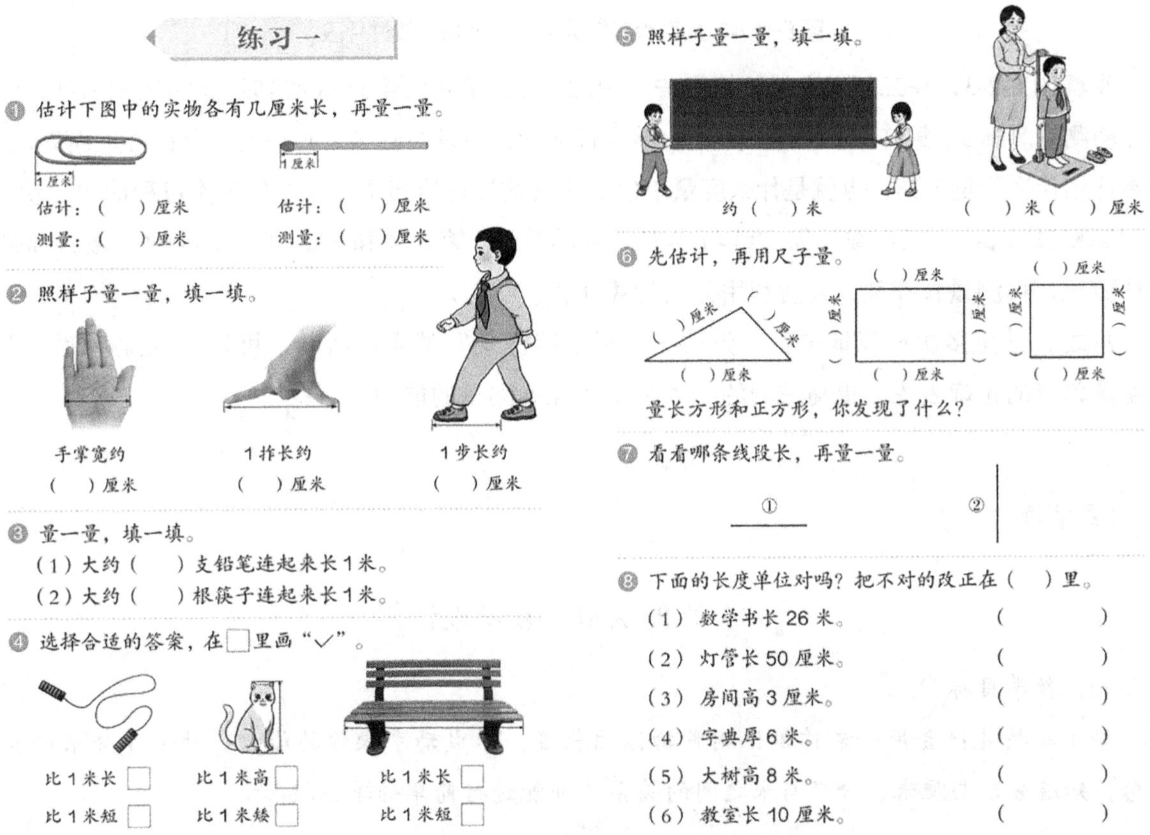

图 6-2-3 人教版二年级上册“长度单位”教材片段

① 计算下面各图形的面积。（单位：厘米）

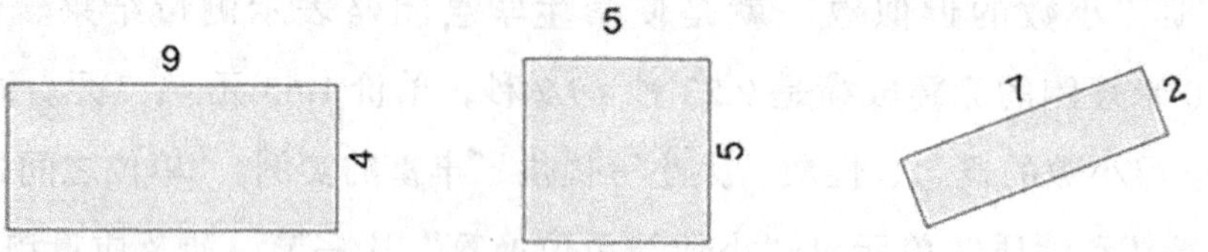

② 篮球场长28米，宽15米。它的面积是多少平方米？半块场地是多少平方米？

③ 一张长方形的餐桌，桌面长14分米，宽9分米。要配上同样大小的玻璃，这块玻璃的面积是多少平方分米？

④ 先估计右图正方形的周长和面积，再测量并计算。

⑤ 先估计黑板的面积，再测量它的长和宽，并计算面积。

图 6-2-4　人教版三年级下册“面积”教材片段

观察图 6-2-3，在二年级上册“练习一”中的第 1、第 4、第 6～8 题都是让学生先估计，然后再准确测量。第 2、第 3、第 5 题虽然是让学生直接量，但是在测量之间，也需要在心里面先估计，想想选用什么测量工具，也就是什么度量单位。只有估计得恰当了，才能使测量过程简单、快速。

观察图 6-2-4，三年级下册“练习十五”中的第 4、第 5 题和第二页图中的做一做，都是先估计面积，再测量长和宽，最后利用公式计算面积。

总之，学生多次反复地进行“先估测，再精确测量”的操作活动，可以有效地帮助学生建立度量单位的正确表象，提高估测的能力和快速准确测量的能力。

拓展阅读

“分米的认识”教学设计①

一、教学目标

知识与技能：会用分米作单位测量物体的长度，养成动手操作的能力；建立 1 分米的长度观念，知道分米与厘米、分米与米之间的关系，并能进行简单的单位换算。

① 设计者：裴蓓（安徽省黄山市实验小学），来源于人民教育出版社网站。本书做了适当修改。

过程与方法：通过观察、估测、测量等活动，体会分米产生的实际意义，初步形成1分米的长度观念。

情感、态度与价值观：感受数学与生活的密切联系，体会与他人合作交流解决问题的过程。

教学重点：使学生初步建立1分米的长度观念；知道1米=10分米，1分米=10厘米，会简单地换算；会用分米作单位进行测量。

教学难点：建立1分米的长度观念。

二、教学过程

（一）复习旧知，导入新课

1. 到现在为止，我们学习过哪几个长度单位？

2. 最大的长度单位是什么？请你用手势表示一下，1米大约有多长？最小的长度单位是什么？请你用手势表示一下，1毫米大约有多长？那1厘米呢？

3. 想一想，毫米和厘米之间有什么关系？厘米和米呢？

师：我们已经认识了米、厘米、毫米，这节课我们继续学习其他的长度单位。

【设计意图】从学生已有的知识经验出发，有目的、分层次进行铺垫，为学习新知识打下基础，也进一步激发学生的学习兴趣。

（二）探究新知，认识分米

1. 分米产生的意义。

（1）估一估。

①小组活动：估计课桌的长度。

②提问：你认为用什么单位比较合适？为什么？

（2）量一量。

①小组活动。

组内四人合作，用自己的尺子测量课桌的长，并思考你们是怎样测量的。

②汇报方法。

预设：a. 用直尺的最大刻度为一段连续测量，最后求出桌子的长是52厘米；b. 用10厘米的长度为一段连续测量，一共有5个10厘米，还多出2厘米，最后求出桌子的长是52厘米。

③比较测量方法。

引导学生比较刚才测量的方法，说一说哪种方法比较好，为什么？

④引出课题。

用10厘米来测量很方便快捷，其实它还有一个新的名称叫作“分米”（板书课题）。

【设计意图】小组合作测量课桌的长，让学生在测量中理解和体会长度单位“分米”产生的必要性，加强了数学与现实生活的联系，培养了学生动手操作的能力及小组合作的意识。

2. 合作探究，认识分米。

（1）初步认识1分米。

①小组讨论：关于分米，你知道什么？

②想一想，1 分米有几个 1 厘米？（10 个）

③从 1 厘米到多少厘米的一段是 1 分米呢？（11 厘米）

④从 2 厘米到多少厘米的一段是 1 分米呢？从哪里到哪里又是 1 分米呢？

（课件出示 1 分米的放大图，教师板书：1 分米 =10 厘米）

师：所以我们说，课桌的长度是 5 分米 2 厘米。

（2）进一步认识 1 分米，建立表象。

① 观察直尺上 1 分米的长度，试着将大拇指和食指叉开成 1 分米，再用直尺量一量是否准确。同桌互相看大拇指和食指叉开 1 分米的大小。

②请同学们用尺子在练习本上画出 1 分米的线段，画完后，同桌交换用尺量一量，看谁画得准。

③想一想，在我们身边哪些物体的长度大约是 1 分米？（钢笔、黑板擦、牛奶盒等）

（3）教学 1 米 =10 分米。

①师：我们已经知道了 1 分米 =10 厘米，那么 1 米中有几个 1 分米呢？请同桌两人观察软尺，数一数。

②学生分小组汇报自己的想法。

③师：如果给我们学过的长度单位按照从大到小的顺序排队的话，分米应该在什么位置？

3. 自主学习例 3。

2厘米=（　）毫米

想：1厘米是10毫米，

2厘米是（　）个10毫米。

80厘米=（　）分米

想：10厘米是1分米，

80厘米是（　）个1分米。

【设计意图】通过直观—操作—总结—手势—测量，使学生的认识逐步加深，在直观—表象—抽象的思维过程中，形成正确的概念 1 分米。

（三）巩固练习，深化理解

1. 完成教材第 23 页“做一做”。

全班交流时要求学生说出思维过程。

2. 完成教材练习五的第 3～5 题。

【设计意图】通过练习，因材施教，面向全体，提高学习质量和运用知识解决实际问题的能力。

（四）课堂总结，明确目标

1. 通过这节课的学习，你有什么收获？

2. 对今天所学的内容，你有什么问题？

电子图书馆

张洪菁，刘富森．“形”与“数”的融合——“认识周长”教学新探索 [J]. 小学数学教师，2015（1）。

娜仁格日乐，史宁中．度量单位的本质及小学数学教学 [J]. 数学教育学报，2018（6）。

朱震绯．经验・转换・思辨——“认识周长”教学实践与思考 [J]. 小学数学教师，2017（9）。

汪小中，许卫兵．让学生的思维始终处在活跃状态——《认识面积》教学设计与评析 [J]. 教育视界，2015（8）。

曾小平，郭龙淑．三角形内角和的证明与教学 [J]. 小学教学（数学版），2011（12）。

陈碧芬．数学史“重构式”融入小学数学教学的研究——以“认识厘米”为例 [J]. 课程・教材・教法，2017（1）。

第 3 节 “图形面积”的课程理解与教材分析

一、课程理解

平面图形的面积和立体图形的表面积与体积①，一直是中小学数学的基础性内容，在数学课程中占有重要地位。《义务教育数学课程标准（2022 年版）》在小学两个学段都安排了学习内容，共计 6 条。

第一学段的要求为“探索并掌握长方形、正方形的面积公式，会估计给定简单图形的面积”。第二学段的要求为“探索并掌握三角形、平行四边形和梯形的面积公式，并能解决简单的实际问题；探索并掌握圆的面积公式，并能解决简单的实际问题；会用方格纸估计不规则图形的面积；结合具体情境，探索并掌握长方体、正方体、圆柱的体积和表面积以及圆锥体积的计算方法，并能解决简单的实际问题；体验某些实物（如土豆等）体积的测量方法”。

需要引起重视的是，“图形面积”这部分内容的价值，不仅仅在于这些面积、体积公式是非常基础的，今后常常会用到；更重要的是，渗透和体会数学公理化思想，培养严谨的逻辑推理能力。

公理化思想是指以某些命题为前提，只用它们、不用其他假设进行推理而建立数学理论的思想。早在公元前 3 世纪，希腊数学家欧几里得用由反复实践所证实而被认为不需要证明的少数命题为前提，用逻辑推理的方法，将前人在几何方面的研究成果整理成《几何原本》，这些少数命题被称为公理或公设。

公理化方法能系统地总结数学知识、清楚地揭示数学的理论基础，有利于比较各个数学分支的本质异同，促进新数学理论的建立和发展。现代科学发展的基本特点之一，就是科学理论的

① 本书为了表述方便，把体积也放在面积这一节里。

数学化，而公理化是科学理论成熟和数学化的一个主要特征。

从公理化方法的角度，可以发现平面图形面积公式之间更为隐含的逻辑关系（图 6-3-1）。长方形的面积公式其实就相当于公理，是人为规定的；由此出发推出正方形、平行四边形和圆的面积，因而正方形、平行四边形和圆的面积公式，就相当于定理；再由平行四边形面积推出三角形和梯形的面积，因此三角形和梯形的面积公式，就相当于推论。

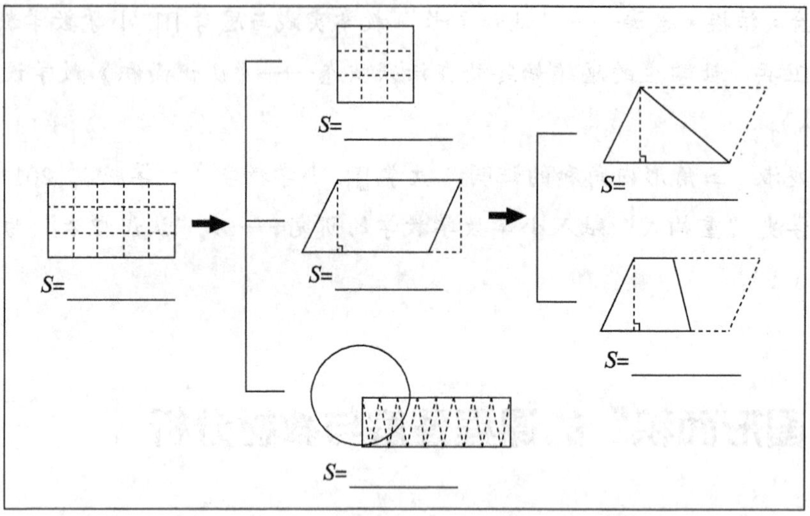

图 6-3-1　面积公式的逻辑关系

二、教材主线

在人教版小学数学教材中，平面图形的面积是按照“正方形、长方形→平行四边形、三角形、梯形→组合图形→圆”的顺序，立体图形的表面积是按照“长方体→正方体→圆柱体”的顺序，立体图形的体积是按照“长方体→正方体→不规则实物”的顺序编排的（具体见图 6-3-2）。

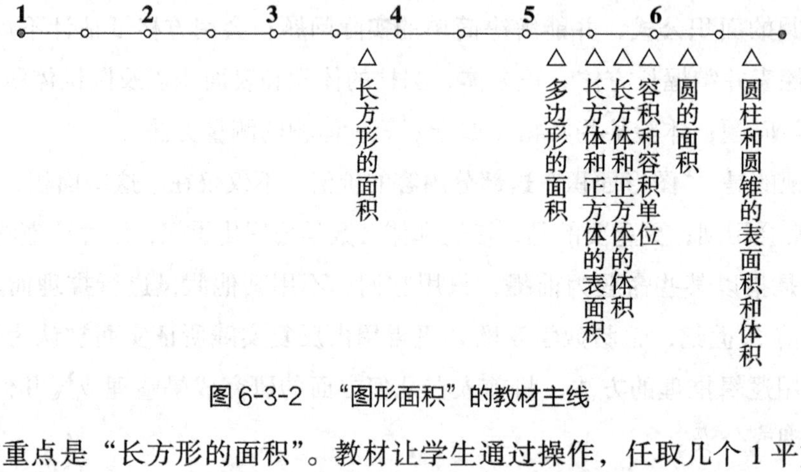

图 6-3-2　“图形面积”的教材主线

第一学段的重点是“长方形的面积”。教材让学生通过操作，任取几个 1 平方厘米的正方形拼成五个不同形状的长方形，分别数出每个长方形的长、宽和面积。然后观察每个长方形三个数据之间的关系，归纳得出长方形面积的计算公式（图 6-3-3），再推导出正方形的面积，初步培养归纳推理的能力。

（2）任意找几个长、宽都是整厘米数的长方形，用 1 平方厘米的正方形摆一摆。边操作，边填表。

长方形	长 / 厘米	宽 / 厘米	面积 / 平方厘米
1 号			
2 号			
3 号			
4 号			
5 号			

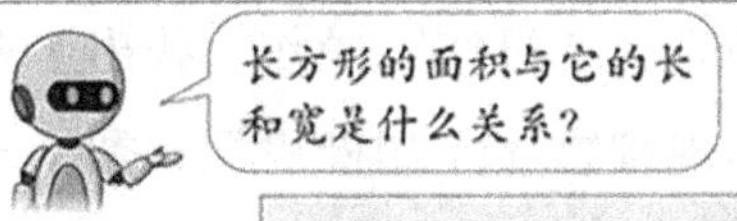

长方形的面积 = 长 × 宽

图 6-3-3　人教版三年级下册“长方形的面积公式”教材片段

利用正方形面积的计算公式，可以推导面积单位之间的进率和换算。即 1 平方米 =100 平方分米，1 平方分米 =100 平方厘米。学生经历并理解了长方形与正方形面积的测量、推导、计算的过程，就可以用这些知识去解决生活中的一些问题，并且为后续学习复杂平面图形的面积、图形的体积做好了铺垫。

第二学段的重点是多边形面积、圆的面积、体积及其单位换算。对于长度、面积、体积的测量，教材始终遵循“单位思想”和“转化思想”这一线索。例如，“用拃作单位量一量课桌的长”“用尺子量一量纸条的长度”“在米尺上看看 1 米里面有多少个 1 厘米”“利用数学书封面的面积估计一下课桌桌面的面积”。这些都是用一个单位去度量总体，体现单位思想。又如，平行四边形通过转化为长方形来求面积，三角形通过转化为平行四边形求面积，梯形转化为三角形或平行四边形求面积。这些都是把“未知”转化为“已知”，利用已学过的知识或方法解决未知的问题，体现转化思想。

五年级上册“多边形的面积”包括平行四边形、三角形、梯形面积的测量。教材中平行四边形面积的测量使用的是格子图，学生通过“在方格纸上数一数”，数出有多少个度量单位，再次体会面积和面积单位的含义。同时，之前学习长方形和正方形的面积时，学生已经理解了出入相补原理。因此，为了求出平行四边形的面积，学生会想到通过“剪、移、拼”把平行四边形转化为长方形，顺利推出平行四边形的面积公式，同时体会转化思想。教材用两种方法得出平行四边形的面积公式，为后续学习三角形、梯形、组合图形的面积奠定了基础。后续几个面积公式的得出都省去了用格子图进行测量的方法，而使用了“剪、拼、割、补”的操作，体现“转化思想”这一编排线索。这样安排有利于培养学生的抽象逻辑思维能力。对于不规则实物的图形，如“树叶、池塘、手掌”的面积，还是采用数格子的测量方法或近似地看成规则图形求面积。

五年级下册“长方体和正方体的表面积”的测量方法是沿着棱剪开，使长方体、正方体的各个面位于同一个平面内，通过求展开图的面积从而得出其表面积公式。展开图的面积可以使用以前测量边长、计算面积的方法求得。在此基础上，学生可以推导出表面积的计算公式，理解只要测量出长、宽、高就可以用公式计算了。

五年级下册“长方体和正方体的体积”的测量和比较的方法，依然沿用计量长度的方法和思路。先统一体积单位，认识 1 立方厘米、1 立方分米、1 立方米的含义，然后用 1 立方厘米拼各种形状的立体图形，求出体积。学生通过测量、摆、归纳推理得出长方体和正方体的体积公式。教材这样编排的目的不仅使学生理解了体积的含义，体会了体积的测量本质，同时培养了学生的归纳推理能力。

五年级下册“容积和容积单位”是通过有刻度的量筒来度量量杯里液体的容积，使学生体会容积的测量方法，理解容积的单位毫升和升。通过实际操作，找出 1 升水和 1 立方分米的相等关系，为后面的体积单位换算做好铺垫。不规则物体（如橡皮泥、梨、土豆等）的体积采用的测量方法是排水法（或溢水法），使学生感受体积测量方法的灵活性和多样性。

六年级上册“圆的面积”，是通过剪、拼把圆转化为长方形，从而推导出公式。

六年级下册“圆柱与圆锥的表面积”的测量方法类似于长方体的表面积，需要把圆柱体剪开，然后测量展开图的面积来求。“圆柱的体积”的测量方法类似于圆的面积，把圆柱体沿着底面半径剪成偶数份，拼成长方体。这些操作仍然是让学生体会转化思想。

“圆锥的高”是通过测量两个平行平面之间的距离得到的。“圆锥的体积”的公式是通过“提出猜想—进行试验—得出结论”的实验方法找出圆柱与圆锥体积之间的关系而得到的。一个圆锥体实物的体积测量是先测量高、再测量直径，然后利用公式计算。

三、教材研读

由于“多边形的面积”是小学数学中非常重要的内容，它的推导体现了化归的思想方法。因此，我们选择人教版小学数学五年级上册“三角形的面积”进行教材研读（教材片段见图 6-3-4）。

有了平行四边形面积计算的推导基础，三角形的面积计算就可以直接要求学生将三角形转化为已学过的图形推导出面积计算公式。同时，有了平行四边形面积公式的探索经验，三角形的面积可以由学生自主探索完成。

首先，主题图以怎样计算红领巾的面积为载体引入三角形面积的计算，这一问题充分体现了数学源于生活。由于学生刚研究过平行四边形的面积，所以自然而然就能想到“转化”的方法，将三角形转化成学过的图形（长方形或者平行四边形），但是不容易完成。

其次，主题图中给出了暗示，用两个完全相同的三角形，你能拼出哪些学过的图形，而且容易计算面积。这次活动就呈现了学生用三角形进行“转化”的操作过程。学生发现两个完全一样的直角三角形可以拼成一个长方形，两个完全一样的非直角三角形可以拼成一个平行四边形。

最后，教材出示问题“观察拼成的平行四边形和原来的三角形，你发现了什么？”这个问题较之前推导平行四边形面积公式时更抽象些，主要是考虑到学生在推导平行四边形面积时已经具备一定的比较经验。学生借助具体的图形可以发现其中的等量关系——“三角形的面积等于对应平行四边形面积的一半”，从而自己总结出三角形的面积公式——“三角形的面积等于底乘相应的高，再除以二”。

三角形的面积

红领巾的形状是三角形，怎样计算它的面积？

观察拼成的平行四边形和原来的三角形，你发现了什么？

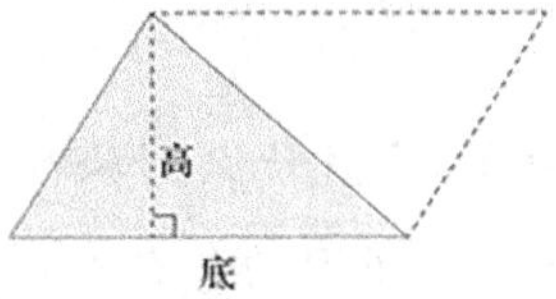

平行四边形的底相当于三角形的（　　），
平行四边形的高相当于三角形的（　　）。

三角形的面积＝________________

如果用 S 表示三角形的面积，用 a 和 h 分别表示三角形的底和高，那么三角形的面积计算公式可以写成：

$S=ah\div2$

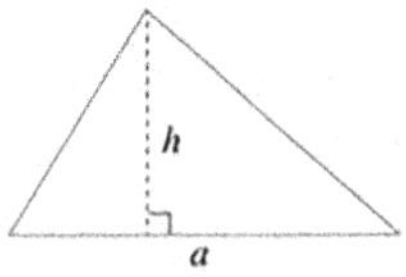

图 6-3-4 人教版五年级上册“三角形的面积”教材片段

拓展阅读

三角形面积的教学设计①

一、教学目标

知识与技能：学生经历探索三角形面积计算公式的过程，掌握三角形的面积计算方法，能解决简单的实际问题。

过程与方法：通过操作、观察和比较，发展空间观念，体会转化思想，提高分析、综合、抽象概括和动手解决实际问题的能力。

情感、态度和价值观：学生在探索活动中获得积极的情感体验，增强学生学习数学的兴趣。

① 设计者：胡萍、李文华、马青山，本案例来源于人民教育出版社网站。本书做了适当修改。

教学重点：探索并掌握三角形面积计算公式。

教学难点：理解三角形面积计算公式的推导过程，体会转化的思想。

二、教学过程

（一）复习铺垫，激趣引新

1. 复习旧知

（1）计算下面图形的面积（图 6-3-5）。

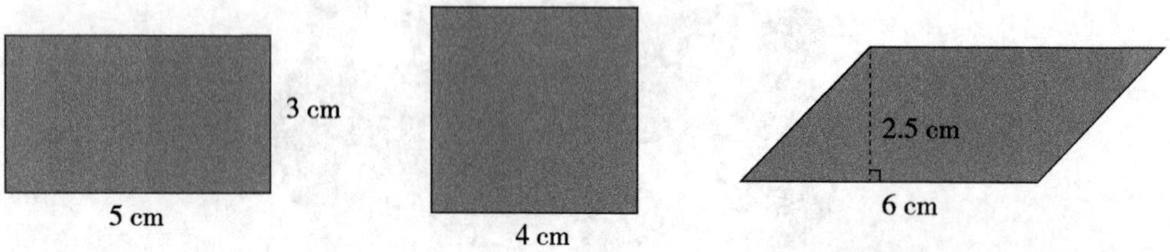

图 6-3-5

（2）创设情境。

请大家看看红领巾（图 6-3-6），它是什么形状？如果要裁剪一条红领巾，你要用多大的红布呢？求所需红布的大小就是求这个三角形的什么？

图 6-3-6

2. 回顾引新

（1）回顾：还记得平行四边形的面积计算公式吗？它是怎样推导出来的？

（2）引新：如果知道了三角形的面积计算公式，就能直接求出裁剪红领巾所需红布的大小了。今天这节课，我们就来研究三角形的面积。（板书课题：三角形的面积）

（二）主动探索，推导公式

1. 操作转化

（1）提出问题：既然平行四边形能转化成长方形推导出面积计算公式，那三角形能不能也像这样，通过转化推出计算面积的公式呢？

（2）学生分组操作，教师巡视指导。

学生操作预设：如果学生只用一个三角形时无法利用割补法将三角形转化成已学过的图形，教师可适时引导学生换一种思考方式，用两个相同的三角形试试。

（3）学生展示汇报。

预设拼法一：用两个完全一样的锐角三角形拼成一个平行四边形（图 6-3-7）。

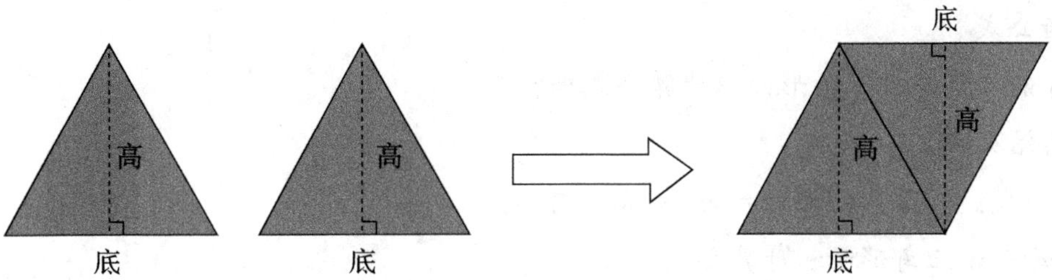

图 6-3-7

预设拼法二：用两个完全一样的直角三角形拼成一个长方形或平行四边形（以长方形为例）（图 6-3-8）。

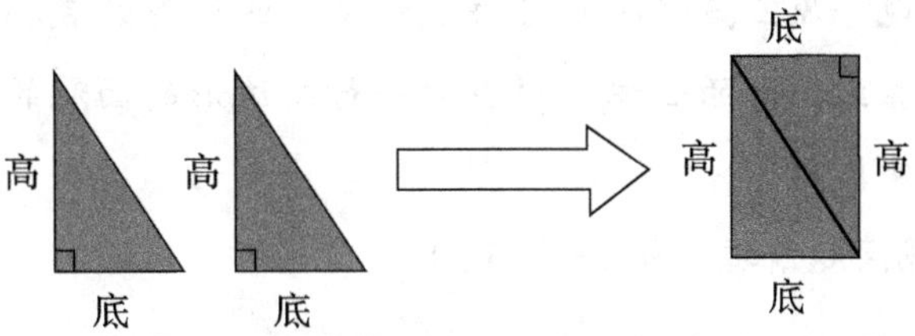

图 6-3-8

预设拼法三：用两个完全一样的钝角三角形拼成一个平行四边形（以其中一种情况为例）（图 6-3-9）。

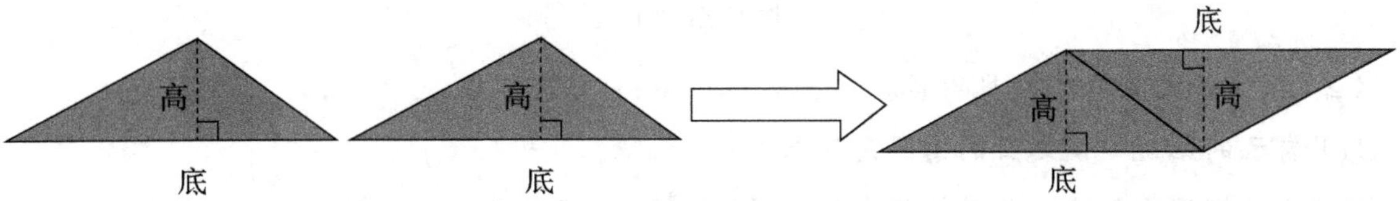

图 6-3-9

（4）想一想：你们拼的都不一样，但是，我们可以发现，只要是两个完全一样的三角形，一定能拼成什么图形？

学生观察发现：只要用两个完全一样的三角形就能拼成一个平行四边形。

2. 观察思考

（1）观察拼成的平行四边形和原来的三角形，你发现了什么？（图 6-3-10）

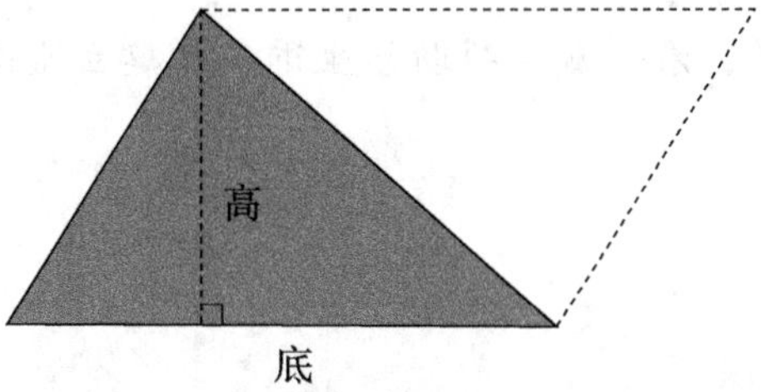

图 6-3-10

（2）学生独立思考后汇报：三角形的底和平行四边形的底相等，三角形的高和平行四边形的高相等，三角形的面积是平行四边形面积的一半。

3. 概括公式

（1）你能自己写出三角形面积计算公式吗？

（2）总结公式。

①板书公式：三角形的面积 = 底 × 高 ÷2。

②用字母表示三角形面积计算公式。

（3）回顾与小结。

①我们已经知道三角形的面积等于底乘高除以 2，回顾一下，它是怎样推导出来的？

②教师小结：两个完全一样的锐角三角形、直角三角形和钝角三角形，都能拼成一个平行四边形。通过观察思考发现，原三角形的底与拼成的平行四边形的底相等，原三角形的高与拼成的平行四边形的高相等，原三角形的面积是拼成的平行四边形的面积的一半。

（三）巩固运用，解决问题

（1）出示例题，呈现问题情境（图 6-3-11）。

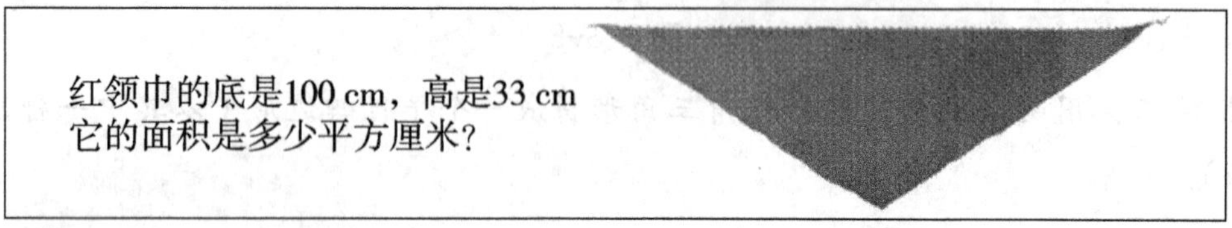

图 6-3-11

（2）理解题意，叙述题目内容。

①用自己的话说一说题目的意思是什么？

②学生根据图文叙述：知道红领巾的底是 100 cm，高是 33 cm，求它的面积是多少。

（3）收集信息，明确问题。

①提问：从题目中你获得了哪些数学信息？

②思考：要求红领巾的面积，其实就是求什么？

③归纳：要求红领巾的面积，其实就是求底是 100 cm、高是 33 cm 的三角形的面积。

（4）学生独立解答。

（5）学生汇报，教师板书，规范书写。

（6）对照实物与计算结果，看一看（帮助学生进一步建立空间观念）。

电子图书馆

张叶清，曹培英 ."平行四边形的面积"教学实录与评析 [J]. 小学数学教育，2011。

王国元 . 基于学习起点 优化学法指导——以"三角形的面积"教学为例 [J]. 小学数学教师，2014（5）。

潘小明 . 数学思维的发展不是空洞的——"平行四边形面积"教学实践及思考 [J]. 人民教育，

2012（12）。

孙钰红．透析公式内涵理解本质意义——人教版三下“长、正方形面积的计算”教学设计与思考 [J]. 小学数学教师，2019（4）。

曾小平，韩龙淑．长方形面积公式的由来与教学 [J]. 教学月刊小学版（数学），2011（10）。

思考题

1. 选择人教版“人民币的认识”中的一个知识点，通过创设情境进行教学片段设计，使学生体会人民币的单位和 100 以内数的加减运算知识。

2. 选择北师大版教材中“测量”的内容，分析其中关于长度、面积、体积的编排顺序，以及所蕴含的单位思想、转化思想和公理化思想。

3. 选择小学五年级数学教材，分析人教版教材和北师大版教材中“多边形的面积”的逻辑体系和编写特点，以及对教学的启示。

4. 选择小学六年级数学教材，分析人教版教材和北师大版教材中“圆柱和圆锥”的逻辑体系和编写特点，以及对教学的启示。

第 7 章

“式与代数”的课程理解与教材分析

本章结构

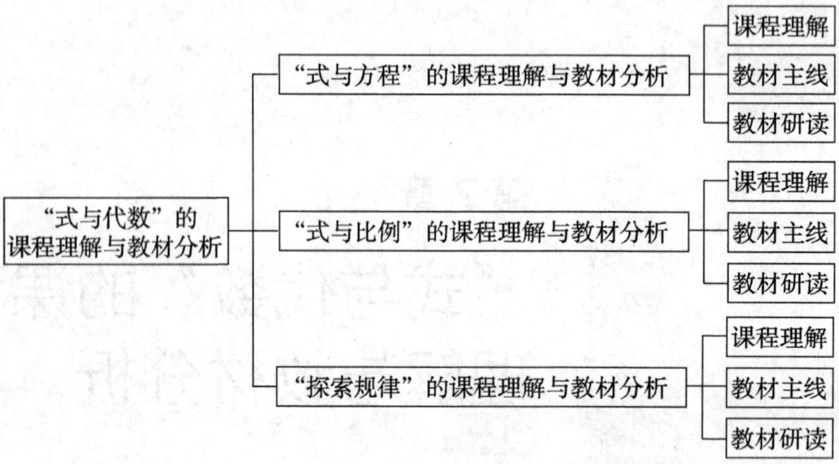

内容要点

◆“用字母表示数”要求能够在具体情境中了解等量关系并能用字母表示，初步学会根据字母的取值求含有字母式子的值，培养学生的符号意识，培养初步的代数思维。

◆“比与比例”要求能够在实际情境中理解比及按比例分配的含义，通过具体情境认识成正比例的量和成反比例的量，培养学生的抽象思想与模型思想，培养初步的代数思维与函数思维。

◆“探索规律”是指在特定的数学活动中通过合情推理的过程，探索“数与代数”“图形与几何”以及具体情境中隐含的变化规律和运动趋势，培养发现与提出问题、分析与解决问题的能力，培养初步的函数思维。

第 1 节　“式与方程”的课程理解与教材分析

一、课程理解

《义务教育数学课程标准（2022 年版）》中，在“学段目标”的“第二学段”中提出“能用方程表示简单的数量关系，能解简单的方程”。在“课程内容”的“第二学段”中涉及“式与方程”的具体内容共计 4 条，具体要求见表 7-1-1。

表 7-1-1　课标对“式与方程”的要求

第二学段
1. 在具体情境中能用字母表示数。 2. 结合简单的实际情境，了解等量关系，并能用字母表示。 3. 能用方程表示简单情境中的等量关系（如 $3x+2=5$，$2x-x=3$），了解方程的作用。 4. 了解等式的性质，能用等式的性质解简单的方程。

“式与方程”是“数与代数”领域“代数”中的重要内容。通过它的教学，要使学生初步认识用字母表示数的意义和作用，能够用字母表示学过的运算定律和计算公式；能够在具体情境中用字母表示常见的数量关系；初步学会根据字母所取的值，求含有字母式子的值，培养学生的符号意识。使学生初步了解方程的意义，初步理解等式的基本性质，能用等式的性质解简易方程。使学生感受数学与现实生活的联系，初步学习使用方程解决一些简单的实际问题，培养学生根据具体情况灵活选择解决方法的意识和能力。

二、教材主线

“式与方程”这部分内容是小学五年级数学的教学内容，具体体现在人教版小学数学五年级上册第五单元“简易方程”。简易方程是小学阶段集中教学代数初步知识的单元，在这一单元里安排了用字母表示数、等式的性质、解简易方程、用方程表示等量关系进而解决简单的实际问题等内容。本单元可以归纳为用字母表示数、解简易方程两个模块，在教科书中这两个模块编排的具体情况见表 7-1-2。

表 7-1-2　“式与方程”基本结构表

模块	内容
1. 用字母表示数	例 1　用字母表示数 例 2　用字母表示数量关系 例 3　用字母表示运算律和计算公式 例 4　用字母表示代数式并求值 例 5　字母式的化简与求值

续表

模块	内容
2. 解简易方程	（1）方程的意义
	（2）等式的性质 等式性质 1 和等式性质 2
	（3）解方程 例 1　方程的解与解方程 例 2 至例 5　解不同类型的方程
	（4）实际问题与方程 例 1　$x+b=c$ 的应用 例 2　$ax-b=c$ 的应用 例 3　$ax+ab=c$ 的应用 例 4　$x+bx=c$ 的应用 例 5　$ax+bx=c$ 的应用

在小学阶段，教学“式与方程”具有重要的意义，具体体现如下。

一是有助于培养学生的抽象概括能力，发展学生思维的灵活性。对小学生来说，从具体事物的个数抽象出数是认识上的一个飞跃，现在由具体的、确定的数过渡到用字母表示抽象的、可变的数，更是认识上的一个飞跃。而且，在用字母表示未知数的基础上，使学生解决实际问题的数学工具从列出算式解发展到列出方程求解，这又是数学思想方法认识上的一次飞跃，它将使学生运用数学知识解决实际问题能力提高到一个新的水平。

二是有助于巩固和加深理解所学的算术知识。通过用字母表示所学过的数量关系、运算定律以及一些图形的周长、面积计算公式，可以使学生加深对这些知识的理解。同时，由于用字母表示比用文字表述更简明易记，所以便于学生巩固所学知识。

三是有利于加强中小学数学知识的衔接。让学生初步接触一点代数知识，能使学生摆脱算术思维方法中的某些局限性（逆向思考，未知数不参加运算，思维的步骤增加），为进一步学习代数知识做好认识的准备和铺垫。

三、教材研读

教材是从五年级开始系统编排了用字母表示数的相关内容，这是教科书对于该部分内容的显性编排。其实，教材对于式与方程的相关内容已提前隐性渗透符号表示数，让学生提前接触代数思想和方程思想。这些内容是在学生具备一定的算术知识（如整数、小数的四则运算及其应用），已初步接触了一点代数知识（如用字母表示运算定律，用“○”“△”或“□”表示数）的基础上进行学习的。

1. 用字母表示数

人教版教科书分别在四年级下册第 3 单元“运算律”中提前渗透用字母表示数，让学生尝试学习用字母表示加数。例如，加法的交换律和结合律分别表示为 $a+b=b+a$ 和 $a+b+c=a+(b+c)$，让学生提前感知字母在数学中的存在和运用（图 7-1-1）。学生提前认知了这些字母之后，当深入学习用字母表示数的时候，学生在思维转接方面就不会出现太大的困难。

> 两个数相加，交换两个加数的位置，和不变。这叫作加法交换律。
>
> 你能用自己喜欢的方式表示加法交换律吗？
>
> 可以用文字表示：
> 甲数＋乙数＝乙数＋甲数
>
> 可以用图形表示：
> ▲＋☆＝☆＋▲
>
> 还可以用字母表示：
>
> $a+b=b+a$

图 7-1-1　用字母表示运算律

另外，本部分教学内容也充分体现了学生的认知规律，从具体到一般（抽象概括），再到具体（代入应用）的正、反两个思维过程，最后进行拓展应用，为数学归纳的学习进行了很好的前期渗透。

教材中，例 1 反映的是两个数量之间的加减关系，更加充分体现了“具体→一般→具体”的学生认知过程。同时，由于这是学生正式学习简易方程的第一个例题，本题还着重渗透了学生学习代数知识所必备的抽象概括能力、函数思想及代入求值的解题方法。

例 2 反映的是两个数量之间的乘除关系，重点突出了从具体到一般的抽象概括能力，并使学生体会到了符号化的简洁性，进一步体现了数学归纳的学习过程，同时强调了代数式的表示方法与书写习惯。

例 3 是通过含有字母的代数式表示运算定律和计算公式，让学生体会到了代数式可以表示两个量之间的任意数量关系，更加体会到了代数式的优越性（或是符号化的优越性），同时为学生渗透了代入法求值的解题方法。前面三个例题，从两个量之间的数量关系入手，为学生学习用字母表示数、建立符号意识打下了基础。

例 4、例 5 则从多个量之间的数量关系开始，拓展学生的符号化意识、代数思想，让学生体会到代数式的功能性作用，为学生学习用方程解决实际问题奠定了基础。

2. 方程的意义

方程是小学数学中的重要内容之一，它对学生的代数思维与模型思想的培养都有着十分重要的作用。教材中对于方程的相关内容提前隐性渗透了符号表示数，让学生提前接触方程思想。这些内容都让学生体会到这些算式中的符号同样可以表示数，蕴含了方程的雏形，提前渗透方程的意义。

在方程的教学中，方程的定义时常成为教学中的疑难之处。小学阶段出现的方程是“简易方程”，即只含有一个未知数的等式，形如 $ax \pm b=c$，$ax \pm bx=c$ 的方程。在小学教材中，把“方程”定义为含有未知数的等式，像 $x+5=10$，$4x=400$，…，这样含有未知数的等式叫方程。这只是方程的一种描述性定义。

但是学生可能会提出“$x=1$，$x-x=0$，$ax=b$”是不是方程的问题，这是一个极具代表性的方程教学的问题。要想回答这个问题，必须要明确方程的本质性定义，具体体现在：①方程是为了寻求未知数，在已知数和未知数之间建立起来的等式关系。②在解决问题时，常用这样的方法：用字母或者符号代表未知量，让它和已知量一起参与运算，根据数量关系列出一些等式，再用数学方法求出这些字母和符号代表的未知量。这种含有未知量参与运算的等式，叫作方程。

在教学过程中，教师应设计动手操作、直观体会、对比感知等学习方式，借助天平等学具，使学生理解方程的意义，会判断一个式子是否为方程。

方程是在等式的概念基础上建立起来的下位概念，要想建立方程的正确概念，要破除学生对于等式的这种不完全认知。教材在方程的形式呈现上，也应该根据图片的信息，尽可能实现这方面的突破。人教版教材在“方程的意义”的第五幅插图对应的方程（图 7-1-2）可以改为“$100+x=100+100+50$”。这样建立的方程让学生充分感受到等号的两边相等的不仅可以是数，也可以是数组成的算式，拓宽学生的认知范围，帮助学生正确认识、理解方程的意义。

$100+x=250$

图 7-1-2 方程的意义

3. 等式的性质

小学教学简易方程，方程变形的依据是加减运算的关系或乘除运算之间的关系，这实际上是用算术的思路来求未知数。根据《义务教育数学课程标准（2022 年版）》的要求，从小学起就引入等式的基本性质，并以此为基础导入解方程的方法，有利于加强中小学数学教学的衔接。

本部分旨在通过两幅“天平游戏”的主题图向学生分别揭示等式的基本性质。人教版教科书采用天平图，用了四个问题：“两边同时各放上 1 个同样的茶杯，天平会发生什么变化？”“两边都拿掉 1 个花瓶，天平还保持平衡吗？”“左边墨水的数量扩大到原来的 2 倍，右边铅笔盒的数量也扩大到原来的 2 倍，天平还保持平衡吗？”“如果把两边的球都平均分成 2 份，各去掉 1 份，天平还保持平衡吗？”和一个提示性问题“你发现了什么？”

可见，本部分旨在通过动手实验、观察分析物体的增减变化，从而使学生的思维从天平联想到等式。从同时增加、减少相同质量的砝码，联想到同时加上或减去同一个数。从物体质量同时成倍扩大或缩小整数倍，联想到同时乘或除以同一个不为 0 的数。通过这样一个个联系的纽带，经历等式性质的形成过程，水到渠成地总结出等式的基本性质。

4. 解方程

方程的本质是未知数参与运算，建立起等式关系。使方程左右两边相等的未知数的值叫作方程的解。求方程的解的过程叫作解方程。解方程的关键在于转化，把新的问题化归为已经解决的问题，最终转化为 $x=a$ 的形式。解方程就是学生学习方程的一个重点。

解方程时，首先向学生展示的是方程的解、解方程这两个容易混淆的概念，教材用了5个不同的例题呈现出对五种不同类型方程的解答，从中不难发现解答方法是一致的。即运用等式的基本性质进行解答，并且这是教材中强调的小学生解方程的重要方法。同时，通过这5个例题也强调了用代入法的方式来进行验算。

例1强调用等式的加减性质解答形如 $x+b=c$ 的方程，并运用转化思想解答形如 $x-a=b$ 的方程，同时建立方程的解与解方程两个概念。例2强调用等式的乘除性质解答形如 $ax=b$（$a\neq 0$）的方程，同时要让学生尝试解答形如 $x\div a=b$（$a\neq 0$）的方程。例3强调解答形如 $a-x=b$ 的方程，但更重要的是让学生通过转化的思想，联系例3的解答，尝试解答形如 $a\div x=b$ 的方程。例4、例5是转化思想，运用整体意识解答具有较复杂数量关系的方程。可见，利用等式的基本性质解方程体现了代数思维，关注的是方程的结构与关系，与中学数学中的解方程能够较好地衔接。

5. 实际问题与方程

本部分内容培养学生运用数学知识解决实际问题的能力。列方程解决实际问题的关键是等量关系式的建立，而等量关系式是方程的文字化表述，方程是把等量关系式进行符号化的过程。

例1通过简单的数量关系，展示形如 $x+b=c$ 的应用。同时告诉学生通过观察、运用，体会到列方程解题的基本方法和步骤，特别是要强调等量关系式对于列方程解题的重要性。例2通过对形如 $ax-b=c$ 方程的应用，使学生进一步体会到列方程解题的基本方法，更加体会到列方程解题的优越性。通过例1、例2的学习，引导学生总结列方程解题的三个基本步骤，突出等量关系式对于列方程的重要性。

后面三个例题都是列方程解答含有稍复杂数量关系的实际问题。例3解决的是运用形如 $ax\pm ab=c$ 这样的方程解决实际问题。例4运用两个未知数列形如 $ax\pm bx=c$ 的方程，并进行解答。例5强调在列方程之前可以通过线段图帮助学生理解数量关系，在此基础上再列方程并解方程。

教材在每道例题之后，都引导学生分析等量关系式，把等量关系式的文字语言转化为数学符号语言。这样引导学生把生活中的问题提炼，到数学的简洁表达，再到数学符号化，最终解决问题。经历这样的建模过程，有助于学生理解符号的使用是数学表达和进行数学思考的重要形式。

电子图书馆

蔡宏圣．和谐：小学数学教学设计的新视角——以“用字母表示数”的教学设计为例 [J]. 课程·教材·教法，2007（8）。

陈千举．在研究方程的日子里 [J]. 福建教育（小学版），2012（1）。

第 2 节 “比与比例”的课程理解与教材分析

一、课程理解

在小学阶段，对“比与比例”单元内容的教学要认真研读课程标准和教材，准确把握教学要求，做到既直观、清晰地揭示概念的核心内容和本质含义，又不拔高要求。

课程标准第二学段对“比与比例”的要求为：在实际情境中理解比及按比例分配的含义，并能解决简单的问题；通过具体情境，认识成正比例的量和成反比例的量；会根据给出的有正比例关系的数据在方格纸上画图，并会根据其中一个量的值估计另一个量的值；能找出生活中成正比例和成反比例关系量的实例，并进行交流。

课程标准在“第二学段”的“学段目标”中提出：“会独立思考，体会一些数学的基本思想”“尝试从日常生活中发现并提出简单的数学问题，并运用一些知识加以解决”“能探索分析和解决简单问题的有效方法，了解解决问题方法的多样性”“能回顾解决问题的过程，初步判断结果的合理性”“在运用数学知识和方法解决问题的过程中，认识数学的价值”。

二、教材主线

为了突出“比与比例”的独立性、重要性，人教版小学数学教材把这部分内容分成了 2 个独立单元。

1. “比”的教材主线

“比”的内容呈现在人教版数学教材六年级上册第四单元，本单元在教材中的编排具有承上启下的作用。

一方面，比是在学生已经理解了除法的意义与基本性质、分数的意义与基本性质，以及分数与除法的关系等知识，掌握了分数乘除法的计算方法，会解答分数除法实际问题的基础上进行教学的。这加强了知识之间的内在联系，有利于进一步巩固分数乘除法的有关知识。另一方面，比又是后面学习圆周率、百分数、比例等相关知识的基础。

比的内容主要有：比的意义，比的读写法，比与分数除法的关系；比的基本性质；求比值，化简比；按比分配解决实际问题等。下面我们来分析一下前两项内容。

（1）认识比的意义

教材先给出两面长方形小旗的尺寸的相关数据，引导学生讨论长与宽的关系：怎样用算式表示长和宽倍数的关系？在此基础上直接指出：可以用比来表示它们之间的关系，由此引出同类量的比。如果仅从形式上看，比是除法关系的另一种表示方式，这为学生认识比和除法、分数之间的关系奠定了基础。

接下来，教材介绍飞船的运行路程与时间，用除法表示出飞船进入运行轨道后的速度。在此基础上，直接指出“还可以用比来表示路程和时间的关系”，引出非同类量的比，使学生进一步认识比的意义以及比和除法的关系。

教材认为，可以在用比来表示两个同类量或不同类量相除的关系的基础上，直接抽象出比的意义：两个数的比表示两个数相除。这一意义是后面求比值、推导比的基本性质的理论基础。

比和除法、分数有着密切的联系，但又不完全等同。比更强调的是量与量之间的倍比关系的直接描述，有时并不关注具体比值是多少。而除法、分数更多的是强调两个量之间的一种运算关系，通常也会关注运算的结果。此外，我们用比可以同时表示两个、三个甚至更多的量之间的倍比关系，而除法、分数一般只能表示两个量之间的倍比关系。

（2）比的基本性质

教材通过“做一做”对商不变性质和分数的基本性质进行了回顾，在此基础上，启发学生根据比和除法、分数的关系思考：“在比中有什么样的规律？”

首先，通过比较比值，直接看出 6∶8 和 12∶16 这两个比的比值相等，同时也能看出这两个比的比值和 3∶4 的比值也是相等的。

接下来，让学生探究两个比的比值相等的内在原因。教材给出了根据比和除法的关系类推的过程，再让学生根据比和分数的关系自主探究。在此基础上，概括出比的基本性质。

2.“比例”的教材主线

“比例”是人教版数学教材六年级下册第三单元，本单元是六年级下册的重点单元。本单元是在学习了比的有关知识并掌握了一些常见数量关系的基础上，学习比例的有关知识及其应用。比例的知识是除法、分数、比、方程等知识的综合与提升，并为学生进一步学习打下了坚实的基础。

比例在生活和生产中有着广泛的应用。例如，绘制地图需要应用比例尺的知识。比例的知识还是进一步学习中学数学、物理、化学等知识的基础。另外，通过对正比例与反比例知识的学习，还可以加深学生对数量之间关系的认识，渗透函数思维，进行辩证唯物主义观点的启蒙教育。

本单元的内容主要包括：比例的意义和基本性质；正比例和反比例；比例的应用（图 7-2-1）。下面我们来分析一下前两项内容。

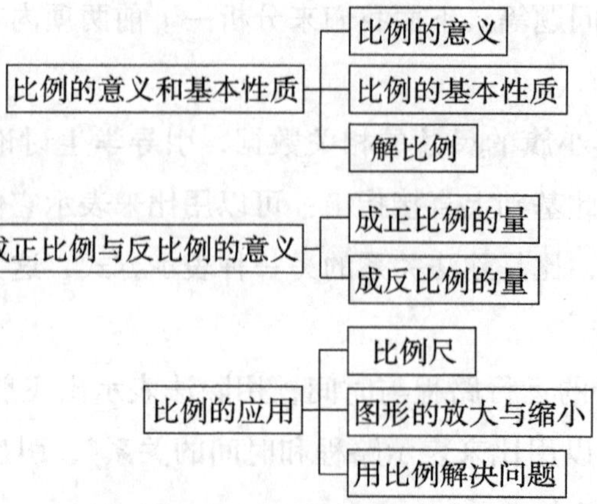

图 7-2-1 “比例”的教材主线

（1）比例的意义和性质

对于“比例的意义”，教材从三个层次设置内容。

首先，教材提供了一组有关国旗话题的真实情境，并分别标注出每个情境中的国旗的长和宽。这些情境为学生所熟悉，自然促使学生运用经验和直观表象联想到这三种国旗虽然大小不同，但它们的形状却相同，隐含图形的相似特点。

接着，在问题“上图中操场上和教室里的两面国旗长和宽的比值有什么关系？”的引导下，学生展开计算活动，求出每一面国旗长与宽的比值。“你能发现什么？”进一步促使学生对所得数据进行比较分析，得出比值相等的结论。然后，在此基础上揭示比例的概念。

最后，依据小精灵提出的“在上图的三面国旗的尺寸中，还有哪些比可以组成比例？”让学生利用比例的概念解决问题，计算并观察相应量的比值是否相等。

（2）比例的基本性质

对于“比例的基本性质”，教材从三个层次设置内容。

首先，教材呈现了比例的典型形式，介绍了比例各部分的名称，然后介绍比例的分数形式及其内外项，使学生清晰地发现比例的内项与外项并不会因为比例形式的改变而变化，并且正好形成交叉关系。

其次，教材先提出要求与问题“计算下面比例中两个外项的积和两个内项的积。比较一下，你能发现什么？”引导学生通过计算发现这两个比例中，两个外项之积等于两个内项之积，接着要求学生举例验证自己的发现。

最后，在学生列举众多例子的验证中，通过合作交流与分享，自然抽象概括总结出比例的基本性质，并随着小精灵的提问“你能用字母表示这个性质吗？”激发学生对比例的基本性质进行进一步的抽象概括，用字母表示比例的基本性质。

3. 正比例

教材将标题设置为“正比例”，更加突出量与量之间的“关系”，充分体现函数思维。教材着重探讨总价与数量两个量之间的关系，通过表格中的数据和三个问题，使学生认识了成正比例关系量的关系要点：有两个量，且是相关联的量，一个量随着另一个量的变化而变化；两个量之间的比值不变。

在此基础上，揭示什么是成正比例的量（总价与数量），什么是正比例关系（总价与数量的关系）。最后，教材利用数学化的字母符号来表征这一变化规律，使学生体会抽象与模型的数学思想。

在理解正比例关系的意义之后，教材安排了让学生认识正比例关系图象，并要求学生利用图象解决简单的问题。让学生体会正比例图象的特点和作用，加深对正比例的认识，同时充分体现了函数思维和数形结合的方法。最后，教材让学生找一找生活中成正比例的量，找到变化的量与不变的量，使学生加深对正比例关系的理解。

三、教材研读

下面我们以人教版小学数学六年级下册教材中“正比例”的内容为例，来谈谈“比与比例”的教材研读。这部分内容是学习“正比例的意义”，了解常量与变量（当然不必出现这个名词），初步体会函数的思维方式（图 7-2-2）。

首先，教材创设文具店出售铅笔的情境，让学生观察销售数量与总价之间的关系，引出数量与总价之间的对应关系。在购物情境中，总价、数量与单价的数量关系是学生非常熟悉的，这样的引入既符合学生的认知经验，又揭示了正比例与日常生活的联系。

其次，教材通过表格中的数据和三个问题，揭示了正比例关系的要点。第一，有两个变量，而且是相关的量，其中一个量伴随着另一个量的变化而变化。第二，不管这两个量怎样变化，它们之间的比值始终不变（一个量除以另一个量所得的商始终不变）。通过具体的实例，让学生认识变量与常量，理解“变中有不变”的数学规律。

最后，进行抽象的概括，利用数学化的字母符号来表征这一变化规律，使学生体会抽象和模型的数学思想。

通过教材分析，可以发现：正比例的教学要让学生经历概念形成的全过程。概念的形成是通过对具体事物的感知辨别，抽象概括形成概念的过程，是整个概念教学过程中最重要的一步。因此，在教学中要特别重视帮助学生经历数学概念的形成，即帮助学生感受、体验发现事物本质属性或规律的过程，获得必需的数学基本思想和基本活动经验。

例如，在正比例教学时，可以让学生经历“问题情境—观察比较计算—发现规律—得到正比例关系式—类比拓展”的过程。

（1）引导观察、计算，表征感知概念

出示例 1，利用学生较熟悉的数量关系（单价、数量、总价），让学生观察，找出规律。并借助教材中的三个问题，适时提问“你能发现什么？”引导学生用多种方式表征，初步感受“一个量增加，另一个量也随着增加”以及比值不变，为后面学生的进一步发现学习提供充分的心理准备与知识准备。

正比例

1

文具店有一种彩带，销售的数量与总价的关系如下表。

数量 /m	1	2	3	4	5	6	7	8	…
总价 / 元	3.5	7	10.5	14	17.5	21	24.5	28	…

根据上表，回答下面的问题。

（1）表中有哪两种量？

（2）总价是怎样随着数量的变化而变化的？

（3）相应的总价与数量的比分别是多少？比值是多少？

从上表可以看出，总价与数量是两种相关联的量，总价随着数量的变化而变化，而且总价与相应数量的比值总是一定的，$\frac{3.5}{1}=\frac{7}{2}=\frac{10.5}{3}=\cdots=3.5$。比值3.5，实际就是彩带的单价。

用式子表示它们的关系就是：$\frac{总价}{数量}=单价$。

像这样，两种相关联的量，一种量变化，另一种量也随着变化，如果这两种量中相对应的两个数的比值一定，这两种量就叫作成正比例的量，它们的关系叫作正比例关系。

上表中，总价和数量是成正比例的量，总价与数量成正比例关系。

如果用字母 y 和 x 表示两种相关联的量，用 k 表示它们的比值（一定），正比例关系可以用下面的式子表示：

$$\frac{y}{x}=k$$

图 7-2-2　人教版六年级下册“正比例”教材片段

（2）强化认识，正确建模

因为成正比例的量这个概念比较难理解，学生在短短的一节课中很难正确建模。因此，教学例 1 之后应根据教学需要和学生学习实际，自主开发一些新的教学内容，对学生的课本学习形成补充和拓展。

例如，老师这儿还有两张表格，请同学们认真观察后，任选其中一张表格，小组合作，共同完成老师提出的问题。

一列火车行驶的时间和所行的路程（表 7-2-1）：

表 7-2-1

时间 / 时	1	2	3	4	5	…
路程 / 千米	90	180	270	360	450	…

机械厂加工一批机器零件（表 7-2-2）：

表 7-2-2

工作时间 / 时	1	2	3	4	5	…
工作总量 / 个	20	40	60	80	100	…

讨论：表中的两种量是相关联的量吗？这两种量是怎样变化的？写出 3 组这两种量中相对应的两个数的比，并求出比值；说说你发现了什么。你能用数量关系式表示吗？给出几个提示问题让学生思考，表中的两种量是相关联的量吗？这两种量是怎样变化的？是否成正比例关系？你能用式子表示数量之间的关系吗？能用字母表示吗？

（3）找准把握概念的“关键词”，深化认识

为使学生更好地理解、把握、运用概念，概念归纳出来后，引导学生找准把握概念的“关键词”非常必要，而且十分有效。例如，提出“要判断两个量是不是成正比例的量，要具备哪几个条件？”引导学生用言语、图象、关系式等不同方式加以表征，以揭示概念的本质，加深对概念的理解。

电子图书馆

杨灵君．在对比中概括提升——“正比例的意义”教学实录与思考 [J]. 小学教学（数学版），2018（4）。

牛献礼．正本清源，回归本质——“比的认识”教学实践与思考 [J]. 小学教学研究，2019（1）。

第 3 节　“探索规律”的课程理解与教材分析

一、课程理解

《义务教育数学课程标准（2022 年版）》第一学段“探索规律”要求为，“探索简单的变化规律”，第二学段“探索规律”要求为“探索给定情境中隐含的规律或变化趋势”。

可见课标在表达“探索规律”的课程内容时，都用了“探索”这一表示过程目标的行为动词。“探索”是数学课程描述过程目标的最高等级动词，其基本含义是“独立或与他人合作参与特定

的数学活动，理解或提出问题，寻求解决问题的思路，发现对象的特征及其与相关对象的区别和联系，获得一定的理性认识”。

关于规律内容的表述，两个学段具有明显的层次性。第一学段只要求“探索简单情境下的变化规律”，如数字、字母或图形的排列规律。第二学段则要求“探索给定情境中隐含的规律或变化趋势”，如一段文字情境中蕴含的数学关系。可以这样认为，第一学段探索规律的情境比较直观，学生易于感知，规律易于发现。第二学段探索规律的情境相对比较复杂，规律相对比较隐蔽，需要学生具有更高的理解力和探索力来探索和发现。

“探索规律”是小学数学课程的重要内容之一，也是提升学生数学素养的重要载体。首先教师应剖析课标中对“探索规律”的相关要求，然后立足学生的整体发展，对教材“探索规律”的编排进行分析。教师要提供给学生合适的探索素材，注重探索规律方法的引导，希望能够促进学生对“探索规律”的意义理解。

义务教育阶段的数学课程，针对不同学段学生的认知和心理特征进行设计，激发学生学习的兴趣，培养学生的问题意识，利用从实际背景中抽象出的数学问题，不断提高学生数学建模、数学抽象、问题解决的能力。研究发现，“探索规律”内容的学习与关键能力、数学素养等的发展有密切联系。这些能力与素养是进行规律探索的前提，也能在规律探索的过程中得到不断提升。

二、教材主线

“探索规律”内容与教材中数与代数、图形与几何、统计与概率、综合与实践四个领域中的知识都有融合，下面将人教版小学数学教材中“探索规律”内容整理如表 7-3-1 所示。

人教版小学数学教科书的编排体系特别注重逐级递进，让学生的数学思维能力能够螺旋上升。人教版教科书不仅把“探索规律”渗透在数与代数、量与计量等知识板块中，增设“数学广角”为教学内容模块，试图系统地引导学生理解简单形式的规律，采用与生活联系较为紧密的事实呈现出来，向学生渗透各种数学思想方法。

表 7-3-1　人教版小学数学教科书“探索规律”内容体系

学段	册数	内容
第一学段	一年级上册	分类
	一年级下册	找规律
	二年级上册	简单的排列组合、逻辑推理
	二年级下册	找规律
	三年级上册	排列组合
	三年级下册	重叠问题、等量代换

续表

学段	册数	内容
第二学段	四年级上册	烙饼问题、排队论、田忌赛马
	四年级下册	植树问题
	五年级上册	数字编码
	五年级下册	找次品
	六年级上册	鸡兔同笼问题
	六年级下册	抽屉原理

纵观整个 12 册教科书中的“数学广角”，充分体现了思维层次从低到高、从具体到抽象的演进过程。

第一学段，“数学广角”出现了简单的排列组合、简单推理、集合思想等内容，让学生“在解决问题的过程中，能进行简单的、有条理的思考”，使学生在观察、实验、猜想、推理与交流的过程中，初步感受数学思维的奇妙与作用，逐步形成有序思考问题的意识，培养探索数学规律的兴趣与欲望，培育欣赏数学美的意识。

第二学段，注重渗透了数学规律背后的数学思想，如优化思想、对策论、植树问题、抽屉原理等。一方面，让学生感悟数学思想方法，感受数学的价值，培养学生的分析推理能力；另一方面，也注重加强了综合运用数学规律解决问题的教学，使学生逐步提升解决问题的能力。

“探索规律”内容是渗透性的，根据学生的认知特征，结合教材内容呈现的。人教版小学教材中，有以“找规律”为主要目的的教学任务，集中在每册教材的“数学广角”章节，旨在系统引导学生理解简单形式的规律，采用与生活联系较为紧密的实例呈现出来，向学生渗透各种数学思想方法。

一年级没有设“数学广角”章节，但第七章课题题目为“找规律”，这是学生在 100 以内数的认识及加减法之后首次进行模式探究，为学生“找规律”提供了经验。很多相关探索规律题目都是通过以上基础模式演变而来的，这也让学生对“找规律”有更为深刻的认识，规律的形式有多种，但其实质就是寻找“变中的不变”。

“数学广角——搭配”是分二年级上册与三年级下册两部分学习。二年级上册是在较少元素中选取两个元素进行搭配，同时要考虑到元素之间的顺序问题，培养学生有条理地思考问题的习惯。三年级则是在较多的元素中进行选择搭配，通过列表、画线等方法，排除不可能事件或重复的事件，做到目标事件的不重不漏，这是学生进行规律探索的基本素养。

“数学广角——推理”“数学广角——集合”“数学广角——优化”“数学广角——找次品”“数学广角——鸽巢问题”与规律的探索没有直接联系。但这些内容所渗透的集合思想、排列组合思想、优化思想、抽屉原理等是培养学生分析问题、解决问题能力的主要途径，其中隐含的数学方法是进行复杂情境中规律探索的有力工具。

“数学广角——鸡兔同笼”是四年级下册内容，鸡兔同笼问题有多种解法，如假设法、方程法。教材中首先采用的方法是列表法。列出表格依次写出可能出现的鸡与兔只数的情况，学生在计算 3 次或 4 次后自然就会发现脚数随鸡、兔只数的变化规律。这是典型的三变量模式，是对函数思想、模型思想的渗透，而列表是探索这种规律的重要手段。在小学阶段我们更关注的是模型思想的第一个层次，即对数字或图形模式中变化规律或发展趋势的体验与辨别。本章内容中让学生感受到鸡、兔、腿数之间的相互依存关系是最重要的。

“探索规律”的独立单元主要以每册书“数学广角”形式呈现，系统地引导学生认识规律、利用规律、检验规律，以规律探索的能力为主要目的。但是分散在其他相关内容中的“探索规律”则可以看作一种工具，通过对相关知识的归纳、总结，得出某一类知识的共同特征。值得注意的是，规律性的知识往往不是孤立存在的，总与其他知识有着某种形式的联系，正是这种广泛的联系，使得“探索规律”在数学课程中普遍存在。

“探索规律”的内容是逐层递进的。按照情境中变量的个数可以将规律探索分为单变量模式、双变量模式与三变量模式。

数的认识与数的运算是进行单变量模式探索的前提，周期序列与递推序列是单变量模式的两种基本形式，要求学生能够进行规律的辨识与模式的扩充。

算式序列是典型的双变量模式。例如，商不变性质中“被除数与除数扩大或缩小相同的倍数（0 除外）商不变”。双变量模式在探索运算定律、运算性质中是很常见的。

三变量模式中非常经典的是“鸡兔同笼”问题，在学习用字母表示数后，函数思维的渗透非常自然。双变量与三变量模式都是在单变量模式的基础上进行探究的，双变量模式可以看作两个单变量模式，三变量模式可以看作三个单变量模式。只需再对变量之间的依存关系进行确定就可以对模式有较为具体的认识了。

三、教材研读

人教版小学数学教材六年级下册第五单元“数学广角——鸽巢问题”（图 7-3-1）采用直观的方式，介绍了“抽屉原理”①。该单元的主体由三个例题组成，例 1 描述的是最简单的“抽屉原理”，例 2 描述了“抽屉原理”更为一般的形式，例 3 是“抽屉原理”的具体应用。“做一做”和练习

① 关于“抽屉原理”：

把 3 个苹果放进 2 个抽屉，要么一个抽屉放进 2 个苹果，另一个抽屉放 1 个苹果，要么一个抽屉放进 3 个苹果，另一个抽屉放进 0 个苹果。这两种情况可以用一句话概括，那就是“有一个抽屉里至少放进了 2 个苹果”。

这是一个简单的生活事实，如果把它一般化，就可以得到“抽屉原理”。把多于 n 个物体任意分放进 n 个空抽屉里（n 是非零自然数），那么一定有一个抽屉中放进了至少 2 个物体。更一般地，把多于 kn 个物体任意分放进 n 个空抽屉里（k 是正整数），那么一定有一个抽屉中放进了至少（$k+1$）个物体。

“抽屉原理”最先是由 19 世纪德国数学家狄利克雷运用于解决数学问题的，又称“狄里克雷原理”，也称为“鸽巢原理”。“抽屉原理”的应用千变万化，它可以解决许多有趣的问题，因此，在数论、集合论、组合论中都得到了广泛的应用。

十二中安排了许多“抽屉原理”的变式练习，帮助学生加深对“抽屉原理”的理解，并学会利用“抽屉原理”解决简单的实际问题。

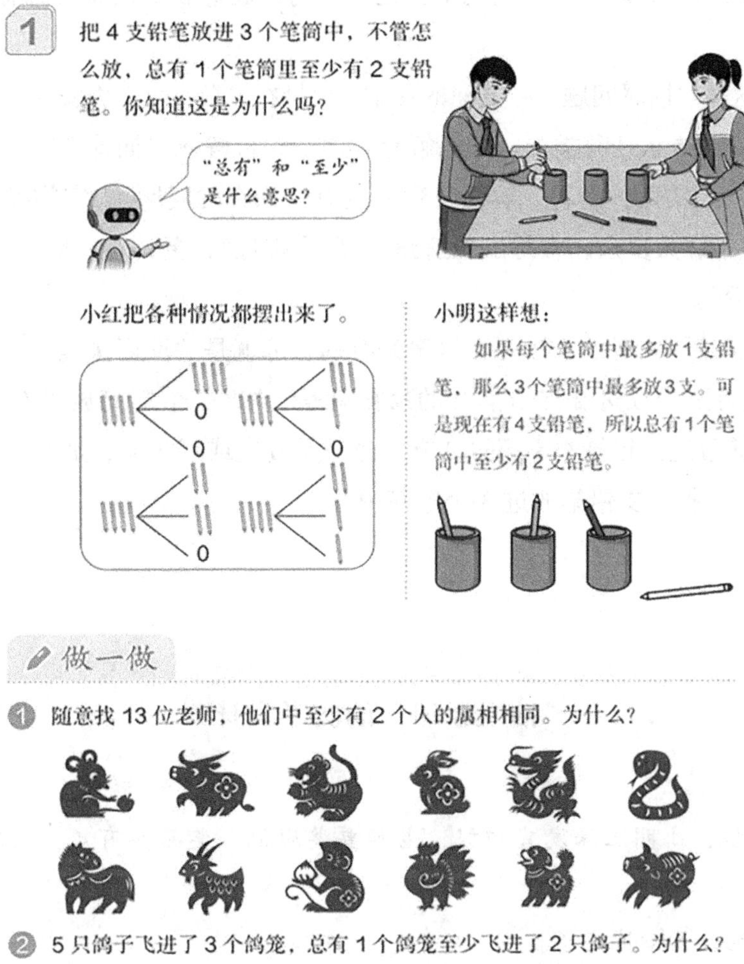

图 7-3-1　人教版六年级下册“数学广角——鸽巢问题”教材片段

首先，教材创设情境——抽牌游戏，目的是激发学生学习兴趣与探究欲望。这是一个比较复杂的运用抽屉原理解决的问题，教材将该问题进一步简化，称为例 1。这就是“把 4 支铅笔放进 3 个笔筒中，不管怎么放，总有一个笔筒至少放进 2 支铅笔”。

随后，教材进一步解释这个现象，用了两种学生容易想到和理解的方法进行阐述。

方法一，实物操作，用操作的方法进行枚举。通过直观地摆铅笔，发现把 4 支铅笔分配到 3 个文具盒中一共只有 4 种情况（在这里，只考虑存在性问题，即把 4 支铅笔不管放进哪个文具盒，都视为同一种情况）。在每一种情况中，都一定有一个文具盒中至少有 2 支铅笔。通过罗列实验的所有结果，就可以解释前面提出的疑问。实际上，从数的分解的角度来说，这种方法相当于把 4 分解成 3 个数，共有 4 种情况，即（4，0，0），（3，1，0），（2，2，0），（2，1，1）。每一种结果的 4 个数中，至少有一个数是不小于 2 的。

方法二，假设推理，采用的是“反证法”或“假设法”，进行抽象推理。假设先在每个文具盒中放 1 支铅笔，3 个文具盒里就放了 3 支铅笔。还剩下 1 支，放入任意一个文具盒，那么这个文具盒中就有 2 支铅笔了。

接着，类比抽象，把“4 支铅笔”看作“4 个要分放的物体”，“3 个文具盒”看作“3 个抽屉”。这个问题用“抽屉问题”的语言来描述就是：把 4 个物体放进 3 个抽屉，总有一个抽屉至少有 2 个物体。

最后，为了对这类“抽屉问题”有更深的理解，教材在“做一做”中安排了一个“鸽巢问题”。学生可以利用例题中的方法迁移类推，加以解释。之后，再解释“抽牌游戏”中的道理。

再次分析教材呈现的两种解释，容易发现一些有待探究的问题。“实物操作”比较直观，易于理解“至少”，但步骤太复杂，容易出现遗漏。“假设推理”，更具有一般性，过程也比较简单，但不利于理解“至少”。

有没有一种能够兼顾两者的方法呢？答案是有的，那就是“反证法”。

“总有一个笔筒至少放进 2 支铅笔”的反面就是，“每一个笔筒放进 0 支或者 1 支铅笔”。因此，假设每个笔筒放进的铅笔都不超过 2 支，也就是 0 支或者 1 支，那么 3 个笔筒最多能放进 3 支铅笔。这不符合“把 4 支铅笔放进 3 个笔筒中”。

拓展阅读

“抽屉原理”的教学设计①

一、初识原理

1. 呈现问题情境：小明上课发言积极，老师要奖励他，奖品共有 4 支铅笔。小明有以下两个选择。

①直接拿 2 支笔，开心地走了。

②老师会把这 4 支笔放入 3 个抽屉里（抽屉是敞开的）。等老师放好后，选择其中 1 个抽屉里的笔作为奖品。

2. 组织讨论：如果小明想得到尽可能多的铅笔，你建议小明怎样选择，请说明理由。

设计意图：问题情境中，小明是三年级的学生，让本节课的教学对象——六年级学生给小明选择建议。这是一个比较好的驱动探索的任务，也是一个富有挑战性的问题。把例 1 的“把 4 支铅笔放进 3 个笔筒中”改成“把 4 支笔放入 3 个抽屉里”，是为了让抽屉原理更符合学生思考的逻辑。

实践思考：一开始选择，学生的意见就产生了分歧。有的学生选择①，多数学生选择②，还有学生认为选择①②均可。有分歧说明学生对问题的认知有差异，就有讨论、分析的必要，这是引导学生卷入探究的强大动力。

在讨论过程中，学生需要罗列出所有可能的放法，并给出选择的理由。学生选择①的理由是：小明能拿到 2 支笔；选择②的想法是小明还是只能拿到 2 支笔，因为老师会按照（2，1，1）的数量放笔。

---

① 朱国荣：《“抽屉原理”教学的问题思考与实践改进》，载《小学教学（数学版）》，2019（Z1）。本书引用时做了适当修改。

这时，需要引导学生走出理解抽屉原理的一个重要误区，即不能把“把 4 支笔放入 3 个抽屉里”这个事件看成一个确定性事件。

学生需要结合情境理解：在小明做出选择前。老师还没有“把 4 支笔放入 3 个抽屉里”。老师的放法不唯一（如果只考虑铅笔的数量。不考虑抽屉的顺序，共有 4 种不同放法）。在小明做出选择前，他并不能确定老师会按照哪种方法放笔。

这也是选择②的学生所表达的理由：老师共有（4，0，0），（3，1，0），（2，2，0），（2，1，1）这 4 种放法；如果选择②，小明可能得到 2 支笔，也可能得到 3 支笔或者 4 支笔，进而引导学生更加简洁地表述为“至少有 2 支笔”，从而完成抽屉原理最为重要的一次抽象概括，初步理解“至少”的含义。

接着，教师结合 4 种放法追问：“不是还有 1 支和 0 支吗，为什么说至少有 2 支笔？”从而让学生理解“至少有 2 支笔”并不是要求每一种放法中所有抽屉里都要有 2 支笔，而只要“存在”至少 1 个抽屉就可以了。这样，学生对抽屉原理的第二个关键词“总有”也达成了初步理解。

至此，“把 4 支笔放入 3 个抽屉里，不管怎么放，总有 1 个抽屉里至少有 2 支笔”这个规律自然抽象概括出来了（图 7−3−2）。在这一过程中，学生不但初步理解了抽屉原理，掌握了两个关键词“总有”和“至少”的含义，还增强了对“变与不变思想”的体验感悟。

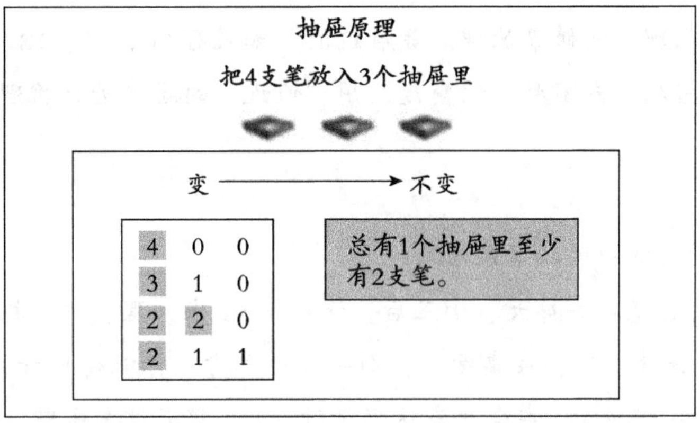

图 7−3−2

二、理解原理

1. 呈现问题情境：小玲的作业正确率高，老师也要奖励她，奖品共有 5 支铅笔。小玲有以下两个选择。

①直接拿 3 支铅笔，开心地走了。

②老师会把这 5 支铅笔放入 3 个抽屉里，等老师放好后，选择其中 1 个抽屉里的铅笔作为奖品。

2. 组织讨论：如果小玲想得到尽可能多的铅笔。你建议小玲怎样选择？请说明选择理由。

设计意图：采用问题情境串的设计形式，让教学更有整体性。“把 5 支铅笔放入 3 个抽屉里”，变化的是放法：（5，0，0），（4，1，0），（3，2，0），（3，1，1），（2，2，1）。不变依然是“不管怎么放，总有 1 个抽屉里至少有 2 支铅笔”。

实践思考：受前一情境的影响，几乎所有学生都会不假思索地选择②。这时，教师要求学生想一想老师所有可能的放法，并有序地写下来。再次交流时，几乎所有学生都改变了主意，建议小玲选择①。理由是：如果选择②，小玲会有只能得到2支铅笔的风险。

这时，教师追问：如果建议小玲选择②，有理由吗？让学生进一步明白选择②，虽然有只能得到2支铅笔的风险，但也有得4支或5支铅笔的希望，从而更加全面、深刻地理解“至少”的含义，进一步增强对“变与不变思想”的体验感悟。

通过深度讨论，学生逐步体悟到：有时候数学能帮助我们做出唯一确定的选择；但更多时候，数学只能帮助我们分析、厘清解决问题的思路；每个人还需要根据自己的意愿，决定选择“稳妥”，还是愿意“冒险”。

3. 介绍数学家狄利克雷发现抽屉原理的历史。

4. 解答抽屉原理的两个经典问题。

（1）把10个苹果放入9个抽屉，总有1个抽屉里至少放了（　　）个苹果。

教学时，通过追问“至少”的含义，引导学生经历用“假设”的思路进行推理的思维过程，清晰理解“最多中的最少”这一层意思。

（2）9只鸽子飞进5个鸽巢，总有1个鸽巢至少飞进（　　）只鸽子。

教学时，先追问“至少”的含义，强化对“最多中的最少”的理解。再追问“把什么看作抽屉”，从而告知抽屉原理又叫鸽巢原理。最后追问“如果有10、11、12、13、14、15、16只鸽子呢”，让学生初步掌握从“最不利”的角度，用“假设”的思路进行推理，快速找到答案。

三、应用巩固

1. 引导学生举例。

2. 玩一玩，扑克牌游戏中的抽屉原理。

先明确一副完整的扑克牌去掉大、小王后，还剩下52张，黑、红、梅、方各13张。指名让5个学生每人任意抽一张牌，反扣在桌面上，引导学生思考：你能得出什么结论？讨论后呈现规律：至少有2张牌是同一花色的。在学生表达思考过程后，揭开这5张牌，让学生进一步理解“至少”的含义，感悟抽屉原理的魅力。

3. 想一想，手机号码中的抽屉原理。

让学生将自己或爸爸、妈妈的手机号码写下来。思考：你能得出什么结论？讨论后呈现规律：至少有2个数字重复出现。在学生说明思考过程后，统计“2个、3个、4个数字重复”的情况，进一步加深学生对“至少”含义的理解。

4. 议一议，班级学生中的抽屉原理。

（1）任选3位同学，你想到了什么规律？思考与讨论后，呈现规律：至少有2位同学性别相同。

（2）任选13位同学，你又想到了什么规律？

思考与讨论后呈现：至少有2位同学出生的月份相同。教学时，还有学生表达为：至少有2位同学的星座相同，也是正确的。

电子图书馆

曹培英．“数学广角”教学的系列研究（八）[J]. 小学数学教育，2018（7）。

曹培英．“数学广角”教学的系列研究（九）[J]. 小学数学教育，2019（Z1）。

思考题

1. 请选择一个版本的小学数学教材（人教版除外），以“式与方程”为切入点，分析其内容主线。

2. 请选择一个版本的小学数学教材（人教版除外），以“比与比例”为切入点，分析其内容主线。

3. 请选择一个版本的小学数学教材（人教版除外），以“探索规律”为切入点，分析其内容主线。

4. 请选择小学数学教材中“探索规律”的具体内容，做教材分析，并提出一些教学建议。

5. 请选择小学数学教材中“用字母表示数”的具体内容，做教材分析，并写出教学设计。

第 8 章

“统计与概率”的课程理解与教材分析

本章结构

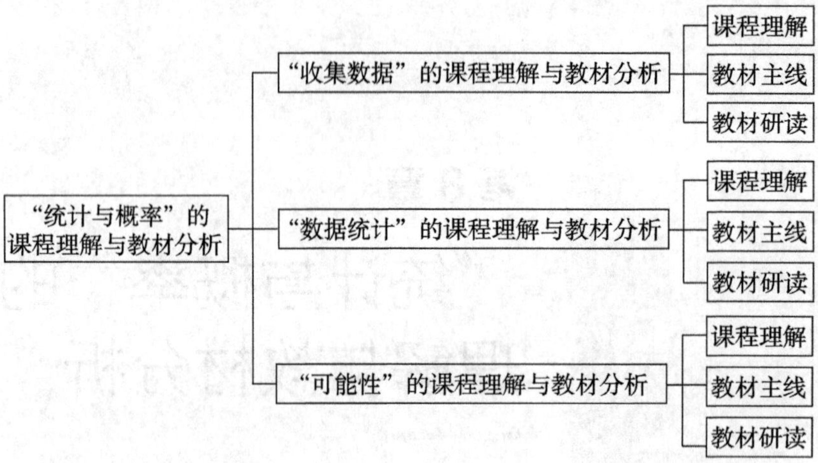

内容要点

◆统计的关键在于数据，要使学生了解数据的真实性和有效性，进而在数据分析的过程中理解数据的意义和对数据进行描述与判断的价值。

◆学生通过熟悉的、可操作的数据收集与整理的过程，体会数据产生的背景，对了解数据的意义，理解整理与分析数据对于进行判断与预测都具有重要作用。

◆小学阶段数据统计的内容主要是统计初步，包括常用的统计图、统计表和统计量。

◆通过可能性的学习，学生应该初步体验现实世界中存在着的不确定现象，知道事件发生的可能性是有大小的，并且多次试验会出现一些统计规律性。

第 1 节　“收集数据”的课程理解与教材分析

一、课程理解

统计的关键在于数据，要使学生了解数据的真实性和有效性，进而在数据分析的过程中理解数据的意义和对数据进行描述与判断的价值。课程标准在两个学段都有对收集、整理数据的要求（具体见表 8-1-1）。经历数据的收集、整理过程，是学生学习统计的重要环节。通过学生熟悉的、可操作的数据收集的过程，学生亲自参与数据的收集、整理，体会数据是怎样产生的，数据的背景是什么，对学生了解数据的意义，理解整理与分析数据的必要性，以及从数据特征进行判断与预测具有重要作用。

表 8-1-1　“收集数据”的要求

第一学段	第二学段
1. 能根据给定的标准或自己选定的标准，对事物或数据进行分类，感受分类与分类标准的关系。 2. 经历简单的数据收集和整理过程，了解调查、测量等收集数据的简单方法，并能用自己的方式（文字、图画、表格等）呈现整理数据的结果。 3. 通过对数据的简单分析，体会用数据进行表达与交流的作用，感受数据蕴含的信息。	1. 经历简单的收集、整理、描述和分析数据的过程（可使用计算器）。 2. 会根据实际问题设计简单的调查表，能选择适当的方法（如调查、试验、测量）收集数据。

“收集数据”在第一学段数据统计过程的内容比较简单，目的在于使学生初步了解数据的分类和简单的数据收集、整理过程。第一学段关于数据统计过程的要求包括两个方面：一是学会对事物或数据进行分类，感受分类与分类标准的关系；二是经历与体验数据收集和整理的过程，感受数据蕴含的信息。

从一组杂乱的数据中厘清线索，并从中了解蕴含的信息，首先要做的是对数据进行分类。而不同标准下的分类，会对数据的呈现和描述产生影响，所以选定分类标准再进行整理必不可少。学生应当根据数据的呈现方式，确定分类的标准，再按一定的标准对数据进行分类，学生经历数据收集和整理的全过程，有助于学生了解数据的产生，以及数据对于统计的重要价值。

二、教材主线

第一学段的“收集数据”有两部分内容：一是数据分类与整理，在一年级下册；二是数据收集与整理，在二年级下册。

一年级下册“分类与整理”为学生提供了熟悉的生活情境，使学生在情境学习中感受分类的意义，学会分类的方法。教学分类时要注意两点：一是要有具体的情境，选择和提供给学生熟悉的现实情境，特别是学生生活的情境；二是确定分类的标准，可以是给定的标准或者是学生自选的标准。在具体的教学中，要使学生了解确定标准对于分类的重要性，体验分类结果在单一标准下的一致性和不同标准下的多样性；要使学生经历简单的数据整理过程，能够用自己的方式（文字、图画、表格等）呈现分类的结果；要使学生能够对数据进行简单的分析，并能根据数据提出简单的问题。分类是学生接触数据分析的开始，也是统计的基础，选择合理的标准是分类教学中应重点关注的内容。

二年级下册的“数据收集整理”，教材依托学生熟悉的情境，以收集数据、记录数据和呈现数据为主，从中学习调查的方法并初步了解统计表，同时对数据进行简单的分析，从而使学生经历统计的全过程。在贴近生活的情境中经历简单的数据收集和整理的过程，使学生学会用调查法来收集数据。学会在分类的基础上用写“正”字的方法记录数据，认识简单的统计表，会用给定的统计表呈现和整理数据。通过对数据进行简单的分析，学生初步体会运用数据进行表达与交流的作用，感受数据中蕴含的信息。通过对周围现实生活中有关事例的调查，学生初步体会调查所得数据的作用，培养初步的数据分析观念。

三、教材研读

对于“数据收集整理”，小学数学教材中设计了具体问题情境，引导学生在具体的活动中经历数据收集与整理的过程。下面以人教版二年级下册“数据收集整理”（图 8-1-1）为例进行剖析。

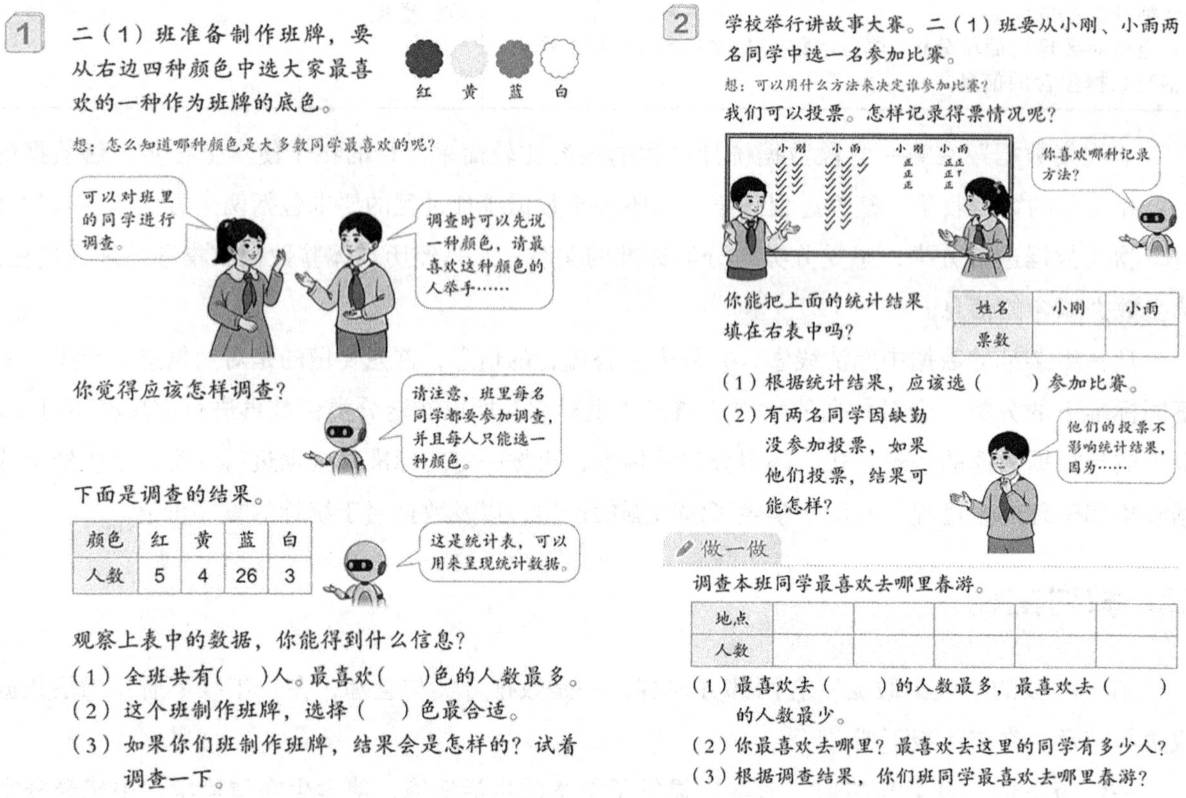
1 二（1）班准备制作班牌，要从右边四种颜色中选大家最喜欢的一种作为班牌的底色。

红 黄 蓝 白

想：怎么知道哪种颜色是大多数同学最喜欢的呢？

可以对班里的同学进行调查。

调查时可以先说一种颜色，请最喜欢这种颜色的人举手……

你觉得应该怎样调查？

请注意，班里每名同学都要参加调查，并且每人只能选一种颜色。

下面是调查的结果。

颜色	红	黄	蓝	白
人数	5	4	26	3

这是统计表，可以用来呈现统计数据。

观察上表中的数据，你能得到什么信息？

（1）全班共有（ ）人。最喜欢（ ）色的人数最多。

（2）这个班制作班牌，选择（ ）色最合适。

（3）如果你们班制作班牌，结果会是怎样的？试着调查一下。

2 学校举行讲故事大赛。二（1）班要从小刚、小雨两名同学中选一名参加比赛。

想：可以用什么方法来决定谁参加比赛？

我们可以投票。怎样记录得票情况呢？

小刚 小雨 小刚 小雨

你喜欢哪种记录方法？

你能把上面的统计结果填在右表中吗？

姓名	小刚	小雨
票数		

（1）根据统计结果，应该选（ ）参加比赛。

（2）有两名同学因缺勤没参加投票，如果他们投票，结果可能怎样？

他们的投票不影响统计结果，因为……

做一做

调查本班同学最喜欢去哪里春游。

地点					
人数					

（1）最喜欢去（ ）的人数最多，最喜欢去（ ）的人数最少。

（2）你最喜欢去哪里？最喜欢去这里的同学有多少人？

（3）根据调查结果，你们班同学最喜欢去哪里春游？

图 8-1-1 人教版二年级下册“数据收集整理”教材片段

教材示例引导学生用调查的方法了解多数学生喜欢哪种颜色的校服。学生可以选择自己的方法来收集数据，在这个过程中，学生体验数据是怎么来的，这些数据意味着什么。在教学中可以运用教材中的示例，也可以选择学校和班级周围学生熟悉的情境。重要的是每一位学生要亲自参与收集的过程，这样学生才能体验收集与整理的过程。

在教学中可以借助学生身边的例子，让学生体会数据调查、数据分析对于决策的作用。要根据学生讨论的实际情况进行灵活处理，没有对错之分，但要符合最初制订的教学目标。

拓展阅读

数据收集、整理与表示①

师：下面请同学看录像，然后汇报摩托车、客车和小轿车分别有多少辆（一分钟内路边经过很多辆客车和小轿车）。

师：录像看完了，谁来汇报一下，这三种车分别是多少辆？（同学们答不出）没有记录是吗？为什么没有记录啊？

生 1：车走得太快了。

师：那怎么办啊？

生 2：把机器放慢点。

师：噢，利用机器慢放。对不起呀，老师这台机器没有这个功能。那怎么办？怎样才能正确统计出这三种机动车分别是多少辆呢？用你自己喜欢的方法在 1 号纸上进行收集。准备好了吗？又要放录像了。

学生看录像，认真用笔记录。

评析：教师选择了现实的情境（一分钟之内通过多少辆不同的车），具体的过程可操作（请学生看录像，在课堂上可操作。如果让学生亲自统计十字路口，或者马路某一时段内经过的车辆，或者带领同学到马路现场，就会有安全和时间问题。而且观察的时间段不一定典型，录像则可以重放），重复观察，让所有学生都参与其中。

师：谁来汇报一下，你是用什么方法对各种车进行收集的？

生 3：我是用点点的方法进行收集的。

生 4：我是用画竖线的方法来收集的。

生 5：我是用画正字的方法来收集的。

生 6：我是用三个人合作的方法来收集的，他数摩托车，他数小轿车，我数客车。

师：老师问你，现在你能不能完成这张统计表？（表 8-1-2）

表 8-1-2

车辆的名称	摩托车	客车	小轿车	合计
数量 / 辆				

生 6：能，我们在收集记录的时候就把数据统计出来了。

① 王雪峰，“数据的收集与整理”，第六届全国小学数学教学改革观摩课。本书引用时做了适当修改。

师：你们这种方法可以直接完成统计表，而其他同学没有完成。为什么呢？

生 7：因为我们对收集来的数据没有进行整理。

师：那接下来我们就对收集上来的数据进行整理。

学生汇报自己的整理过程。有的通过画三角形整理，一个三角形代表三辆车；有的通过画正字整理，一个正字表示五辆车。

师：请同学们回忆一下以上的统计过程我们是怎样进行的。

生 8：先收集数据，再整理数据，先用画对钩的方法收集数据。

师：通过画对钩、画正字的方法收集到的数据，在统计学上叫作原始数据。第一步收集原始数据，第二步整理数据，第三步画统计表。（板书）请同学们想一想，以上收集到的数据除了用统计表形式呈现出来，还有没有其他形式？

生 9：统计图。

师：很好。现在请同学们拿出 2 号纸，根据 1 号纸上的表格完成统计图。

学生绘制，到前面进行展示。

师：想一想，现在你完成的统计图与以前学习的有没有不一样的地方？

生 10：原来的统计图代表 1 辆车，现在的统计图代表 2 辆车。

师：如果数据很大，还可以代表 100 辆、1000 辆等更大的数。

评析：当学生有任务感的时候就更可能专心记录，不同的组有不同的记录方法，如画三角、正字等。学生在这个活动中，可以体验不同的收集数据的方法。收集的数据来源于现实生活，整理与表示是数学化的过程。收集和整理数据的过程要真实可操作，让学生在做的过程中体验。

电子图书馆

曹培英．小学数学“统计与概率”教学研究（一）[J]. 小学数学教育，2019（5）。

曹培英．小学数学“统计与概率”教学研究（二）[J]. 小学数学教育，2019（5）。

曹培英．小学数学“统计与概率”教学研究（三）[J]. 小学数学教育，2019（9）。

第 2 节 “数据统计”的课程理解与教材分析

一、课程理解

小学阶段数据统计的内容主要是统计初步，包括常用的统计图、统计表和统计量。课标在两个学段都有相应的内容（具体见表 8-2-1），依据学生的认知基础，循序渐进地安排学习内容。

表 8-2-1 “数据统计”的具体要求

第一学段	第二学段
1. 经历简单的数据收集和整理过程，了解调查、测量等收集数据的简单方法，并能用自己的方式（文字、图画、表格等）呈现整理数据的结果。 2. 通过对数据的简单分析，体会用数据进行表达与交流的作用，感受数据蕴含的信息，培养学生的数据分析观念。	1. 认识条形统计图、扇形统计图、折线统计图；能用条形统计图、折线统计图直观且有效地表示数据。 2. 体会平均数的作用，能计算平均数，能用自己的语言解释其实际意义。 3. 能从报纸杂志、电视等媒体中，有意识地获得一些数据信息，并能读懂简单的统计图表。 4. 能解释统计结果，根据结果做出简单的判断和预测，并能进行交流。

《义务教育数学课程标准（2022 年版）》中指出，“要注重所学内容与日常生活、社会环境和其他学科的密切联系，通过创设现实情境，使抽象的统计图表生活化、情趣化，使学生乐于接受”。“数据统计”正在这个过程中，理解统计的意义与价值，建立数据分析观念，将为今后进一步学习统计知识奠定良好的基础。

第一学段“数据统计”的内容比较少。主要通过让学生经历简单的数据收集和整理过程，学习收集数据的简单方法，并能用自己的方式呈现整理数据的结果。同时，通过对数据的简单分析，学生体会用数据在进行表达与交流中具有很重要的作用，初步感受数据蕴含的一些信息。

第二学段“数据统计”的内容比较多。学生将要较为全面地学习数据的收集、整理和呈现的过程，运用标准的统计图表来呈现数据，进而较为清晰地认识数据中所蕴含的信息，以及运用数据进行简单的预测。

二、教材主线

第二学段是“数据统计”是本领域的重点，教学的主要内容依统计表、统计图、平均数的顺序逐渐展开。

1. 统计表

三年级下册“复式统计表”，常用的统计表有单式统计表和复式统计表两种，单式统计表反映的是与某一种数量有关的数据；复式统计表反映的是与两种或者两种以上数量有关的数据。

通过二年级下册“数据收集整理”这一单元的学习，学生对收集数据、记录数据的方法已经有初步的体验，会将数据整理后填入单式统计表，并能根据统计表中的数据做简单的分析和解决有关问题，也积累了一定的经验。在此基础上，本单元的教学目的在于：让学生在具体的统计活动中认识复式统计表，能根据收集、整理的数据填写统计表，并能根据统计表的数据进行简单的分析。学生在认识、填写、分析复式统计表的过程中，进一步理解统计方法，培养数据分析观念。学生还会进一步体会统计与现实生活的密切联系，感受学习数学的乐趣，树立学好数学的信心。

本单元教学复式统计表，引导学生进一步体验统计的方法和意义。尤其是借助复式统计表的学习，进一步体会数据收集与整理的必要性以及数据分析方法的多样性，体会数据中蕴含的丰富信息及其应用价值。复式统计表是把两个（或多个）统计项目的数据合并在一张表上，并可清晰、明了地反映数据的情况。这种处理、呈现数据的方法，是学生以后学习复式条形统计图、复式折线统计图的基础。

2. 统计图

统计图对于数据整理非常重要，在现实中得到广泛应用。常用的统计图有条形统计图、折线统计图、扇形统计图（圆形统计图）三种形式。对于统计图的学习，可以鼓励学生用自己的方式对数据进行初步描述，然后再用标准的方式制作统计图，不断体会统计图的特点，培养学生从统计图中获得有用信息的能力。

（1）四年级“条形统计图”

条形统计图有单式条形统计图和复式条形统计图两种。单式条形统计图用来对比或表示一组数据或某一个数据的变化情况（四年级上册学习，见图 8-2-1），复式条形统计图则用来对比几组数据或表示几个数据的变化（四年级下册学习，见图 8-2-2）。

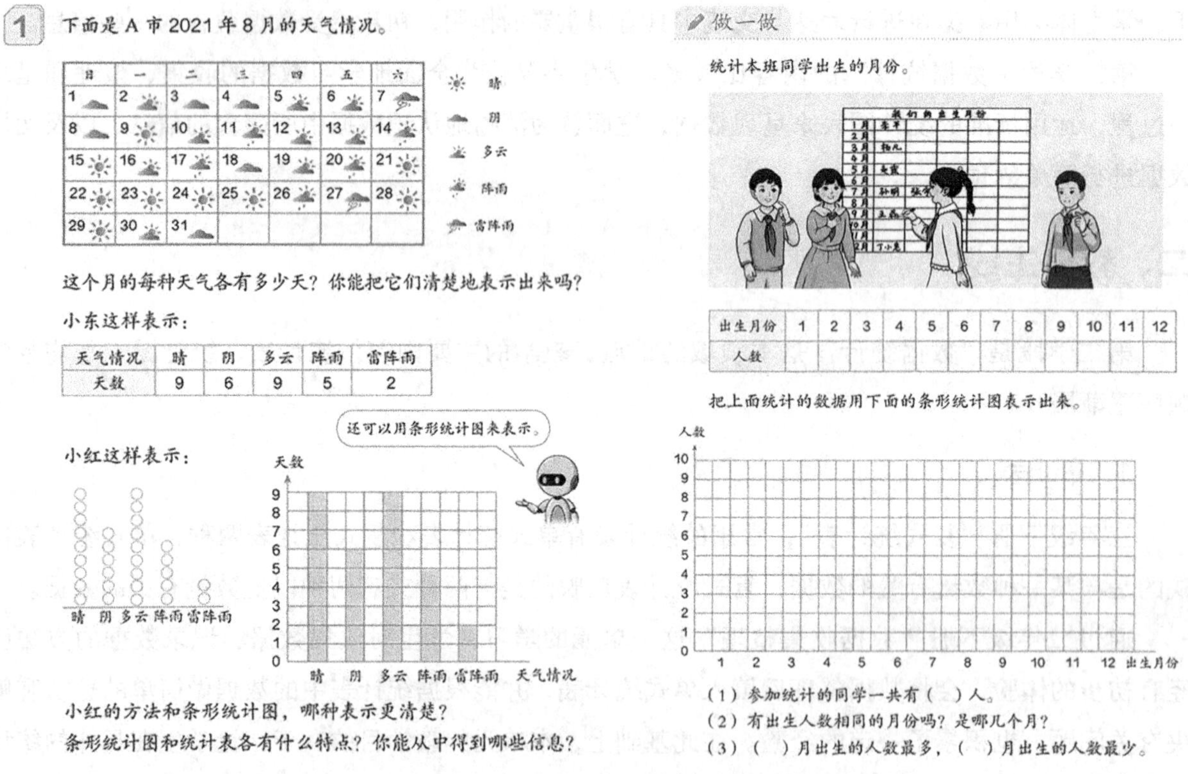

图 8-2-1　人教版四年级上册“条形统计图”教材片段

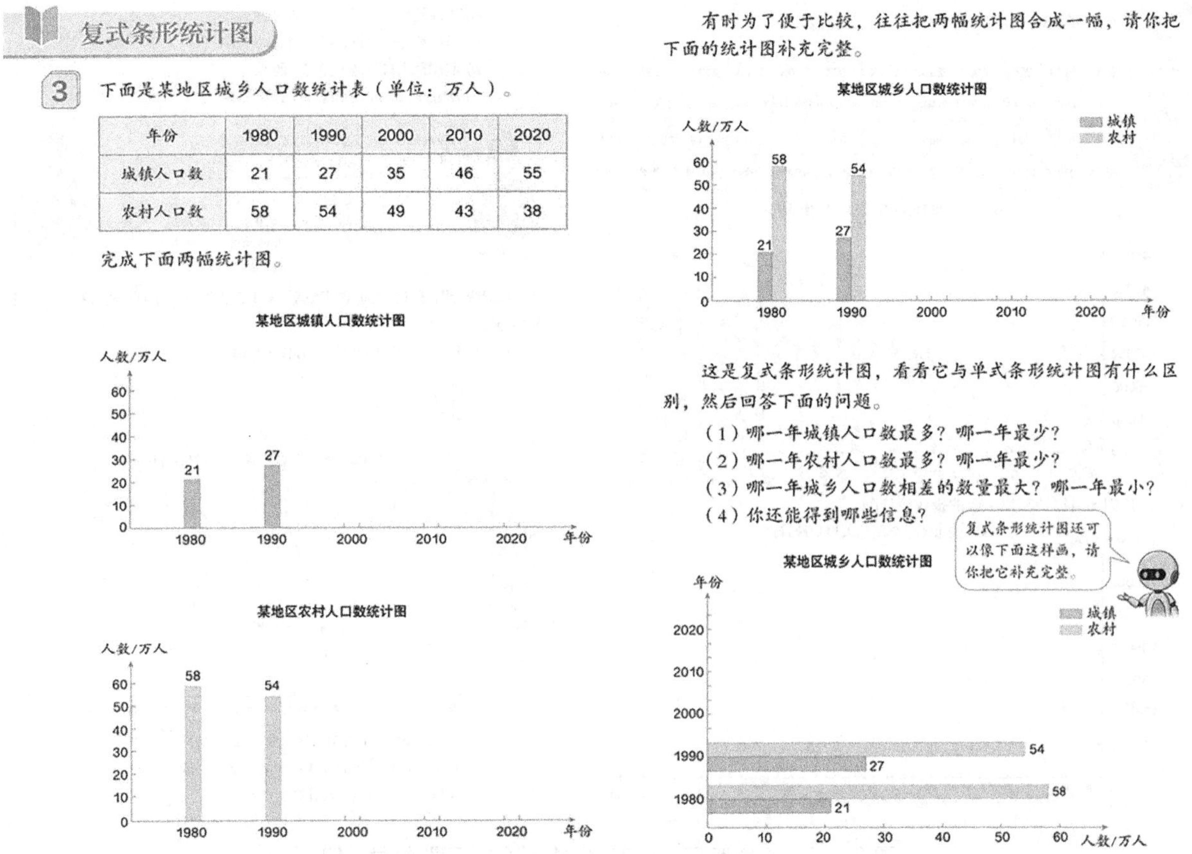

复式条形统计图

3 下面是某地区城乡人口数统计表（单位：万人）。

年份	1980	1990	2000	2010	2020
城镇人口数	21	27	35	46	55
农村人口数	58	54	49	43	38

完成下面两幅统计图。

有时为了便于比较，往往把两幅统计图合成一幅，请你把下面的统计图补充完整。

这是复式条形统计图，看看它与单式条形统计图有什么区别，然后回答下面的问题。

（1）哪一年城镇人口数最多？哪一年最少？
（2）哪一年农村人口数最多？哪一年最少？
（3）哪一年城乡人口数相差的数量最大？哪一年最小？
（4）你还能得到哪些信息？

图 8-2-2 四年级下册“复式条形统计图”教材片段

条形统计图用一个单位长度（如 1 厘米）表示一定的数据个数，根据其多少，画成长短相应成比例的矩形条，并按一定的顺序排列起来。条形统计图具有以下特点：第一，可以清晰看出各个数据的大小；第二，易于比较各数据之间的差别。

教材都通过现实问题导入，在统计表的基础上，说明数据可以利用条形统计图来表示，这样可以使收集到的数据更加直观、形象。这样既可以让学生体会两种不同的条形统计图在不同问题中的作用，还使学生感受到能够利用所学的数学知识解决实际生活中问题的乐趣。学生通过数据收集与整理的过程，培养统计意识、应用意识和实践能力。在实际教学中，也可以从收集数据开始，让学生用自己收集的数据制作统计图。

（2）五年级“折线统计图”

折线统计图是利用折线的上升或下降来表示统计数据的增减变化的统计图。折线统计图不仅可以表示数量的多少，还可以反映同一事物在不同时间里的变化。折线统计图虽然不能表示精确的数据，但其能够展示数据的变化趋势，反映事物的变化情况。

人教版教材在小学五年级下册学习“折线统计图”。采用单式条形统计图可以表示体温数据，但是如果想观察体温的变化趋势，单式条形统计图并不直观，由此引入折线统计图（图 8-2-3）。

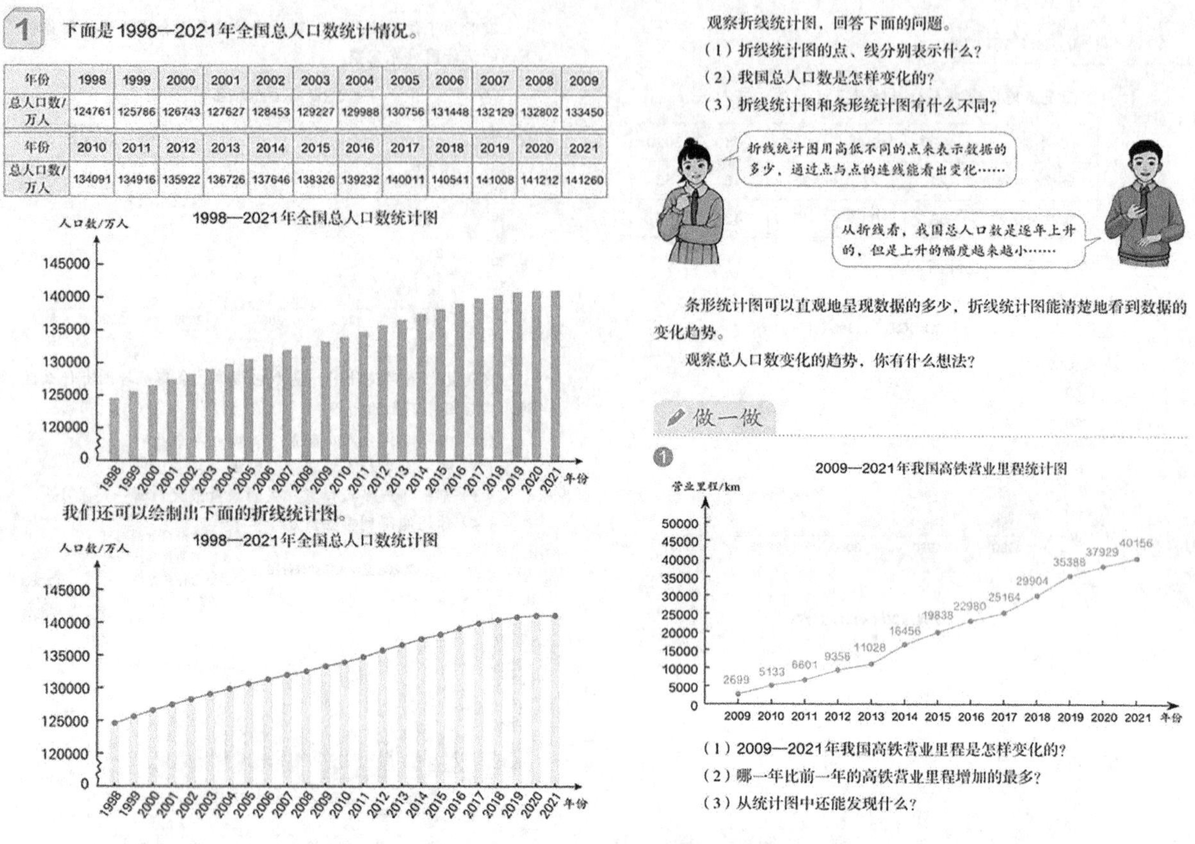

1 下面是1998—2021年全国总人口数统计情况。

年份	1998	1999	2000	2001	2002	2003	2004	2005	2006	2007	2008	2009
总人口数/万人	124761	125786	126743	127627	128453	129227	129988	130756	131448	132129	132802	133450

年份	2010	2011	2012	2013	2014	2015	2016	2017	2018	2019	2020	2021
总人口数/万人	134091	134916	135922	136726	137646	138326	139232	140011	140541	141008	141212	141260

我们还可以绘制出下面的折线统计图。

观察折线统计图，回答下面的问题。

（1）折线统计图的点、线分别表示什么？

（2）我国总人口数是怎样变化的？

（3）折线统计图和条形统计图有什么不同？

条形统计图可以直观地呈现数据的多少，折线统计图能清楚地看到数据的变化趋势。

观察总人口数变化的趋势，你有什么想法？

做一做

1

（1）2009—2021年我国高铁营业里程是怎样变化的？

（2）哪一年比前一年的高铁营业里程增加的最多？

（3）从统计图中还能发现什么？

图 8-2-3　人教版五年级下册“折线统计图”教材片段

学生通过前面的学习，对基本的统计过程和描述数据的方法有了一定的认识。因此在帮助学生建立折线统计图时，重要的是让学生体会折线统计图引入的必要性及其特点。通过与条形统计图做比较，学生可以感受折线统计图具有条形统计图无法替代的作用。

（3）六年级“扇形统计图”

扇形统计图是以一个圆的面积表示事物的总体，以扇形的面积表示占总体的百分数的统计图。扇形统计图用来表示部分与总体、部分与部分之间的数据比例关系。通过扇形统计图，可以看出每一部分的百分比。扇形统计图有以下特点：第一，能够看出各个部分在总体中所占的百分比；第二，能够看出每组数据相对于总体的大小。

课标只要求认识扇形统计图，并不要求制作，对其他两种统计图则要求“能用条形统计图、折线统计图直观有效地表示数据”。扇形统计图的学习以折线统计图、条形统计图以及圆的相关知识作为基础。

人教版教材在六年级上册学习“扇形统计图”（图 8-2-4）。展示扇形统计图时选用的是与百分比有关的数据，可以很好地反映扇形统计图的特点。扇形统计图的重点在于把握扇形统计图的特点及其与条形统计图、折线统计图的区别，即选择具有总体和部分关系的数据并用扇形统计图进行表示。

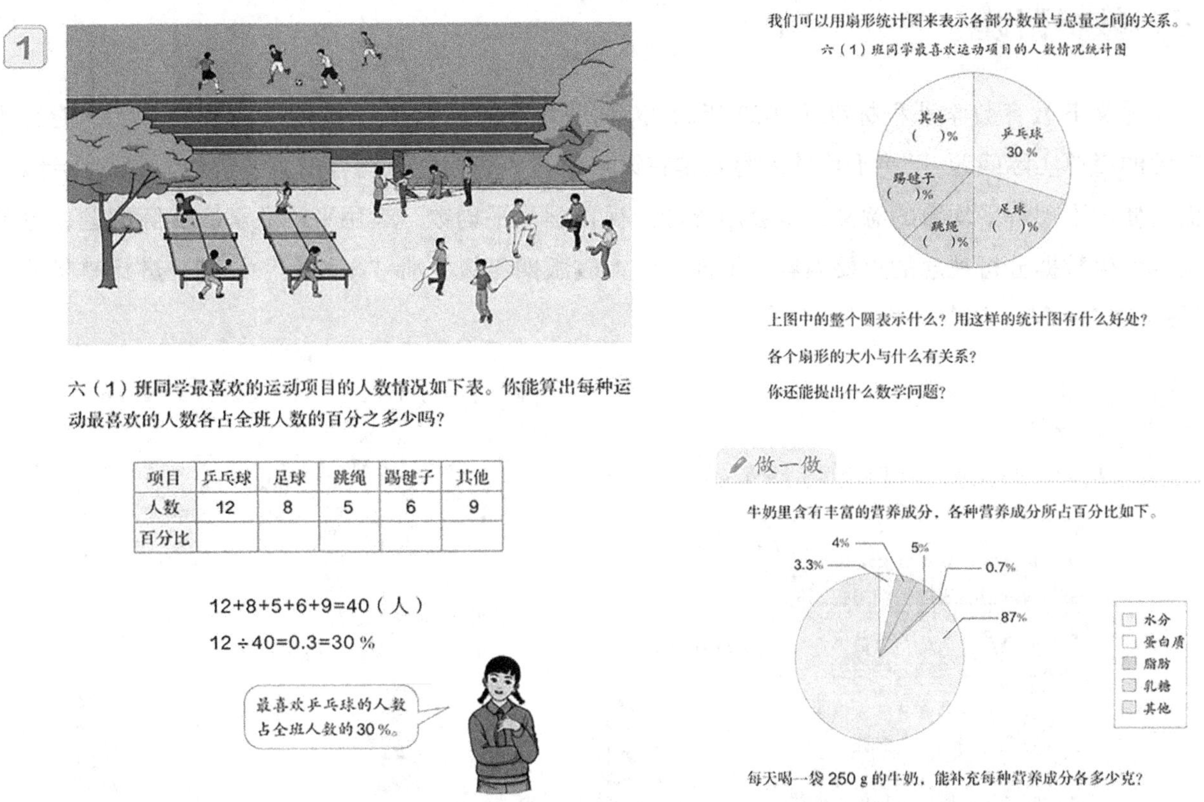

1

六（1）班同学最喜欢的运动项目的人数情况如下表。你能算出每种运动最喜欢的人数各占全班人数的百分之多少吗？

项目	乒乓球	足球	跳绳	踢毽子	其他
人数	12	8	5	6	9
百分比					

12+8+5+6+9=40（人）

12 ÷40=0.3=30 %

我们可以用扇形统计图来表示各部分数量与总量之间的关系。

上图中的整个圆表示什么？用这样的统计图有什么好处？

各个扇形的大小与什么有关系？

你还能提出什么数学问题？

做一做

牛奶里含有丰富的营养成分，各种营养成分所占百分比如下。

每天喝一袋 250 g 的牛奶，能补充每种营养成分各多少克？

图 8-2-4　人教版六年级上册“扇形统计图”教材片段

通过三种统计图的学习，学生应该认识到，条形统计图、折线统计图和扇形统计图在表示数据上有所不同，需要根据问题的性质和特征选择合适的统计分析方法。如果希望了解数据中不同类型量之间的差异，可以选择条形统计图。如果希望了解部分所占总体的百分比，可以选择扇形统计图。如果希望了解数据的变化趋势，可以选择折线统计图。

3. 平均数

平均数是一个重要的刻画数据集中趋势的统计量。小学阶段的平均数一般是指算术平均数，也就是一组数据的和除以这组数据的个数所得的商。我们既可以用它来反映一组数据的一般情况，也可以用它进行不同数据的比较，从而看出组与组之间的差别。

平均数作为统计量，在教材中展现的时候应该以数据为背景，让学生在数据之中感受平均数的含义。在日常生活中，有很多关于平均数的描述如平均速度、平均气温、平均增长率、职工平均工资、平均物价等，来显示事物的一般水平和均衡状态。

学生对平均数的学习，并不仅仅为了获得求平均数的技能，更重要的是从统计的视角，理解平均数的意义及其在现实生活中的作用，从而发展数据分析观念，发展模型思想，培养统计思维。

三、教材研读

《义务教育数学课程标准（2022年版）》对平均数的要求是："探索平均数的意义，能解决有关的简单实际问题。"将平均数内容安排在第二学段，表明这一内容的重要价值不是简单计算，而是使学生理解平均数的意义，学会用统计的视角学习平均数，运用平均数解决实际问题，也是培养学生数据分析观念的重要内容。下面，以人教版四年级下册"平均数"为例，进行教材分析（图8-2-5）。

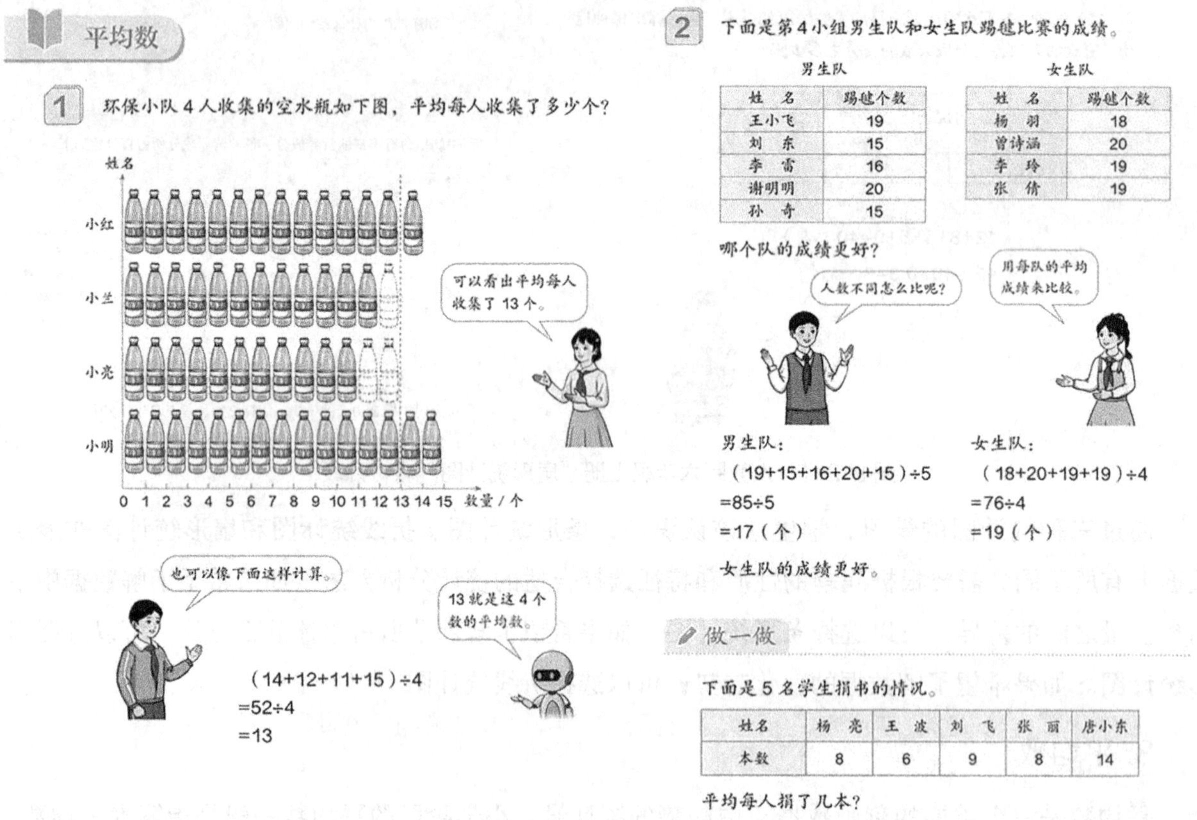
平均数

1 环保小队4人收集的空水瓶如下图，平均每人收集了多少个？

（14+12+11+15）÷4
=52÷4
=13

2 下面是第4小组男生队和女生队踢毽比赛的成绩。

男生队

姓 名	踢毽个数
王小飞	19
刘 东	15
李 雷	16
谢明明	20
孙 奇	15

女生队

姓 名	踢毽个数
杨 羽	18
曾诗涵	20
李 玲	19
张 倩	19

哪个队的成绩更好？

男生队：
（19+15+16+20+15）÷5
=85÷5
=17（个）

女生队：
（18+20+19+19）÷4
=76÷4
=19（个）

女生队的成绩更好。

做一做

下面是5名学生捐书的情况。

姓名	杨 亮	王 波	刘 飞	张 丽	唐小东
本数	8	6	9	8	14

平均每人捐了几本？

图8-2-5 人教版四年级下册"平均数"教材片段

对于每一组数据，都可以计算平均数。平均数可能是原始数据中的一个，也可能不是。由于平均数是基于一组数据中每个数据来进行计算的，因此平均数受到每个数据信息的影响，任何一个数据的改变都会在一定程度上引起平均数的变化，所以，平均数受极端值的影响很大，如果在一组数据中出现个别极端值，就会拉高或者拉低平均数的大小。

因此有时只看平均数并不能反映一组数据的全貌，特别是存在极端数据时，这时，除了考虑数据的平均数以外，还要参考数据的离散程度。平均数虽然不难计算，但关键是理解其意义。

平均数教学的关键在于发展学生数据分析的观念，帮助学生理解统计思想，利用平均数来刻画数据的集中趋势，体会平均数在解决问题过程中的意义与价值。学习平均数一定是在具体的情境中的，通过这一过程，学生不但可以体会平均数可以作为解决问题的重要依据，还可以感受平均数的意义以及数据的随机性。

利用平均数解决问题，是我们现实生活中的常见现象。但将平均数抽象在教学活动中，学生仍然会感到陌生，尤其是让学生从统计的角度去理解和掌握平均数的实际意义与现实作用。

因此，在小学阶段数学教学中，必须结合学生已有的生活经验以及认知发展水平，为其创设合理的教学情境。通过情境的导入，激发学生的学习兴趣，提供可以让学生充分参与的实践活动，使学生产生认知冲突，教学要调动学生的积极性，激发求知欲，引导学生通过数据收集与整理、数据分析等过程感悟平均数在实际生活中的价值与应用。学生要经历数学化的过程，实现数据分析观念的自我构建和发展。学生要能主动寻找生活中的平均数，运用平均数来解决实际问题，感受数学与生活的密切联系，从而获得对统计本质的认识。

拓展阅读

“平均数”的教学[①]

师：今天我们进行拍球比赛，分成两个队。

活动开始，取队名：战神队、冲锋队。

评析：从教学的安排和组织上看，教师选择拍球比赛作为问题情境，激发学生的兴趣，同时也能够保证学生可以真正地参与这个活动。

师：怎样比较哪队水平更高呢?

有学生想到在规定时间内每队同学各拍一遍，并加起来。还有学生提出每队派一个代表，看谁拍得多。

每队派一个选手比赛，学生开始比赛，教师计时。结果战神队拍了 28 个，冲锋队拍了 26 个。教师立刻宣布：战神队赢。

师：服气吗?

生：当然不服气，一个人不能代表全班的水平。

师：有没有更好的办法?

生：建议再各找几个同学比一比。

第二次每队再派三个选手比赛。

师：谁赢？怎么看出来的?

学生计算，冲锋队总共拍了 26+40+36+33=135 个，战神队总共拍了 28+29+34+46=137 个，通过算总数比较得出结果。

评析：学生发现，各选一名学生进行比赛，并不能代表一组学生的水平，这说明学生也从中体会到数据的随机性，经过讨论让多名学生加入其中。

师：老师想帮助冲锋队拍一次，行不行?

① 执教：吴正宪（北京教育科学研究院）。

结果冲锋队有 26+40+36+33+25=160 个了，于是教师宣布“冲锋队赢”。

师：服气吗?

学生摸摸脑袋，当然不服气了。有同学提出“如果我们队加一个人还能赢”。

评析：巧妙的设计是教师在之后也加入其中，总数发生了变化，学生发现不能只看总数，因为两组人数不同。怎样在人数不同时比较两组的拍球实力，成为核心问题。

师：当两个队人数不相等时，能不能统计出整体的水平呢?

有学生建议：算出总数，再除以总人数。

师：那么同学们动手算一算。

分别算出平均数为 32 和约 34，看看这两个队哪个队整体水平高。

生：战神队。

师：当两个队人数不相等时，可以用这种方法求出两个队队员拍球数量的平均数。其中 32 也就是这 5 个队员拍的平均数。今天我们就来研究有关平均数的知识。

评析：提出建议，总数不好比较时，算出总数，再除以总人数。这就自然产生平均数。需要强调的是，平均数的教学重点不是平均数的计算，而是理解平均数的意义。

电子图书馆

曾小平，韩龙淑．平均数的含义与教学 [J]. 教学月刊：小学版（数学），2012（9）。

施银燕．如何上出统计图的数学味——“条形统计图”教学实录 [J]. 小学教学（数学），2013（11）。

姚铁龙．小学数学嵌入式游戏课程的实践与思考——以“折线统计图”的教学为例 [J]. 小学教学（数学版），2019（9）。

刘加霞，赵岩．让学生成为自主建构与创造的主体——评张玉茜老师的“认识复式统计表”一课 [J]. 小学教学（数学版），2016（Z1）。

第 3 节 “可能性”的课程理解与教材分析

一、课程理解

义务教育阶段所涉及的随机现象都是简单随机现象，即所有可能发生的结果的个数是有限的，并且每一个结果发生的可能性大小相等。《义务教育数学课程标准（2022 年版）》中，这部分教学内容较少，但并不意味着这部分不重要。这部分内容，在小学阶段叫作“可能性”，初中阶段叫作“事件的概率”，其目的都是让学生理解概率的一些基本概念[①]，建立随机的观念。

《义务教育数学课程标准（2022 年版）》第一学段对“随机现象及其发生可能性”的要求如下：①结合具体情境，了解简单的随机现象；能列出简单的随机现象中所有可能发生的结果；②通过试验、游戏等活动，感受随机现象结果发生的可能性是有大小的，能对一些简单的随机现象发生的可能性大小做出定性描述，并能进行交流。

我们可以从两个层面理解课标的要求：一是了解简单的随机现象，列出简单随机现象可能性的结果；二是对随机现象发生可能性大小做出定性描述。

所谓了解简单随机现象，就是了解在现实世界中有一些现象是确定的，有一些现象是不确定的，而不确定的现象的发生是随机的，但对于不确定现象可以列出可能的结果，以及判定可能结果的大小来确定其规律。因此，让学生感受随机现象，并针对具体的随机现象列出可能的结果，是教学中应重点把握的内容。学生能列出可能的结果，就可以进一步判定可能结果的大小。

课标只要求用定性的方式描述大小，这是因为，小学所涉及的都是古典概型，古典概型的随机现象可以用一个分数来表示。例如，抛硬币正面向上的概率是二分之一。这样就可以用数量的方式描述随机事件的概率。但问题是，在实际操作的时候往往得到的是频率，而不是概率。

例如，表 8-3-1 是典型的抛硬币的试验结果。可以看出多次试验的结果频率都是在 0.5 左右，但不是恰恰等于 0.5，从数学上说明当试验次数无限大的时候，频率接近的值就是概率。问题是，在小学阶段所做的试验次数都是有限的，当学生得不到理论的数值时，就会对结果产生怀疑，对于学生的这种怀疑又很难用概率论解释，所以采用定性的描述是合理的。

表 8-3-1 硬币正面向上的频率变化趋势

实验者	投掷次数	面向上的次数	频率
德摩根	2048	1061	0.5181
布丰	4040	2048	0.5069
费勒	10000	4979	0.4979
皮尔逊	24000	12012	0.5005
罗曼诺夫斯基	80640	40173	0.4982

二、教材主线

“可能性”是学生学习统计性概率的开始，旨在引导学生借助统计方法，观察分析生活中的现象，初步体验现实世界中存在着不确定现象，认识事件发生的确定性和不确定性。人教版教

① 需要说明的是，在义务教育阶段，学生学习的概率都属于古典概型。也就是简单随机事件，所有可能发生的结果是有限的，每种结果的可能性是相同的，但在实验之前我们无法知道会出现哪种结果。例如，打麻将时掷骰子，正面朝上有 6 种可能，每种点数朝上的可能性相同，均为$\frac{1}{6}$。但是，在掷骰子之前，我们无法知道朝上的点数是几。

材本部分内容采用直线式组织形式，在五年级上册一次全部呈现（图 8-3-1）。本单元主要是教学事件发生的不确定性和可能性，使学生初步体验现实世界中存在着的不确定现象，知道事件发生的可能性是有大小的，并且多次试验可能性大小会出现一些统计规律性。

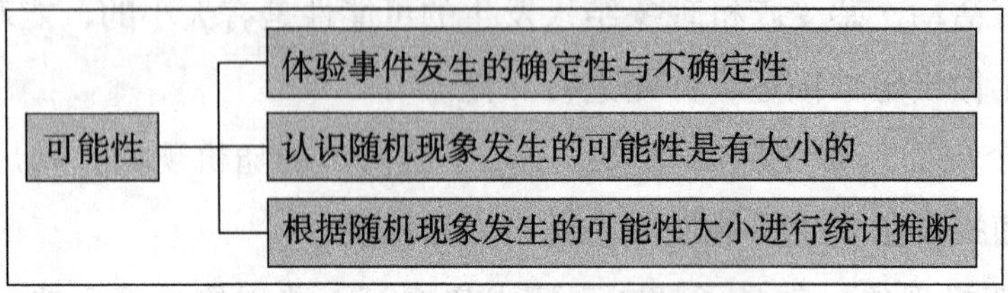

图 8-3-1　“可能性”的教材主线

1. 体验事件发生的确定性和不确定性

教材主题图通过联欢晚会上抽签表演节目的情境，让学生体会生活中存在着不确定性现象。例 1 与“抽签表演节目”的情境紧密相连，通过学生亲自抽签，体验事件发生的确定性和不确定性，在编排上分为三个层次。

首先，桌上有“唱歌”“跳舞”“朗诵”3 张卡片供学生抽取，让学生初步感受到抽到哪个节目不确定，有 3 种可能的结果。

其次，当一名学生抽到“跳舞”后，还剩“唱歌”和“朗诵”两张卡片时，第二名学生会抽到哪个节目仍然有不确定性，有 2 种可能的结果（可能会抽到“唱歌”，也可能会抽到“朗诵”），但与此同时，可以确定的是不可能抽到“跳舞”。此时让学生进一步感受事件发生的确定性和不确定性。

最后，当第二名学生抽到“朗诵”，还剩一张卡片时，学生通过逻辑推理，可以分析出最后一名学生不可能抽到“朗诵”或“跳舞”，一定会抽到“唱歌”，从而充分感知事件发生的确定性。

在整个抽签过程中，学生逐步体验在一定条件下，事件发生从不确定到确定的整个过程。这也让学生知道，可以用“不可能”“一定”描述事件发生的确定性，可以用“可能”描述事件发生的不确定性，并能列举所有可能的结果。学生在活动过程中，通过观察、实践、描述和交流充分感受事件发生的确定性和不确定性。

2. 认识随机现象发生的可能性是有大小的

首先，教材呈现一个装有两种颜色棋子的盒子并提出问题“闭上眼睛，随意摸出一个棋子，可能是什么颜色？”。其目的是让学生通过动手实验，找到并列出所有可能的结果，感受到每个棋子都有可能摸到，而且摸到的可能性是一样的。

其次，学生通过摸棋子的记录表与数据分析，数据的收集、整理、分析过程中，初步感受随机事件发生的统计规律性，并知道事件发生的可能性是有大小的。

最后，引导学生根据试验的统计结果对下一次试验的情况做出推测，让学生进一步感受可能性的大小。

要注意让学生明白：单次试验的结果是不确定的，但当大量重复试验就呈现一种规律。比如，老师可以提问：再摸一次一定能摸到红色的棋子吗？让学生体会：再摸一次，两种颜色的棋子都有可能，但是摸出红色的可能性大。

3. 根据随机现象发生的可能性大小进行统计推断

这是一个逆向推理，体会可能性的大小的价值。这里是根据摸棋子试验的统计结果来推测原来盒子里的棋子哪种颜色的多，通过实际验证，进一步体会随机事件发生的统计规律性，感受可能性的大小。

教学时可以分小组活动，记录统计的结果，从每次摸出的情况到小组统计的结果，最后到小组汇总的结果。学生感知和理解“试验次数足够多时，实验数据呈现出的统计规律性”。

三、教材研读

在每一次试验中，学生体验到结果的不确定性，但在重复若干次以后，便可以引导学生发现一些规律，这恰恰是统计的核心思想。因此，我们在讲可能性时，可以与统计相结合，让学生在统计的过程中感受随机思想，而正是结果的随机性，才导致结果出现的可能性有大小之分。下面，我们以“根据随机现象发生的可能性大小进行统计推断”的教材片段为例，来简单谈一谈如何进行教材研读（图 8-3-2）。

3　小组活动：在装有红、黄两种颜色小球的盒子里摸球，每个小组的盒子里装的球都一样。每次摸出一个球，记录下颜色，再放回去摇匀，重复20次。

下面是八个小组的统计情况。

小组	1	2	3	4	5	6	7	8	合计
摸出●的次数	15	16	12	18	15	16	14	17	123
摸出○的次数	5	4	8	2	5	4	6	3	37

盒子里可能是●多还是○多？

图 8-3-2　人教版五年级上册“可能性”教材片段

这是一段比较难分析的教材片段。一般情况下，我们会这样分析。

首先，重点是让学生根据摸球的试验结果来推测盒子里何种颜色的球多，并实际验证，进一步体会随机事件发生的统计规律性。

其次，提供了活动的场景要求，呈现了小组统计的数据，提示教师指导学生进行小组合作学习，使学生感知和理解在试验次数足够多时，试验数据呈现出的统计规律性。

最后，在学生试验的基础上，小精灵提出问题："盒子里是红球多还是黄球多？"目的是让学生根据试验的结果进行推测。可让学生猜测后再倒出盒子里的球看看，验证自己的猜测并思考。再摸一次，摸出哪种顺色的球可能性大？为什么？摸出的一定是红色的球吗？

如果真是这样，学生会觉得这段内容很无聊，"既然可以全部倒出盒子里的球来看看，为什么不一开始就直接倒出来？还要费那么大的周折摸球、记录、统计和分析，统计到底有什么用啊？"

实质上，该片段属于"根据随机现象发生的可能性大小进行统计推断"，重在利用统计结果进行推断。即利用比较简单、经济实惠的方法，利用可以看见的推测不可以看见的，利用可以摸出的推测不可以摸出的。

例如，要想知道一个水池里共养了多少条鱼，最直接的方法是把水池中的水抽干，把鱼全部捞出来，数一数一共有多少条鱼。但实际上，这种做法花费的本钱太大，结果过于残酷，一般不采用它。那就要问了，有没有一种简单的方法，不破坏鱼池和影响大部分鱼的生长，大致知道池中有多少条鱼呢？

方法是有的。比如，养鱼人第一次从池塘中捕捞一网共 40 条鱼，它们全被做上标记，然后放回池中。经过一段时间，等带标记的鱼完全混合于鱼群后，再第二次从池塘中捕捞一网，一共捕到 100 条鱼，其中带有标记的鱼有 2 条。那么可以根据比例知识，推算出该池塘中约有 2000 条鱼。

这样做比较简便易行，但可能存在较大误差。怎么办呢？我们可以捕捞一网数出做标记的和未做标记的，然后把鱼全部放回鱼池，等混合均匀后，再捕捞一网数出做标记的和未做标记的，然后把鱼全部放回鱼池，等混合均匀后，再捕捞一网……几次之后，计算出平均数，就可以更准确地估计出池中的鱼数。

我们再回头看教材片段，就会有与前面不同的理解。不透明的盒子里装有红、黄两种不同颜色的球。如果想知道每种颜色的球各有几个，或者它们的比例是多少，怎么办？如果不允许把球全部倒出来，用通常的方法就没办法解决这个问题了。可是，利用"可能性"的知识，根据随机现象发生的可能性大小进行统计推断，就可以解决这个问题。

把盒子中的球摇匀，从中随意摸出一个，摸到哪个球的可能性都是一样的。摸完之后，再放回去摇匀再摸。这样每次摸到每一个球的可能性都是一样的。如果摸 10 次，摸到 7 个红球 3 个黄球，那就可以从理论上推断盒子中红球与黄球的比可能为 7 : 3。但在实际操作中可能因各种原因，存在一定的偶然性，会产生误差。就像物理学中的测量，要减少误差，可以多次测量得平均值，就会很接近真实值。因此，多摸几次，次数越多，结果就可能更接近真实值。

因此，教材中每个小组摸球 20 次，每个小组的结果各不相同，可能无法确定盒中球的个数分布。如果把每个小组的结果加起来，计算平均值，很可能会接近盒中球的真实情况，即它们的个数比。而不仅仅是推测盒中哪种颜色的球个数多、哪种颜色的球个数少。

比如，教材片段中 $123 \div 8 = 15.375 \approx 15$，$37 \div 8 = 4.625 \approx 5$，我们就可以做出粗略的推测，盒子

中红球与黄球的比为 15 : 5=3 : 1。因此，在盒子中球个数不多的情况下，我们可以推测，“盒子中有 3 个红球 1 个黄球”。这就比得到“红球个数多黄球个数少”精确多了，也更有价值了。这就很好地体现了“可能性”的实际价值和统计推断的应用价值，也把“平均数”的一个重要价值体现出来了。这正是数学的奇妙之处。

电子图书馆

胡重光，许建刚．“可能性”的教材分析与教学实践 [J]. 小学教学（数学版），2016（10）。

张齐华．“可能性”教学实录 [J]. 小学教学（数学版），2011（5）。

朱国荣．间接经验与接受性学习——“可能性的大小”教学实践与思考 [J]. 小学教学（数学版），2013（Z1）。

思考题

1. 选择北师大版小学数学教材，分析“数据统计”的内容体系和编写特点。
2. 选择北师大版小学数学教材，分析“可能性”的内容体系和编写特点。
3. 选择北师大版小学数学教材中的“平均数”进行研读，分析教材以及对教学的启示。
4. 选择小学数学教材中的“折线统计图”进行研读，分析教材以及对教学的启示。

第 9 章

“综合与实践”的课程理解与教材分析

本章结构

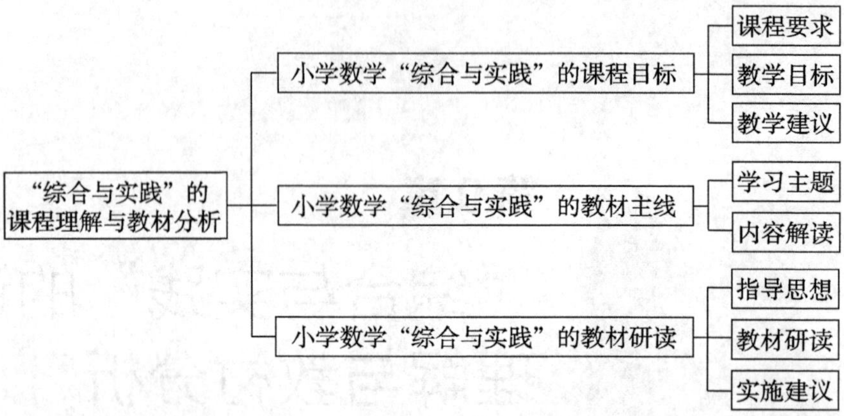

内容要点

◆“综合与实践”是对数学学科课程总目标四个方面的集中体现，是对知识技能、数学思考、问题解决、情感态度四个方面的联动体现。

◆“综合与实践”的目的在于培养学生综合运用有关的知识与方法解决实际问题，培养学生的问题意识、应用意识和创新意识，积累数学活动经验。

◆遵循小学生的认知规律和“综合与实践”的内在联系，小学数学教材是按照“感性—理性”“单一—综合”“源于生活情境—落脚于数学知识”的顺序安排学习内容的。

◆“综合与实践”的开展，一般要经历“提出问题—设计方案—操作实施—成果评价”四个活动过程，教师应创设有利于探索的问题情境，引导学生把问题转化成研究课题。

第 1 节 小学数学“综合与实践”的课程目标

一、课程要求

“综合与实践”部分是对数学学科课程总目标四个方面的集中体现。对“综合与实践”部分的数学主题展开探究时，知识技能、数学思考、问题解决、情感态度四方面是联动体现的，如果说在学习单一章节时，这四个方面根据具体内容会有侧重点，那么在“综合与实践”部分，这四点是密切联系、相互交融的有机整体。而学生是否有序地、有逻辑地兼顾这四个方面的整体应用，是衡量和评价学生是否具备良好数学素养的标志。对数学充满好奇心，喜欢数学学习，并拓展数学视野，这对学生的全面、持续、和谐发展有着重要意义。

“综合与实践”是对所学各模块知识的综合层面的应用和延伸，也是对未来更进一步的数学知识学习和综合应用做好铺垫。“综合与实践”部分已有的数学主题来源于生活，是大千世界错综复杂空间形式和数量关系的具体呈现。前人已经发现或发明的学科知识、技能、思想方法都是最基本、最重要、最常见的，而生活中遇到的具体数学背景问题是多样化的。基于已有数学知识经历独立思考、合作交流、问题解决等历程，在解决问题的同时形成数学素养，或者说凭借数学素养使得问题解决，这是一对相得益彰的事情。《义务教育数学课程标准（2022 年版）》对此有明确的要求（详见表 9-1-1）。

表 9-1-1 课标对“综合与实践”的要求

第一学段	第二学段
1. 通过实践活动，感受数学在日常生活中的作用，体验能够运用所学的知识和方法解决简单问题，获得初步的数学活动经验。 2. 在实践活动中，了解要解决的问题和解决问题的办法。 3. 经历实践操作的过程，进一步理解所学的内容。	1. 经历有目的、有设计、有步骤、有合作的实践活动。 2. 结合实际情境，体验发现和提出问题、分析和解决问题的过程。 3. 在给定目标下，感受针对具体问题提出设计思路、制定简单的方案解决问题的过程。 4. 通过应用和反思，进一步理解所用的知识和方法，了解所学知识之间的联系，获得数学活动经验。

通过《义务教育数学课程标准（2022 年版）》，可以发现，如果用一句话来总结本部分内容的本质，即积累数学“四基”中的“基本活动经验”。展开来说，两个学段对于各个阶段的要求是由浅入深、由低到高，既连续但又不断深入的过程。

第一学段，主要是通过参与实践活动本身来“感受数学在日常生活中的作用，体验运用所学解决简单问题，获得初步的数学活动经验”。可以发现对第一学段的要求强调“感受”“体验”“简单”“初步”这些词汇。这些词汇的提出是遵循小学生认知规律的。

第二学段目标更为明确地提出“经历有目的、有设计、有步骤、有合作的实践活动”。这个层面与第一阶段“体验”相比，是从感性到理性，从浅到深，从简单到复杂，从“没有”要求到有要求的跨越。另外，与第一阶段“了解要解决的问题和解决问题的办法”相比较，第二阶段明确提出“结合实际情境，体验发现和提出问题、分析和解决问题的过程”。如果说“了解”是第一阶段的目标，那么第二阶段则提出“发现”“提出”“分析”“解决”等字眼，从认知和思维层面都更深入、更高阶。

二、教学目标

《义务教育数学课程标准（2022年版）》在“课程内容”中指出：“综合与实践”内容设置的目的在于培养学生综合运用有关的知识与方法解决实际问题，培养学生的问题意识、应用意识和创新意识，积累学生的活动经验，提高学生解决问题的能力。

教材编著是再创造，而且历年来一直在反复修订的路上，其主线一般也是反复推敲、长期实践论证后得到的相对更优的模块划分和知识铺垫。为了侧重知识衔接的数学范式，每一章节的练习部分从定义、公式等根本知识的练习，一层一层地渗透知识的内涵和外延，在后面习题中一般会有与所学知识和生活密切相关的应用题。学生在循序渐进的学习中也逐渐感受着数学与现实生活的融合。但事实是，现实生活中遇到的数学并不是理想状态下、单一的数学知识的应用，而是会牵扯到很多真实细节和诸多因素。那么，“综合与实践”部分就是拓展和提升纯粹数学知识的理想模式，是从“基础数学”走向“运用数学”的极好载体。

并不是每一章节都有“综合与实践”，要对“综合”这个概念敏感。所谓“综合”即不是单一的，一定是需要多方面知识融合的；所谓“实践”即基于深度探究、思考、寻找最优解决方案等过程。那么，根据生活中的具体问题来提炼数学主题，在解决数学问题中提升数学能力、形成数学素养和发展数学兴趣就是我们追求的目标。

一般来说，解决方案可以是开放性的，重在全方位调动学生把已有经验，已有的知识、技能、思想方法等数学品质迁移到具体的综合问题中来的综合素养。人教版小学数学教材每一册中有一到两次的“综合与实践”内容。其目的正是逐步地培养学生综合运用有关的知识与方法解决实际问题，培养学生的问题意识、应用意识和创新意识，积累学生的活动经验，提高学生解决现实问题的能力。

《义务教育数学课程标准（2022年版）》在“课程内容”中指出：“综合与实践”是一类以问题为载体、以学生自主参与为主的学习活动。在学习活动中，学生将综合运用“数与代数”“图形与几何”“统计与概率”等知识和方法解决问题。

小学数学涉及的内容，无论是基本概念（如自然数、负数、有理数、点线面角等）还是基本法则（如四则运算、交换律、分配律、全等、距离等）都是最基本的、最本质的。而“综合与实践”是基于这些最基本、最本质的知识，以问题意识为引领，驱动学生在没有限定或者暗示此问题的数学背景或者数学知识的情况下，鼓励学生自主地思考和实践的学习活动。

一方面，“综合与实践”部分的问题更为开放，学生最多可以理解是考查前几章知识的综合应用，范围的扩大可以促使学生积极思考。另一方面，“综合与实践”部分相比较应用题来说是一个较大的问题，或者说是课题，需要探究和建模的思想，可以独立完成，也可以小组合作完成，但没有固定的答案。

好的问题会帮助学生不仅掌握基本知识、基本技能、基本思想，且能真正帮助学生体会基本活动经验的价值。这些品质在数学学科范畴内，巩固了“四基”，进而形成数学学科核心素养。在数学学科范畴外，可以将这种素养迁移到别的学科以及交叉学科，数学作为基础学科、工具学科的属性会在更大范围内体现出来。

“综合与实践”是一类以问题为载体、以学生自主参与为主的学习活动。它有别于学习具体知识的探索活动，更有别于课堂上教师的直接讲授。它是教师通过问题引领、学生全程参与、实践过程相对完整的学习活动。

积累数学活动经验、培养学生应用意识和创新意识是数学课程的重要目标，应贯穿整个数学课程之中。“综合与实践”是实现这些目标的重要和有效的载体。“综合与实践”的教学，重在实践、重在综合。重在实践是指在活动中，注重学生自主参与、全过程参与，重视学生积极动脑、动手、动口。重在综合是指在活动中，注重数学与生活实际、数学与其他学科、数学内部知识的联系和综合应用。

三、教学建议

教师在教学设计和实施时应特别关注的几个环节是：问题的选择，问题的展开过程，学生参与的方式，学生的合作交流，活动过程和结果的展示与评价等。……教师不仅要关注结果，更要关注过程，不要急于求成，要鼓励引导学生充分利用“综合与实践”的过程，积累活动经验、展现思考过程、交流收获体会、晚上数学认知和激发创造潜能。在实施过程中，教师要注意观察、积累、分析和反思，使“综合与实践”的实施成为提高教师自身和学生素养的互动过程。

狭义来说，“综合与实践”特指教材中呈现的内容和主题，每一学期教师引领学生全程参与、实践过程相对完整的学习活动。广义来讲，教师把某一节知识或主题遵循以问题为载体、以学生自主参与为主的学习活动都凸显着“综合与实践”的理念，都有注重综合和注重实践的意识。

面对一个主题式数学问题，第一位考查的是理解能力，即如何把文字中显性和隐性的信息梳理出来，俗称“审题”。事实上，在这个层面上来说，第一位考查的是语文功底，换句话说，这段文字的主旨大意理解了才能进入下一个层面。

在这里我们澄清一个论断，“数学是思维的体操”。我们想说，语文学科从语言表达、思维缜密、条分缕析方面对思维的高要求与数学学科在思维方面的要求是一样的，没有轻重之分。只是语文学科依靠语言文字及行文来呈现；数学学科依靠数学符号、公式、论证等逻辑演绎来展现。也就是说，数学素养落实真正好的学生，其语文素养也是到位的，没有基于理解的数学只能是低层次的、往复性的、无效的劳动。我们孜孜以求的是通过一门学科的学习，使其学科素养全方位成长。

那么，第二位是在理解文字的基础上高度抽象，厘清其传递的问题意识应该运用哪些数学知识来解决。这种能力是一个人数学素养的高度体现，因为即便理解了题意，知道在说什么事，需要什么结果，但是途径呢？不重不漏地运用数学思维，借助数学语言符号，把文字所传递的问题，转变为数学范式下的数学问题，而且用适当的数学语言表达，是基于理解能力好而且数学学科功底好才能完成。

第三位是通过探究、猜想、验证、分析、讨论等方式解决问题，往往这些问题是需要结合实际情况自主诠释、给出方案、论证解决的。

正是因为“综合与实践”部分不同于知识模块部分的显著特点，我们不能框定完成时间。我们鼓励学生源于对此数学主题的好奇而主动参与探究。我们鼓励学生积极动脑、大胆探索，充分调动自身脑、眼、手、口等多器官的能力，有思路地选择独立完成或者寻找小伙伴一起完成。

电子图书馆

陈明生．实践与综合应用特色题（第一学段）[J]．小学教学（数学版），2011（2）。

张莉．亲历测量过程 培养综合实践能力——以“校园中的测量”为例 [J]．小学教学（数学版），2018（12）。

第 2 节　小学数学“综合与实践”的教材主线

一、学习主题

数学学科所承载和涵盖的文化命脉、数学学科对科技进程、公民素养等的重要性毋庸置疑。作为成年人的数学家、数学教育家以及数学领域杰出的研究专家、教学名师等各方联手为未成年人编著科学、合理、符合学生认知规律和心理特征的数学课程和教材，以辅助数学教师们能驾驭好课堂教学，更好地传承数学学科包括事实、知识、结论和定理、方法与思想，从而发展其数学洞察力和数学思维的能力，形成我们期待的数学素养。

在这些方面，前面章节做了充分的梳理和探究，前面各个部分的课程内容有机的、有层次的生长为小学阶段学生在数学学科中汲取学科知识。但是，我们并不能停止在这个层面，我们要不断强调要使学生体验从实际背景中抽象出数学问题、构建数学模型、寻求结果、解决问题的过程。那么，每一册教材中“综合与实践”内容就是为通往更高级别的数学问题解决而精心设置的。

遵循小学生的认知规律和“综合与实践”之间的内在联系，小学数学教材是按照“感性—理性”“单一—综合”“源于生活情境—落脚于数学知识”的顺序安排学习内容的。彼此之间没有绝对的关联性，但是每一个主题都有相对关联性，涉及某几个章节的知识（例如，人教版小学数学“综合与实践”具体内容见表 9-2-1）。

表 9-2-1　“综合与实践”的学习主题

年级	上册	下册
一年级	数学乐园	摆一摆，想一想
二年级	量一量，比一比	小小设计师
三年级	数字编码	制作活动日历
		我们的校园
四年级	1 亿有多大	营养午餐
五年级	掷一掷	探索图形
		打电话
六年级	确定起跑线	生活与百分数
	节约用水	自行车里的数学

二、内容解读

一年级上册“综合与实践”的主题是“数学乐园”。这一主题设置在学习了位置、1～10 的认识和加减法、11～20 的认识、认识图形（立体）之后。从情境设置和语言描述来看这一主题，是紧密联系生活的，而又真切感受到数和数的加减法在日常生活中的体现。本主题与其说是“数学乐园”，不如说是“生活乐园中的数学”，从生活中司空见惯的情景呈现，让刚开始学习数学课程的一年级小学生对数学与生活的融合有切身体会和感触，把“冰冷”的课本和“火热”的生活联系起来。

一年级下册“综合与实践”的主题是“摆一摆，想一想”。这个主题是通过对计数器的理解迁移，借助表格，建立有序的思维品质。

二年级上册“综合与实践”的主题是“量一量，比一比”。主要是通过各种测量活动，帮助学生建立空间观念和量感。同时渗透简单加减法，体会计算在测量中的价值。

二年级下册“综合与实践”的主题是“小小设计师”。教师带领学生欣赏和感受与数学相关的美，具备数学欣赏能力也是数学素养的一部分。在欣赏美之上，我们尝试能否借助数学手段创作出数学美。这个数学主题也是开放且无边界的。我们旨在带领孩子们领略数学的美，具备数学欣赏或进一步具备数学鉴赏以及创造数学美的能力。

三年级上册“综合与实践”的主题是“数字编码”。主要是通过数字编码的现象和过程，体会数字编码的间接性和有序性，体会数学抽象的价值。

三年级下册“综合与实践”的主题是“制作活动日历”和“我们的校园”。“制作活动日历”这一主题是通过制作活动日历，让学生进一步体验年、月、日之间的内在联系。

四年级上册“综合与实践”的主题是“1 亿有多大”。在学习了“大数的认识”之后设置了这一章内容，旨在通过问题意识启发学生想象 1 亿究竟有多大，引领学生从纯粹的数学认知走向数字与情境的结合，逐渐形成良好的数感。

常常听到中国有多少亿人口，某项目投资几个亿资金，地球到月球距离多少等，我们对于较小的、与生活息息相关的量会更加敏感，可以捕捉，但是，对于很大的数就缺乏整体概念和认知。而建立一种连接，使得学生对远离生活情境但是却真实存在的数有更真切的认知是必要的，也是从有限到无限认知的必由之路。

这样一个开放性题目，恰恰能激发学生的探究品质，只要教师循序渐进地辅助学生建立好如何展开研究方案，让学生葆有兴趣地当作一个课题独立思考、探究、解答或者组建小组合作完成，他们一定会呈现很多精彩的方案，在这个时候，学生是主体，教师只需要履行好组织者的角色即可。

四年级下册“综合与实践”的主题是“营养午餐”。所谓营养午餐即营养师基于菜品的热量、脂肪、蛋白质等科学搭配。从幼儿园开始，孩子们已经被灌输这方面的常识了。在这一内容设置中可以体验和学习真正的统计、制图、分析、建议，把与生活息息相关的饮食问题从科学的层面做一次梳理，既有利于自身的饮食健康又是对数学知识的实践应用。

五年级上册“综合与实践”的主题是“掷一掷”。在学习完乘除法和可能性之后，通过掷骰子这个数学主题开展综合实践课是很接地气的数学情境。在小学阶段是通过对各种可能性都要不重不漏地考虑到，进而通过任意掷，观察图表，得出结论并给出诠释，这是为以后学概率论做一层一层地铺垫。本部分所选取的骰子许多同学都见过甚至玩过，但是对这 6 个面，1～6 这六个数是如何分布在每个面的，这也是带领学生探究思考的一个点。

五年级下册的“探索图形”，通过自主探究寻找每个小正方形所在的位置及其规律（表 9-2-2）。这样既对已学的观察物体和长方体、正方体部分做了巩固，也进一步扩展延伸，考查了学生基本活动经验。这个主题兼顾了平面与空间、代数与几何、观察与猜想、思考与实践等多方面的考查，是值得教师精心备课，带领学生一起实践完成的数学主题。

表 9-2-2

	三面涂色的块数	两面涂色的块数	一面涂色的块数	没有涂色的块数
①（边长为 2）	8	0	0	0
②（边长为 3）	8（8 个顶点）	12×1（12 条棱，每条棱上 2 个）	6×1^2（每个面除了周边一圈都是）	1^3（边长减少 2 后的正方体）
③（边长为 4）	8	12×2	6×2^2	2^3
④（边长为 5）	8	12×3	6×3^2	3^3
⑤（边长为 6）	8	12×4	6×4^2	4^3
⑥（边长为 n）	8	$12\times(n-2)$	$6\times(n-2)^2$	$(n-2)^3$

注：各种涂色数量之和为 $8+12\times(n-2)+6\times(n-2)^2+(n-2)\times3=n^3$。

五年级下册的“打电话”主题是生活中司空见惯的事情，平时更多的是凭借直觉去完成，至于方案是否最优没有上升到某个层面。但是，在本部分我们需要提取关键信息，提出多种解决方案，比较分析得出结论。在探讨最优方案时，学生可以从多个角度采用多种方法开展研究，大胆运用语言、符号、图示、算式等不同的方式来表征自己的思维过程，认识规律从复杂到简单，从低效到高效，从基本到优化。然后将打电话的设计方案抽象成示意图（图 9-2-1），培养学生的符号意识。再用列表格等方式发现隐含的规律，体会数形结合、推理、优化、模型等数学思想，培养学生归纳推理能力。最后，组织学生回顾与反思整个活动过程，明晰解决问题的步骤和方法，从而达到帮助学生积累活动经验、培养应用意识和创新意识的目的。

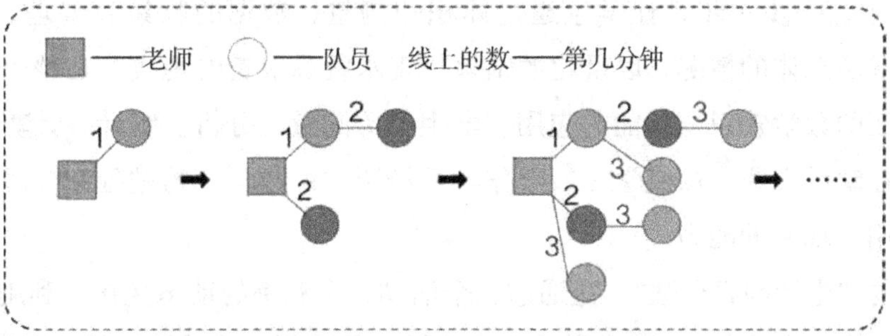

图 9-2-1　“打电话”的优化方案

六年级上册的“确定起跑线”，需要先观察 100 米与 400 米的起跑点异同，结合图形研究 400 米比赛的起跑线得前移多少米（图 9-2-2）。

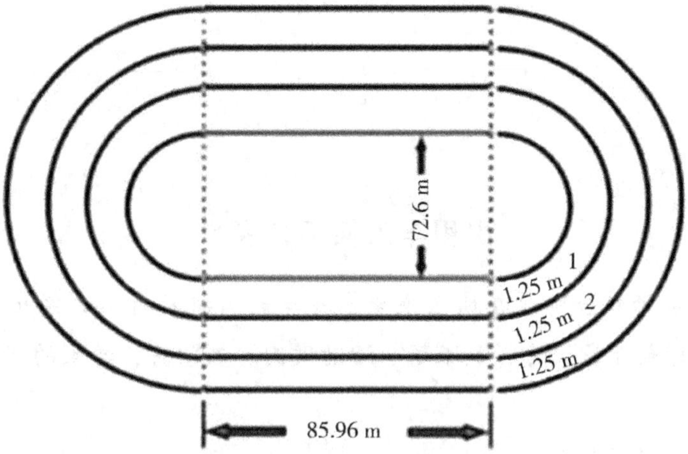

图 9-2-2　确定 400 米比赛起跑线

在此基础上，再绘制 200 米跑道的起跑线（图 9-2-3）。

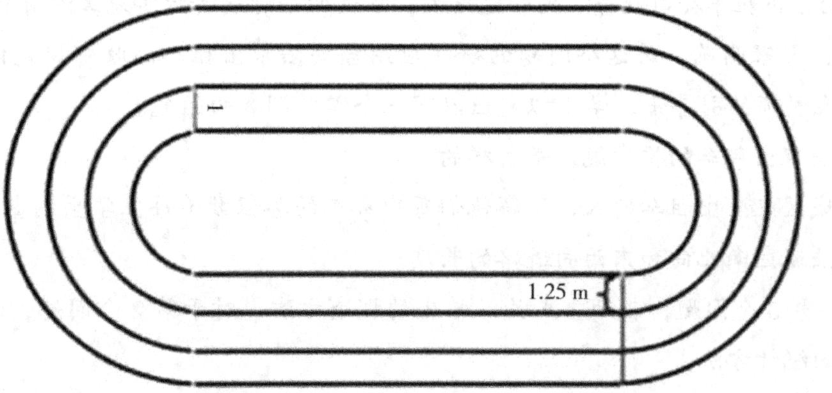

图 9-2-3　确定 200 米比赛起跑线

六年级上册的“节约用水”，涉及4个实践操作环节：一是收集信息，实际测量一个漏水的水龙头在一定时间漏水的量；二是分析数据，对不同水龙头的漏水量进行测量、分析计算出平均每分钟漏水的体积；三是解决问题，通过计算平均值、利用学校漏水水龙头的数量估计全国学校漏水水龙头的数量，推断全年大约要浪费多少吨水；四是提出具体可行的节约用水的方案。

通过问题引领，一步一步，让学生通过体积的测量、数据的收集和整理、平均数的计算、利用样本的结果推断总体的情况，以量化的结果呈现水资源浪费的现实。在整个实践活动的过程中，综合了多方面的数学知识与技能的应用，学生经历测量、分析、统计、计算、推理、制定方案等多种活动，在动手实践、探究学习、合作学习经历“做数学”的过程和“思考”的过程，提高学生将数学应用于现实的能力。

六年级下册的“生活与百分数”，是通过三个活动，即利率的动态变化、利用利率进行理财和认识千分数与万份数，让学生了解百分数在现实生活中的运用，提升学生的运用意识和实践能力。

六年级下册的“自行车里的数学”，旨在让学生运用比例、圆和排列组合等知识解决实际问题，经历“提出问题—分析问题—建立数学模型—求解—解释与运用”的问题解决过程，加深对数学知识以及之间关系的理解。

拓展阅读

出租车为何不打表①

安陆市实验小学教师结合师生在城区乘坐出租车时司机不打表的经历，研制出“出租车在安陆城区运营为何不打表计费”的“小课题”活动案例。教学时，学生的实践活动分为调查活动和分析活动两部分。

（一）调查活动

教师首先引导学生展开讨论：出租车在安陆城区运营不打表计费，可能的原因是什么？

学生提出假想：城区路途太短，司机打表按起步价收费不赚钱；司机想把赚到的钱都归自己所有，不打表的话出租车公司就查不到营运记录；路远的话打表实打实地算没有直接叫价赚得多。

通过交流，大家明确，对这个问题的研究应结合安陆市出租车的收费规定以及乘客乘车路程情况进行。在教师的引导下，学生拟定出以下三个需要调查的问题。

1. 了解安陆市出租车的收费规定是怎样的。

2. 调查在城区乘坐出租车的人，了解他们每次乘车的路程数（每位学生调查20人次）。

3. 了解安陆城区南北向和东西向道路的长度。

对于第1、第3个问题，教师重点关注学生的调查方法，对于第2个问题，教师重点关注学生对乘车路程的统计方法。

---

① 刘莉：《小学数学“综合与实践”活动案例开发与研究》，载《基础教育课程》，2018（20）。本书引用时做了适当修改。

以下是学生开展调查后在课堂交流的情况。

问题 1：安陆市出租车的收费规定是怎样的？

师：课前同学们调查了安陆市的出租车按规定是如何收费的，请同学们说一说，你是怎样调查的，出租车的收费标准是多少？

生 1：我叔叔就是安陆市的一名出租车司机，我向他打听到收费标准是：起步价 3 元，路程不超过 2.4 千米；路程超过 2.4 千米的，超过部分按每千米 1 元计费；不足 1 千米的按 1 千米计算。

生 2：我的爸爸是车管所的一名职工，我是向他打听的。我调查的结果和生 1 是一样的。

生 3：我是从一辆停在路边的出租车的玻璃上看到的。

师：同学们真聪明，想到了找出租车司机、找与出租车行业有关的人员咨询和从出租车价格标签上去收集信息。这些方法对于了解城区出租车收费情况是方便、简捷和高效的。但在实施中，我们安陆市的出租车是怎样收费的呢？

生 4：上车就 5 元，不管坐多远。

生 5：当路程稍远一点，司机在 5 元的基础上还要加收钱。

……

问题 2：人们在城区乘坐出租车的路程情况。

师：同学们还调查了市民在城区乘坐出租车的路程及人数情况，下面请大家汇报自己的调查结果。

生 1：我对照安陆市出租车收费规定，根据起步价 3 元对应的路程不超过 2.4 千米，就把 1 千米至 2.4 千米分为一段。路程超过 2.4 千米的，超过部分按每千米 1 元计费，不足 1 千米的按 1 千米计算，我再分为第二段。往下 1 千米、1 千米加下去，就这样分段统计（表 9-2-3）。

表 9-2-3

里程 / 千米	1 ～ 2.4	2.4 ～ 3.4（不含 2.4）	3.4 ～ 4.4（不含 3.4）	4.4 以上（不含 4.4）
人次	54	32	10	4

生 2：我跟生 1 的后几段一样，不同的是第一部分。我觉得第一段写 0 千米至 2.4 千米更合适，这样就把 0 千米至 1 千米的计费也包含进来了。

生 3：我同意生 2 的意见，我想补充的是，我的统计表格比他们都多了一格，这一格用来统计路程在 5 千米以上的人数（图 9-2-4、图 9-2-5）。

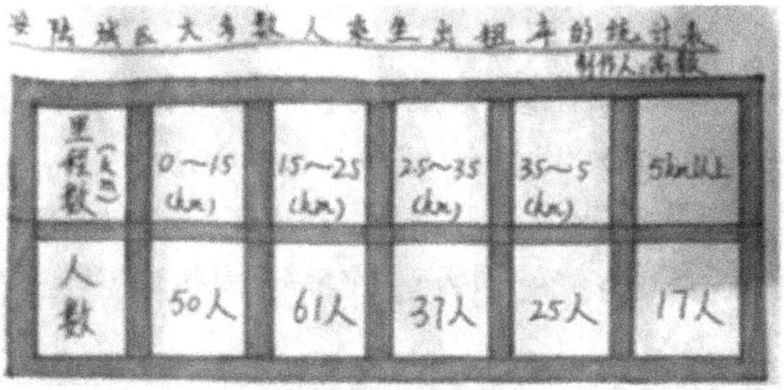

图 9-2-4

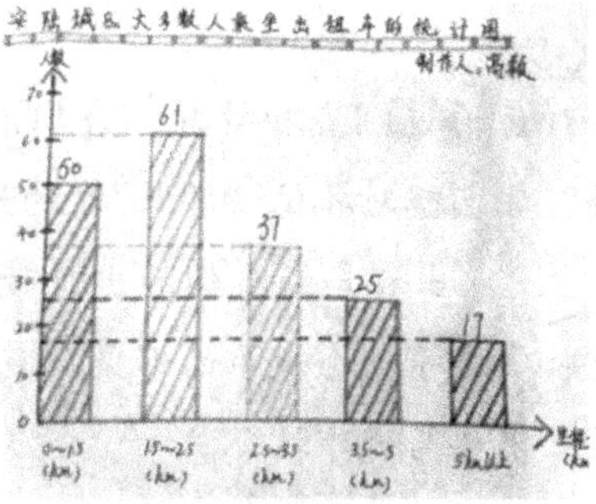

图 9-2-5

师：把大家的调查结果汇总在这份统计表中，你们从表中能得到哪些数学信息？结合数据，大家有什么新的问题？

生 1：我发现这 100 位乘客中，乘坐距离在 1 千米至 2.4 千米的人最多，超过了一半；其次是 2.4 千米至 3.4 千米的，人数接近三分之一。

生 2：统计表中每一段路程的收费应该是多少？乘坐距离达到多远时在 5 元起步价基础上加价是合理的？

生 3：我的问题是，出租车从我们安陆市的最东头走到最西头，从最南边走到最北边，打表计费的话应该收多少钱？这样以后再打出租车时，对司机的报价就有数了。

问题 3：安陆城区南北向和东西向道路的长度。

师：第三个调查问题是了解安陆城区南北和东西道路的长度，现在就请大家汇报一下你们得到的数据，同时请介绍你们是用什么方法得到的。

生 1：我是让爸爸开车带我测量出来的，汽车上有一个记录行驶距离的仪表，我测得安陆城东西相距大约有 8.2 千米，南北相距大约有 6.3 千米。

生 2：我是和爸爸一起骑自行车测量的，我用自行车车轮转数乘轮胎的周长来测量的。我测得安陆城东西相距大约有 8 千米，南北相距大约有 7 千米。

生 3：我是先找到安陆城区地图，再利用地图上的比例尺计算出来的。我测得安陆城东西相距大约有 8.4 千米，南北相距大约有 7.3 千米。

……

（二）分析活动

师：想知道出租车从我们安陆的最东边走到最西边，从最南边走到最北边，打表计费应该收多少钱的同学，现在心里有数了吧？大家能结合“乘坐出租车里程情况统计表”，找到出租车在安陆城区运营不打表收费的原因吗？请同学们先在小组内交流一下。

生 1：如果打表收费，我们统计的 100 位乘客中有 91 位应付的车费是不足 5 元的。乘客上车就收 5 元，出租车司机就能多赚钱。

生 2：如果乘客乘坐的路程大于 4.4 千米，乘客所需付的车费就多于 5 元，这就解释了为什么远一点的距离出租车司机就要加价或拒载。

生 3：我发现乘客上车就收 5 元，即使远一点，即使出租车司机不加价，总体上看，出租车司机也是多赚。因为安陆城区最远的路程打表收费也只要 8 元钱。

……

师：通过调查和计算，我们清楚了出租车在城区运营不打表收费的原因。你们认为这样做好吗？你们想对各位“的哥”“的姐”说些什么？想对相关部门提出什么建议呢？

生 1：出租车给我们的出行带来了方便，它是城市文明的窗口，是城市一道流动的风景线，规范收费关乎整个城市的形象。我们安陆正在创建省级文明城市，希望各位司机不要只关注个人利益，不要为城市抹黑。

生 2：我想对监管部门说：你们要加大监管力度，治理违规收费行为。

……

综合与实践活动给学生提供了发现和提出问题、独立思考、归纳猜想等数学活动的机会。学生走进社会，收集所需数据，亲历统计的全过程，综合运用统计、测量、估算、计算等知识找到问题的答案，在交流、分享中体会数学活动方式与方法的多样性。学生的数感、数据分析观念、运算能力、推理能力、应用意识等核心素养得到发展。

电子图书馆

王柏花．“综合与实践”总复习练习设计 [J]. 小学教学（数学版），2013（2）。

张继刚，刘富森．在“综合与实践”活动中培养学生数学核心素养——“涂色的正方体”教学实录及评析 [J]. 小学教学（数学版），2018（6）。

第 3 节　小学数学“综合与实践”的教材研读

一、指导思想

《中小学综合实践活动课程指导纲要》在“小学阶段具体目标”中明确提出：“能在教师的引导下，结合学校、家庭生活中的现象，发现并提出自己感兴趣的问题。能将问题转化为研究小课题，体验课题研究的过程与方法，提出自己的想法，形成对问题的初步解释。”

可以说“综合与实践”的开展就是小课题研究的过程，一般要经历“提出问题—设计方案—操作实施—成果评价”四个活动过程。在实施教学中，教师应创设有利于探索的问题情境，引导学生把问题转化成研究小课题，让学生开展小研究，经历“提出问题—设计方案—操作实施—成果评价”四个完整的学习活动过程。

对“综合与实践”课程的重视程度和教学驾驭水平与一个教师或学校数学水平正相关。“综合与实践”课程是从知识到经验，由此补充和丰富经验课程短板的课程；是构建经验化数学的教学体系，顺应儿童天性，以“学生为中心”的课程[①]。

近几年，以“儿童视角下的数学综合与实践活动课程”探究和实践一定程度上促进一种认知的生发，即“尊重儿童、让儿童在动手操作、动脑思考、合作探究中体验数学的魅力”。期待更多的学者和教育工作者对“综合与实践”给予更多的空间和时间，给予孩子们时间去思考，给予师生空间去实践。

① 黄伟星、殷英：《基于数学核心素养，开展数学综合与实践教学》，载《小学数学教师》，2019（1）。

二、教材研读

人教版小学数学“综合与实践”在每一册中的教学主题、教材活动设计、综合知识点梳理表如表 9-3-1 所示。

表 9-3-1 “综合与实践”的教材梳理

册数	教材主题	教材活动设计	综合知识点
一年级上册	数学乐园	走迷宫、说组成、方卡片、投球游戏等	10 以内数学的认识，加减法，基数和序数的含义，简单的统计思想
一年级下册	摆一摆，想一想	在数位表上摆棋子表示出不同的数	100 以内数的认识，数位、数值的基本概念和意义
二年级上册	量一量，比一比	用不同的方式表示物品的长度和高度	长度单位的认识，用米、厘米进行测量，度量的思想方法
二年级下册	小小设计师	利用图形的运动设计图案，根据给定的图案找基本图形	平移、旋转和轴对称的基本知识，空间想象
三年级上册	数字编码	邮政编码和身份证号码等编码的意义及应用	探索编码的编制方法，应用编码的方法解决简单问题
三年级下册	制作活动日历	用纸盒以及一个底座或 4 个小正方体制作日历	年月日的基本知识，正方体的特征
	我们的校园	解决校园中更换草皮的问题，设计拔河比赛赛程安排	两位数乘两位数，长方形面积的计算，24 时记时法，复式统计表
四年级上册	1 亿有多大	计算一亿纸张的高度是多少	大数的认识相关知识，对数量的感知
四年级下册	营养午餐	根据营养参考值，合理搭配午餐	简单的排列组合、统计、搭配等相关知识
五年级上册	掷一掷	在掷骰子的活动中，进一步感受事件发生的可能性的大小	数的组成相关知识，可能性的初步知识，简单的统计方法
五年级下册	探索图形	找出小正方体涂色以及它所在的位置的规律	分类，数形结合，归纳、推理、模型等数学思想，化简为繁的策略，空间想象
	打电话	设计合理方案用最短时间通知全部人	数学广角优化，几何直观，推理思想、模型思想
六年级上册	确定起跑线	如何确定圆形跑道的起跑线	图的认识、测量、数据调查、计算、推理等知识
	节约用水	测算水龙头滴水速度、绘制折线统计图	平均值的计算，绘制条形统计图，估算，统计推理的相关知识，乘除法的相关运算
六年级下册	生活与百分数	学会理财，并解释自己设计的理财方案合理性	百分数中的利率问题，百分数在生活中的运用，利用百分数解决问题
	自行车里的数学	计算蹬一圈，自行车行驶的路程	圆的认识，排列组合，比例等相关知识

下面，我们以人教版小学数学教材六年级下册“自行车里的数学”为例，说明“综合与实践”

的教材研读（教材片段见图 9-3-1）。

自行车里的数学

活动 1

一辆自行车，脚踏板蹬一圈，能走多远？

可以找一辆自行车蹬一圈，直接测量。但这种方法误差很大，有没有更精确的方法呢？

先了解一下自行车工作的原理。

原理：脚踏板带动前齿轮，前齿轮带动后齿轮，后齿轮又带动后轮转动。

脚踏板蹬一圈，带动前齿轮转一圈。前齿轮转一圈的齿数和后齿轮转过的齿数同样多。所以……

前齿轮齿数 ×1= 后齿轮齿数 × 后齿轮转动圈数

$$后齿轮转动圈数=\frac{前齿轮齿数\times 1}{后齿轮齿数}$$

后齿轮转动的圈数就是车轮转动的圈数。

车轮转动的圈数 × 车轮的周长，就可以求出蹬一圈的路程了。

测量你找到的自行车的数据，填写下表。

前齿轮齿数	后齿轮齿数	车轮半径	蹬一圈的路程

前面研究了蹬一圈的情况，接下来我们研究蹬 2 圈及以上的情况。

想一想：如果前齿轮转 2 圈、3 圈、4 圈……你能发现后齿轮的齿数、转动圈数与前齿轮的齿数、转动圈数有什么关系吗？

前齿轮齿数 × 前齿轮转动圈数 = 后齿轮齿数 × 后齿轮转动圈数

$$\frac{前齿轮齿数}{后齿轮齿数}=\frac{后齿轮转动圈数}{前齿轮转动圈数}$$

活动 2

右表是一种变速自行车前、后齿轮的齿数。算出这种自行车前、后齿轮的齿数比，填在表格中，看看有多少种不同的组合。

后齿轮齿数	前齿轮齿数	
	48	40
28		
24		
20		
18		
16		
14		

蹬同样的圈数，哪种组合使自行车走得最远？

可以利用活动 1 的结论和收集到的数据进行分析。

蹬同样的圈数，自行车走的距离和哪些数据有关？

图 9-3-1 人教版六年级下册“自行车里的数学”教材片段

“自行车里的数学”旨在让学生运用所学的圆、排列组合、比例等知识解决实际问题，经历问题解决的基本过程，即“提出问题—分析问题—建立数学模型—求解—解释与应用”。①

认真分析教材片段，不难发现，教材安排了两个活动，即研究普通自行车的速度与其内在结构的关系，研究变速自行车能变化出多少种不同的速度。前者涉及的主体知识是圆的周长和比例，后者涉及的主体知识是排列。

1. 研究普通自行车的速度与其内在结构的关系

提出问题，呈现两种不同型号的自行车，直接提问“蹬一圈，能走多远”，引出学生对自行车里的数学问题的研究。

分析问题，呈现两种方案：第一，直接测量，但该方法误差较大；第二，通过车轮的周长乘后齿轮转的圈数来计算。

建立数学模型，即探寻数量关系，后齿轮转的圈数 × 后齿轮的齿数 = 前齿轮转的圈数 × 前齿轮的齿数。

收集数据并求解，根据分析问题得到解题思路：蹬一圈自行车走的距离＝车轮的周长 ×（前

① 本部分内容来源于人民教育出版社网站的“六下综合应用：自行车里的数学”。本书做了适当修改。

齿轮的齿数 / 后齿轮的齿数）。

最后汇报交流，展示并解释各自的研究过程和结果。

2. 研究变速自行车能变化出多少种不同速度

首先，呈现一种变速自行车的主要结构，即“有 2 个前齿轮，6 个后齿轮”。

其次，提出问题“能变化出多少种不同速度”，呈现“收集数据—建立数学模型—代入数据、求解—解决问题”的过程。

最后，通过“蹬同样的圈数，哪种组合使自行车走得最远”，引出对各种速度的产生进行深入地解释。

三、实施建议

为了了解小学数学教材对“综合与实践”的编写细节，我们选择“自行车里的数学”①，通过教学案例进行剖析。

1. 创设情境，提出问题

提出问题是综合实践活动的开始，也是小课题研究的选题阶段，一个好的选题决定了综合实践活动的实践意义和研究价值，甚至能决定是否成功进行。活动开始之初，教师要积极创设有利于学生发现的问题情境，这个情境可以是学生生活中的真实情境，也可以是虚拟的现实情境，让学生融入情境，置身于问题情境中，引导学生用数学的眼光收集信息、提出自己的假设、猜想或问题。这些问题可以来自教材，也可以由教师、学生开发，还可以是教师研制、开发、生成的适合本地学生特点的好问题。

例如，“自行车里的数学”一课中，由于自行车是学生生活中常见的交通工具，自行车的结构、运用机制和数量关系等都是学生感兴趣的话题，教学时可以以媒体呈现的方式播放各式各样的自行车，见识不同款式的自行车以及它们的功能和作用，激发学生的探究热情和参与意识。接着，可以围绕自行车让学生提出自己研究问题。也许，孩子的兴趣点都在变速自行车上，因为对他们来说没有比这更有研究价值的了。以此为话题展开讨论，提出问题：自行车是怎么变速的？为什么会变速？变速的基本原理是什么？能变化出多少种速度……在讨论的基础上，可以适当引导学生从最基本的研究开始，研究变速自行车之前应当研究：变速自行车与普通自行车有什么不同？如何实现变速的？最后，进一步整理并提炼研究的基本问题：普通自行车的速度与自行车的内在结构的关系？变速自行车能变化出多少种不同速度？这些问题的提出都基于学生对自行车的好奇和疑问，都来自学生对身边事物的数学认识。这些选题可以是来自教材的，也可以是学生自主选择的，无论哪一种都具有很强的研究价值和实践意义。

2. 互动交流，设计方案

---

① 唐少雄：《小学数学“综合与实践”教学思考与模式探究》，载《小学数学教育》，2018（5）。本书引用时做了适当修改。

设计方案是综合实践活动的保障，也是小课题研究的开题阶段，一个好的设计方案是活动得以开展且顺利开展的基本保障，直接决定着活动的成效。在本环节中，教师要让学生对所提出的问题进行充分讨论，分析所提出的问题的任务、要求和目标，着重交流解决问题的方法和步骤，合作探索并设计出科学合理的研究方案。教师要创造条件引导学生参与方案的甄别、推敲、设计过程，要充分考虑影响研究的各种因素，真正做到动手之前心中有数。教师要充分调动学生的积极性，做好研究中各小组的分工与合作，使全体学生都有任务、都有责任。明确各自职责，充分预设活动可能存在的问题或困难，做好活动材料与资源准备，确保活动如期保质进行。

例如，在“自行车里的数学”一课中，根据研究的需要，围绕要探究的问题展开交流，对活动方案的制定、材料的准备、人员的分工等做充分的论证。例如，在研究普通自行车需要什么工具测量经过的路程，如何做好分工记录自行车前后轮的齿数，观察转动中齿数与转数的变化以及它们之间的数量关系等；在研究变速自行车时，要提前做好观察并记录变速自行车中前后轮齿数的不同情况，重点观察如何变速，能有多少种不同的变速，思考、探究和讨论引起变速的原因是什么等。教师要关注不同学生的差异，反复修订活动方案，让学生在组内和组间充分交流、论证活动方案，提出不同的意见和见解，确定实践操作步骤，不断完善研究方案。

3. 进入角色，操作实施

操作实施是综合实践活动的关键，也是小课题研究的做题阶段，是具体实施数学研究的环节。在操作实施过程中，教师引导学生按照设计方案进入角色，全程参与，要注重引导学生积极动脑、动口、动手，按研究方案分工合作，各司其职，鼓励学生使用多样化的活动方式，按照设计方案的活动步骤展开研究。当学生遇到问题或困难时，应引导学生围绕问题展开讨论，商榷能接受的可行的探究方法；当学生合作探究中出现争议时，可以引导学生展开辩论，提出解决问题的最佳方案；当研究的发现与提出问题相悖时，可以引导学生检查活动实施的每个环节，用数学的严谨进行推理论证。教师还要加强学生对活动过程记录和活动资料整理的指导，引导学生用数学的眼光观察，用数学的思维思考，用数学的语言表述。

例如，在“自行车里的数学”一课中，探究普通自行车的速度与自行车的内在结构关系时，可以引导学生实际体验转动踏板观察带动后轮转动的情景，借助测量工具等引导学生观察比较前后轮齿数与转数的关系。学生通过纸笔记录观察到的现象，并思考它们的内在结构关系，探究发现：前齿轮齿数 × 前齿轮转数＝后齿轮齿数 × 后齿轮转数。在探究“变速自行车能变化出多少种不同速度”时，可以放手让学生主动参与实际活动，激活他们的创造潜能，适当放手让学生自主探究，自己算出变速自行车前、后齿轮齿数，把实际调查结果整理成表格，应用排列组合知识得到所有结果，并实际体验变速自行车能变化出多少种不同速度。在此基础上，教师激发学生从数学的角度思考：自行车是如何实现变速的？可以脱离自行车，引导学生借助纸笔计算前、后齿轮齿数的比值，把生活问题数学化，用抽象的数学方法进行推理，激发他们的创造性思维。通过列表、比较、推理、辩论，学生会发现：前、后轮齿数比的比值越大，自行车就走得越远。教师的指导重在激励、启发和引导，而不是代替学生进行操作实施，更不能对活动成果的预期做任何提示或暗示。

4. 展示汇报，成果评价

成果评价是综合实践活动的总结，也是小课题研究的结题阶段，是梳理研究过程、总结研究经验、展示研究成果的重要环节。展示汇报研究过程、经验和成果是学生活动思考的呈现，学生思考的共享、碰撞，是一个再创造的过程，有助于学生创新意识的培养，提升综合实践活动的研究水平。教师要针对研究中存在的问题引导学生进行交流、对话与反驳，引导学生对成果进行科学合理的评价，让综合实践活动成为交流合作的平台、科研汇报的平台、成果展示的平台。

例如，在“自行车里的数学”一课中，让学生全程参与活动过程，体会自行车的内在结构和基本运行原理，体会变速自行车的不同变速原理和变速情况。在学生汇报的基础上引导学生展示研究成果，发布探究发现，教师及时对学生展示的实践成果进行分析、指导、评价，肯定他们的活动收获，总结、反馈活动成果，提出进一步探究的意见和建议，指导学生应用和反思，深化主题实践活动，提升实践活动效益。当然，作为综合实践活动不能单纯地为研究而研究，教师还可以适当拓宽延伸，激发思维创新，启发继续思考：变速自行车中的“18 速”“21 速”指的是什么？也可以提出小课题研究“自行车脚蹬时的力度大小与什么有关？”面对富有挑战性的新问题，教师应鼓励学生在课外进一步研究，综合所学的知识、技能、思想、方法、数学思考和基本活动经验解决一些生活、社会中的问题，并对问题做出合理的解释，激发学生的创造潜能，培养创新意识，提升实践能力。

电子图书馆

刘正荣，车文胜. 层层分解：数学建模的有效策略——综合应用“自行车里的数学”教学实践和思考 [J]. 小学教学（数学版），2009（10）。

刘莉，关蓓，汪滟. 小学数学课程中“综合与实践”学与教的案例研究——以“我家住房面积有多大”为例 [J]. 小学教学（数学版），2013（9）。

思考题

1. 请选择一个版本的小学数学教材（人教版除外），以“综合与实践”为切入点，分析其内容主线。

2. 请阅读人教版小学数学教材“营养午餐”“节约用水”和“确定起跑线”，选择其中之一进行教材的研读与分析。

3. 请选择小学数学教材“综合与实践”中的一个具体内容（人教版除外），进行教材的研读与分析。